1+X 职业技术·职业资格培训教材

劳动关系协调员

（三级）

---- 编审委员会 ----

主　　任　　张　岚　　黄卫来

委　　员　　顾卫东　葛恒双　孙兴旺　葛　玮　李　晔　刘汉成

执行委员　　李　晔　瞿伟洁　夏　莹

---- 编撰委员会 ----

主　　任　　张剑萍
副 主 任　　朱庆阳　屠可风　张宪民
主　　编　　张宪民
编　　者　　（排名不分先后）
　　　　　　赵雄麟　谈育明　陈　平　王伟杰　潘　铮
主　　审　　屠可风

中国劳动社会保障出版社

图书在版编目（CIP）数据

劳动关系协调员：三级/人力资源和社会保障部教材办公室等组织编写. —北京：中国劳动社会保障出版社，2017

1+X 职业技术·职业资格培训教材

ISBN 978-7-5167-2984-7

Ⅰ.①劳… Ⅱ.①人… Ⅲ.①劳动关系-中国-职业技能-鉴定-教材 Ⅳ.①F249.26

中国版本图书馆 CIP 数据核字（2017）第 112213 号

中国劳动社会保障出版社出版发行

（北京市惠新东街 1 号　邮政编码：100029）

*

北京谊兴印刷有限公司印刷装订　新华书店经销

787 毫米×1092 毫米　16 开本　13.25 印张　248 千字

2017 年 5 月第 1 版　2025 年 7 月第 9 次印刷

定价：32.00 元

营销中心电话：400-606-6496

出版社网址：http://www.class.com.cn

版权专有　　侵权必究

如有印装差错，请与本社联系调换：（010）81211666

我社将与版权执法机关配合，大力打击盗印、销售和使用盗版图书活动，敬请广大读者协助举报，经查实将给予举报者奖励。

举报电话：（010）64954652

内 容 简 介

本教材由人力资源和社会保障部教材办公室、中国就业培训技术指导中心上海分中心、上海市职业技能鉴定中心依据上海1+X劳动关系协调员（三级）职业技能鉴定细目组织编写。教材从强化培养操作技能，掌握实用技术的角度出发，较好地体现了当前最新的实用知识与操作技术，对于提高从业人员基本素质，掌握劳动关系协调员的核心知识与技能有直接的帮助和指导作用。

本教材在编写中根据本职业的工作特点，以能力培养为根本出发点，采用模块化的编写方式。全书共分为8章，内容包括劳动关系概论、劳动标准法律制度、人力资源管理、劳动合同制度、集体合同制度、工会概论与民主管理、企业劳动规章制度、劳动争议处理。

本教材可作为劳动关系协调员（三级）职业技能培训与鉴定考核教材，也可供全国中、高等职业院校相关专业师生参考使用，以及本职业从业人员培训使用。

前　言

　　职业培训制度的积极推进，尤其是职业资格证书制度的推行，为广大劳动者系统地学习相关职业的知识和技能，提高就业能力、工作能力和职业转换能力提供了可能，同时也为企业选择适应生产需要的合格劳动者提供了依据。

　　随着我国科学技术的飞速发展和产业结构的不断调整，各种新兴职业应运而生，传统职业中也愈来愈多、愈来愈快地融进了各种新知识、新技术和新工艺。因此，加快培养合格的、适应现代化建设要求的高技能人才就显得尤为迫切。近年来，上海市在加快高技能人才建设方面进行了有益的探索，积累了丰富而宝贵的经验。为优化人力资源结构，加快高技能人才队伍建设，上海市人力资源和社会保障局在提升职业标准、完善技能鉴定方面做了积极的探索和尝试，推出了1+X培训与鉴定模式。1+X中的1代表国家职业标准，X是为适应经济发展的需要，对职业的部分知识和技能要求进行的扩充和更新。随着经济发展和技术进步，X将不断被赋予新的内涵，不断得到深化和提升。

　　上海市1+X培训与鉴定模式，得到了国家人力资源和社会保障部的支持和肯定。为配合1+X培训与鉴定的需要，人力资源和社会保障部教材办公室、中国就业培训技术指导中心上海分中心、上海市职业技能鉴定中心联合组织有关方面的专家、技术人员共同编写了职业技术·职业资格培训系列教材。

　　职业技术·职业资格培训教材严格按照1+X鉴定考核细目进行编写，教材内容充分反映了当前从事职业活动所需要的核心知识与技能，较好地体现了适用性、先进性与前瞻性。聘请编写1+X鉴定考核细目的专家，以及相关行业的专家参与教材的编审工作，保证了教材内容的科学性及与鉴定考核细目以及题库的紧密衔接。

　　职业技术·职业资格培训教材突出了适应职业技能培训的特色，使读者通过学习与培训，不仅有助于通过鉴定考核，而且能够有针对性地进行系统学习，真正掌握本职业的核心技术与操作技能，从而实现从懂得了什么到会做什么的飞跃。

职业技术·职业资格培训教材立足于国家职业标准，也可为全国其他省市开展新职业、新技术职业培训和鉴定考核，以及高技能人才培养提供借鉴或参考。

新教材的编写是一项探索性工作，由于时间紧迫，不足之处在所难免，欢迎各使用单位及个人对教材提出宝贵意见和建议，以便教材修订时补充更正。

人力资源和社会保障部教材办公室
中国就业培训技术指导中心上海分中心
上海市职业技能鉴定中心

目 录

第1章 劳动关系概论
- 第1节 劳动关系概述 …………………………… 2
- 第2节 劳动关系的调整方式 …………………… 7
- 第3节 劳动关系与劳动合同 …………………… 10
- 第4节 劳动关系的救济 ………………………… 12

第2章 劳动标准法律制度
- 第1节 劳动标准概述 …………………………… 18
- 第2节 工时制度 ………………………………… 21
- 第3节 休息休假制度 …………………………… 24
- 第4节 限制延长工时制度 ……………………… 27
- 第5节 工资制度 ………………………………… 29
- 第6节 劳动安全卫生制度 ……………………… 32
- 第7节 女职工、未成年工保护的特殊规定 …… 38

第3章 人力资源管理
- 第1节 人力资源规划 …………………………… 44
- 第2节 人员招聘 ………………………………… 46
- 第3节 培训与开发 ……………………………… 49
- 第4节 绩效管理 ………………………………… 51
- 第5节 薪酬福利 ………………………………… 53

第4章 劳动合同制度
- 第1节 我国劳动合同制度的发展 ……………… 62
- 第2节 劳动合同的订立 ………………………… 65
- 第3节 劳动合同的履行和变更 ………………… 71
- 第4节 劳动合同的解除 ………………………… 75
- 第5节 劳动合同的终止 ………………………… 79
- 第6节 劳动合同解除或终止的其他有关规定 … 83

第5章 集体合同制度

第1节 集体合同制度概述 …… 92
第2节 集体协商 …… 96
第3节 集体合同 …… 102
第4节 集体合同争议的处理 …… 105

第6章 工会概论与民主管理

第1节 工会概论 …… 110
第2节 中国工会的权利与义务 …… 117
第3节 中国工会活动的法律保障 …… 121
第4节 违反《工会法》的法律责任 …… 125
第5节 职工代表大会 …… 128
第6节 厂务公开制度 …… 137
第7节 职工董事、职工监事制度 …… 140

第7章 企业劳动规章制度

第1节 企业规章制度的制定 …… 148
第2节 企业劳动规章制度的实施与完善 …… 159

第8章 劳动争议处理

第1节 劳动争议概述 …… 168
第2节 劳动争议与民事争议 …… 172
第3节 我国劳动争议处理制度 …… 173
第4节 员工申诉 …… 176
第5节 劳动争议调解 …… 178
第6节 劳动争议仲裁 …… 181
第7节 劳动争议诉讼程序 …… 190
第8节 劳动争议处理证据规则 …… 194

第1章

劳动关系概论

第1节　劳动关系概述　　/2
第2节　劳动关系的调整方式　　/7
第3节　劳动关系与劳动合同　　/10
第4节　劳动关系的救济　　/12

学习目标

➢ 了解劳动关系基本内容、劳动关系与劳动合同的关系、劳务派遣基本法律关系、劳动监察程序、劳动争议处理的主要方式、劳动监察与劳动争议仲裁的程序适用。

➢ 熟悉特殊情形下的劳动关系、劳动关系的调整方式、劳动监察的性质、劳动监察的对象及范围、劳动监察与劳动仲裁的区别。

➢ 掌握劳动关系的概念和基本特征、劳动关系主体、全日制劳动关系、非全日制劳动关系、劳动合同和集体合同的区别。

➢ 能够选用适合的方式对本单位的劳动关系调整方式提出意见和建议,根据劳动争议实际情况,选用正确的劳动争议处理方式。

➢ 能够熟练对劳动关系与非劳动关系进行甄别,根据企业实际情况灵活使用全日制或非全日制劳动关系。

第1节 劳动关系概述

劳动关系是生产关系的重要组成部分,是最基本、最重要的社会关系之一。劳动关系是否和谐,事关广大职工和企业的切身利益,事关经济发展与社会和谐。在我国,劳动关系通常指单个的劳动者与用人单位之间在实现劳动与就业过程中形成的关系,但也涵盖劳动者群体与用人单位之间形成的团体关系。从现行劳动关系相关法律法规可以看出,我国的劳动立法主要调整的是劳动者与用人单位之间在劳动过程中的劳动权利义务的设立、变更等。

一、劳动关系的概念和基本特征

1. 劳动关系的概念

劳动关系,顾名思义是因劳动而产生的关系。根据《中华人民共和国劳动合同法》(以下简称《劳动合同法》)的规定,用人单位与劳动者在劳动过程中发生的关系被称为劳动关系。其基本的要素是劳动者一方主体向用人单位一方主体给付劳动,作为对价,用人单位向劳动者给付报酬。由于通常与企业的生产经营相关联,因此也被称为"产业关系"。但应当注意的是,法律意义上的劳动关系是指符合劳动法律法规规定的各项要件并受其调整的劳动给付和获取报酬的行为,并不是所有的劳动给付和获取报酬的行为都构成劳动关系。如家庭雇用保姆、个人承揽等,虽然同样给付劳动并获取报酬,但属于民事关系范畴,受民事法律约束。

2. 劳动关系的基本特征

根据原劳动部《关于确立劳动关系有关事项的通知》的规定,劳动关系的基本特征体现在以下几个方面:

(1)用人单位和劳动者双方主体须符合法律、法规规定的主体资格条件。

(2)用人单位依法制定的各项劳动规章制度适用于劳动者,劳动者受用人单位的劳动管理,从事用人单位安排的有报酬的劳动。

(3)劳动者提供的劳动是用人单位业务的组成部分。

从以上三方面来看,劳动关系最重要的特征是劳动者在用人单位从事从属性的有偿劳动,并接受用人单位的指挥和管理,也就是通常所说的"职业有偿"。因此为了满足家庭需要而从事的家务劳动、为社会提供义务劳动或公益服务等,就不属于劳动关系的范畴。同时,劳动者从事的职业应当是法律法规允许的社会职业,如果是违反法律法规规定或社会公序良俗的,亦不属于合法的劳动关系范畴。

二、劳动关系的主体

劳动关系的主体,是指劳动法律法规意义上的劳动关系主体。劳动关系主体由用人单位和劳动者双方构成。

1. 用人单位主体

(1)在劳动法律法规规定的适用范围之内的各类社会经济组织,经合法登记、批准、核准设立,成为合法的用人单位。根据《中华人民共和国劳动法》(以下简称《劳动法》)《劳动合同法》和《劳动合同法实施条例》的规定,这类具备用人单位主体资格的经济组织有中华人民共和国境内的企业、个体经济组织、民办非企业单位、国家机关、事业单位、社会团体、依法成立的会计师事务所、律师事务所等合伙组织和基金会。此外,用人单位设立的分支机构,依法取得营业执照或者登记证书的,也可以具备用人单位主体资格。

(2)根据我国相关规定,外国公司常驻中国的代表机构、外国驻华外交代表机构、联合国系统组织代表机构、外国金融机构常驻代表机构、外国新闻代表机构等组织需要招用中国劳动者的,应当通过外事服务机构派遣。因此,上述机构不能作为劳动法律意义上的用人单位。

2. 劳动者主体

(1)我国劳动法律法规及相关规定对劳动者主体资格的规定主要为就业年龄的限定。

《劳动法》规定："禁止用人单位招用未满十六周岁的未成年人。文艺、体育和特种工艺单位招用未满十六周岁的未成年人，必须依照国家有关规定，履行审批手续，并保障其接受义务教育的权利。"从而限定了符合劳动者资格的年龄下限。同时，通过对劳动者退休年龄的规定和达到法定退休年龄应当退休的规定，限定了劳动者资格的年龄上限。因此，只有在法定就业年龄段之内的自然人才具有劳动者主体资格。

（2）按照相关规定或基于实际情形限制，某些自然人即使在就业年龄段内也不能成为劳动法律意义上的劳动者主体，如现役军人、在校注册就读的学生、无劳动能力的人等。

三、劳动关系分类

1. 全日制劳动关系

（1）全日制劳动关系的概念。在我国现行劳动法律制度下，全日制劳动关系又可称为标准劳动关系，是一种最普遍的劳动关系形式。在实践中，其劳动给付周期和劳动报酬结算周期等一般均按月确定。

（2）全日制劳动关系的法律适用。《劳动法》《劳动合同法》和国务院《劳动合同法实施条例》以及相关的规章对全日制劳动关系用工做了规定。用人单位和劳动者建立全日制标准劳动关系情形下，劳动法律法规以及规章规定的各项劳动标准、社会保险、劳动合同、集体合同等制度全部适用之。

（3）全日制标准劳动关系的特征。根据我国劳动保障法律法规有关劳动义务须由劳动者亲自履行，每天工作时间为8小时，一般以一个用人单位为劳动者建立社会保险账户，以及因双重劳动关系对原用人单位造成经济损失的相关法律责任规定等制度安排，可以认为我国劳动法律主要调整单一的标准劳动关系，即一个劳动者与一个用人单位之间的关系。因此，一般情况下，全日制标准劳动关系的主体由一个劳动者与一个用人单位构成，虽然在特殊情况下，一个劳动者可能同时与两个单位发生关系，但通常将其中一个单位作为与该劳动者存在劳动关系的主体。

2. 非全日制劳动关系

（1）非全日制劳动关系的概念。非全日制劳动关系是指劳动者以小时为时间单位给付劳动，用人单位同样以小时为计算单位给付报酬，以此确立的一种劳动关系形式。

（2）非全日制劳动关系的法律适用。《劳动合同法》和原劳动和社会保障部《关于非全日制用工若干问题的意见》对非全日制劳动关系用工制度做了规定。作为一种灵活的就业和用工形式，除法律规定的最低小时工资、基本社会保险以外，法律法规对全日制标准劳动关系规定的劳动标准均不强制适用，可以通过双方的约定执行。

（3）非全日制劳动关系的特征。按照法律的规定，非全日制劳动关系的劳动者在同一用人单位一般平均每日工作时间不超过四小时，每周工作时间累计不超过二十四小时。劳动者可以与一个或一个以上的用人单位建立非全日制的劳动关系。当事人订立劳动合同可以采用书面形式，也可以采用口头形式，双方当事人不得约定试用期；任何一方均可以随时通知对方终止劳动关系，用人单位不需向劳动者支付经济补偿。劳动报酬按小时计算，适用小时最低工资标准，劳动报酬结算支付周期最长不得超过十五日；劳动者的社会保险费由使用单位与劳动者及时结算，可以与工资一并支付，并由劳动者办理缴纳手续。

3. 劳务派遣情形下的劳动关系

（1）劳务派遣的概念。劳务派遣是用人单位（劳务公司）招用劳动者以后，将该劳动者派遣至另一个单位从事劳动，从而形成的由用人单位、用工单位和劳动者三方主体构成的劳动关系，如图1—1所示。

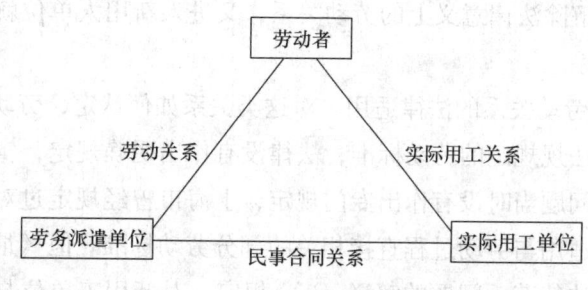

图1—1　劳务派遣情形下的劳动关系

（2）劳务派遣用工的法律适用。2008年施行的《劳动合同法》首次以法律的形式对劳务派遣用工做了规定。2013年施行的《劳动合同法（修正案）》对规范劳务派遣用工做了规定，2014年施行的人力资源和社会保障部《劳务派遣暂行规定》对劳务派遣用工做了具体规定。在劳务派遣用工情形下，劳动法律法规以及规章规定的各项劳动标准、社会保险、劳动合同、集体合同等制度全部适用之，但就单位一方来说，这些制度由用人单位和用工单位分别执行。

（3）劳务派遣用工的特征

1）劳务派遣单位与用工单位之间依据民事、劳动法律法规签订劳务派遣协议，形成民事合同关系。双方根据相关法律法规规定和约定承担相应责任。

2）劳务派遣单位招用劳动者，依法与劳动者签订劳动合同，建立劳动关系。劳务派遣单位依据与用工单位签订的劳务派遣协议将劳动者派遣至用工单位工作。根据《劳动合同法》等相关规定，劳务派遣单位应当依法履行用人单位对劳动者的部分义务，如应当与被派遣劳动者订立2年以上固定期限的劳动合同、支付劳动报酬和相关待遇、缴纳社会保险费、被退回派遣劳动者在无工作期间按月按最低工资标准支付报酬、依法提出工伤认定

3）用工单位和被派遣劳动者之间形成实际用工关系，依法行使对被派遣劳动者的指挥管理权，包括岗位和工作任务安排、依据内部规章制度和劳动纪律进行考核和奖惩，依法向劳务派遣单位支付被派遣劳动者的劳动报酬和社会保险费用，并履行提供劳动保护、支付加班费、绩效奖金、各项福利待遇、进行工资水平调整及员工培训的义务。被派遣劳动者依法享有法定权利、履行法定义务，如享有同工同酬、参加工会等权利，同时须遵守用工单位规章制度、接受用工单位管理。

4. 特殊情形下的劳动关系

（1）特殊情形下劳动关系的概念。特殊情形下劳动关系是前述法律有明确规定的全日制标准劳动关系、非全日制劳动关系、劳务派遣劳动关系以外，因特殊情况而形成的，劳动者与原劳动单位未解除法律意义上的劳动关系，又进入新用人单位就业，与新的用人单位之间发生的用工关系。

（2）特殊情形下劳动关系的法律适用。对这类关系如何认定，劳动者与新用人单位之间如何适用劳动法律法规规定的劳动标准，法律没有作出明确规定，实践中也存在不同的观点。国家层面对此问题当时没有作出专门规定，上海市曾经规定过对这类用工关系按照特殊劳动关系处理，适用与劳动过程直接相关的部分劳动标准。但《最高人民法院关于审理劳动争议案件适用法律若干问题的解释（3）》规定，对新用工单位与上述劳动者发生用工争议的，应当按劳动关系处理。

（3）特殊情形下劳动关系的特征

1）在特殊的历史条件下形成。特殊情形下的劳动关系，主要在我国经济体制改革、用工制度改革的历史过程中，出现了一些特殊情况，如在20世纪90年代国有企业改革要求消除冗员而推进的下岗再就业工程中，产生了一大批协议保留社会保险关系、企业内部退养、停薪留职人员，企业与劳动者经协商一致劳动合同部分权利义务暂停履行人员等。

2）存在两个用人单位主体。这类人员与单位法律意义上的劳动关系没有解除，通常单位承担了劳动者的社会保险费缴纳义务，但其他权利义务暂停履行，劳动者又进入新用人单位就业，与新的用人单位之间发生了用工关系。

5. 劳动合同签订主体与履行主体分离情形下的劳动关系

在实践中，存在劳动合同签订主体与履行主体相分离的状况。主要表现为用人单位与劳动者签订劳动合同后，安排劳动者在其分支机构（如分公司）工作。按照劳动法律法规规定，依法可以从事经营活动的企业分支机构具备独立的用工主体资格，这就形成了劳动合同签订主体与履行主体的分离。此外，用人单位在企业之间的员工借调也会形成两个主体的分离状况。

国家层面的法律法规未对该类情况的权利义务分配进行具体规定,《上海市劳动合同条例》规定,对于签订劳动合同的用人单位和实际使用劳动者的单位不一致的,用人单位可以与实际使用劳动者的单位约定,由实际使用劳动者的单位承担或者部分承担对劳动者的义务。实际使用劳动者的单位未按约定承担对劳动者的义务的,用人单位应当承担对劳动者的义务。

第2节　劳动关系的调整方式

劳动关系的调整是对当事人之间依法享有的权利和依法承担的义务的规制,涉及劳动关系权利义务的产生、变更、消灭的全过程。根据不同的调整对象,法律调整方式也存在不同,对于主要调整国家与公民、政府与社会之间各类关系的公法规范来说,通过强制性方式进行调整;对于主要调整私人之间民商事关系的私法规范来说,通过自主性的协商方式进行调整。根据我国现行劳动法律法规规定,可以将我国的劳动关系调整方式分为三个不同的层次,即劳动法律的强制性直接调整、用人单位层面的内部调整、用人单位与单个劳动者之间的个体性调整。

一、劳动法律的强制性直接调整

国家和地方的劳动法律法规对适用范围之内的双方主体通过实施劳动标准和行政管理、劳动行政执法程序、劳动争议处理程序,强制调整劳动关系。

1. 劳动标准

国家和地方通过立法的形式规定用人单位在使用劳动者过程中的最低劳动条件,其性质为公法性法律规范。我国劳动法律法规中规定的劳动标准主要有工作时间(包括加班时间)、休息休假、最低工资(包括加班工资)、劳动保护(包括安全生产、女工保护、未成年人保护等)、就业年龄、经济补偿等。法律适用范围内的用人单位都必须按照规定建立全日制、非全日制、劳务派遣劳动关系,或全部或部分或由两个单位分别执行之,达到直接调整劳动关系当事人权利和义务的目的。

劳动关系当事人之间可以通过包括劳动合同、集体合同或其他合意的方式规定双方的权利和义务,但均不能违反法定的劳动标准。根据《劳动合同法》的规定,违反法律、行政法规强制性规定的劳动合同无效,集体合同中劳动报酬和劳动条件等标准不得低于法定的最低标准。因此,双方协议确定的劳动标准、劳动条件如果违反法定劳动标准规定,该类条款属于无效条款。如果用人单位在实际履行中的行为违反法定劳动标准，该类行为属违法行为。有关劳动标准的立法一般同时规定罚则，违反法定劳动标准的行为需要承担相应的法律责任。

2. 社会保险

我国《劳动法》《社会保险法》确立了社会保险制度，规定了五项强制性的社会保险：基本养老保险、基本医疗保险、工伤保险、失业保险、生育保险。用人单位和劳动者建立劳动关系必须按照国家和地方的规定参加社会保险。社会保险制度直接调整劳动关系当事人与国家制度之间以及双方之间的权利义务关系，因此具有强制性。

法律法规规定了参加社会保险的范围、社会保险费的征缴、缴费基数、缴费费率、享受社会保险的条件和待遇等内容。劳动关系当事人的协议（包括劳动合同、集体合同、其他合意）不能免除或改变强制性的参加社会保险义务，因此，对于违反社会保险强制性规定的约定，即便当事人协商一致，仍然属于无效的合同条款。

3. 其他

除劳动标准和社会保险外，为保护劳动者的权益，我国《劳动法》及《劳动合同法》对劳动合同签订、履行、解除等方面也进行了强制性规定，如对于在本单位连续工作满十年的劳动者，劳动者提出或者同意续订、订立劳动合同的，除劳动者提出订立固定期限劳动合同外，应当订立无固定期限劳动合同；对于孕期、产期、哺乳期的女职工，用人单位不得依据《劳动合同法》第四十条、第四十一条解除劳动合同等。

二、用人单位层面的内部调整

用人单位层面的内部劳动关系调整属于劳动法律直接调整以外的重要方式，其调整主要通过规章制度、集体合同等方式进行。

1. 集体协商

通过集体协商签订集体合同是国际上比较通行的调整团体劳动关系的重要方式。国际劳工组织在《1949年组织权利和集体谈判权利公约》（第98号公约）中提出："必要适时采取符合国情的措施，鼓励和推动在雇主或雇主组织同工人组织之间最广泛地发展与使用集体协议的自愿谈判程序，以便通过这种方式确定就业条款和条件。"

《劳动法》规定："企业职工一方与企业可以就劳动报酬、工作时间、休息休假、劳动安全卫生、保险福利等事项，签订集体合同。"《劳动合同法》规定："集体合同中劳动报酬和劳动条件等标准不得低于当地人民政府规定的最低标准。"从我国的劳动法律规定可以看出，我国的集体协商制度的范围包括了劳动报酬和劳动条件的各项标准，但其作用在于通过劳动者一方与用人单位的集体协商，确定优于最低劳动标准的劳动报酬和劳动条件，从而起到调整劳动关系中利益性诉求的作用。

2. 用人单位内部规章制度

我国《劳动合同法》规定："用人单位应当依法建立和完善劳动规章制度，保障劳动者享有劳动权利、履行劳动义务。"实践中，用人单位规章制度的主要内容一般为劳动纪律、安全生产规程、休假规定、劳动定额管理、商业秘密保护等行为规范，因此又可称为劳动规则或工作规则。法律规定用人单位规章制度的内容不得与劳动法律法规规定相抵触，对于规章制度违反法律法规的，企业应当承担相应的法律责任。规章制度一旦经合法程序确定，对用人单位本身尤其对劳动者具有约束力，其实施对劳动关系双方的权利义务起到重要的调整作用。

3. 用人单位与单个劳动者的个体性调整

个体性调整是我国现行劳动法律制度下重要的劳动关系调整方式，是指用人单位与单位内单个劳动者通过确定个性的劳动权利义务调整双方的关系，只适用于企业和单个劳动者之间，主要通过个体协商签订劳动合同或单项协议实现。

（1）劳动合同。我国《劳动法》规定："劳动合同是劳动者与用人单位确立劳动关系、明确双方权利和义务的协议。"《劳动合同法》规定："建立劳动关系，应当订立书面劳动合同。"《劳动合同法》对劳动合同的订立、履行和变更、解除和终止、法律责任等方面都做了规定。劳动合同涵盖了双方劳动关系形成、存续、消亡的全过程，明确了双方提供劳动和实施管理的基本权利和义务。当事人双方在合法、公平、平等自愿、协商一致、诚实信用的基础上订立的劳动合同，在不违反法律强制性规定的前提下，由双方合意达成的权利义务约定，受法律保护。依照法律法规订立的劳动合同对用人单位与劳动者都具有约束力，双方应当按照合同约定履行劳动合同义务。如有一方未按合同履行相应义务，另一方有权要求其根据法律法规的规定或合同约定承担相应后果。因此签订劳动合同属于劳动关系自我调整的重要形式。

（2）单项协议。单项协议是指用人单位与特定劳动者之间发生特定的权利义务关系时订立的相关协议。《劳动合同法》规定："用人单位为劳动者提供专项培训费用，对其进行专业技术培训的，可以与该劳动者订立协议，约定服务期""对负有保密义务的劳动者，用人单位可以在劳动合同或者保密协议中与劳动者约定竞业限制条款。"劳动者违反服务期约定或者违反竞业限制约定的，应当按照约定承担违约责任。这类单项协议作为劳动合同的补充，同样成为劳动关系自我调整的形式。

第3节 劳动关系与劳动合同

按照我国现行的劳动法律法规规定，劳动合同和集体合同是目前我国调整劳动关系中对应个体调整和集体调整的两种书面协议。但是劳动关系并不能等同于劳动合同和集体合同，两者既有联系，又有区别。因此，有必要弄清劳动关系与劳动合同和集体合同、劳动合同与集体合同之间的区别。

一、劳动关系与劳动合同的关系

劳动关系的存在与否根本上是以实际情形为判断依据的。在双方主体适合的前提下，只要劳动者提供劳动并获得报酬，同时接受用人单位的指挥管理，即符合劳动关系成立的要件，即使没有签订书面劳动合同，劳动关系依然形成并存续。

法律虽然规定全日制标准劳动关系必须签订书面劳动合同，但实践中会因各种原因导致未签劳动合同的情形发生，并不能认为未签订书面劳动合同劳动关系就不存在。在没有签订书面劳动合同的情形下，在发生纠纷和争议时，可以依据实际相关法律规则和已经实际履行的部分作出判定，一般称之为双方形成事实劳动关系。

二、劳动合同和集体合同的区别

1. 合同主体及作用的区别

从劳动合同的性质可以看出，劳动合同是用人单位与单个劳动者之间签订的协议，其作用是建立劳动关系和确定当事人双方的劳动权利义务，也是发生劳动争议时，处理争议的重要依据。适用的主体一方是用人单位，另一方是劳动者个人。

从集体合同的性质可以看出，集体合同是用人单位与单位内全体或部分劳动者之间签订的协议，其作用是确定用人单位内部的劳动条件和劳动标准，也是出现集体合同争议时，处理争议的重要依据。适用的主体一方是用人单位，另一方是单位内全体或部分劳动者。

2. 合同内容的区别

劳动合同的内容由签订合同的双方当事人协商约定。但法律对劳动合同应当具备的条款做了强制性规定，主要包括双方当事人的基本信息、合同期限、工作内容和工作地点、工作时间和休息休假、劳动报酬、社会保险、劳动保护、劳动条件和职业危害防护等。由此可以看出，劳动合同的内容涵盖劳动关系成立以及双方权利义务的各方面要素。

集体合同的内容完全由协商双方协商确定。法律对集体协商的内容做了指导性规定，集体合同可以对用人单位全部劳动条件、劳动标准作规定，也可以以某一项内容作规定。前一种称为综合性集体合同，后一种称为专项性集体合同。

3. 合同效力的区别

劳动合同的效力只及于用人单位和签订合同的劳动者本人。

集体合同的效力则及于用人单位和参与协商的全部或部分劳动者。但集体合同所确定的劳动条件、劳动标准对个人劳动合同具有制约作用，用人单位与劳动者签订的劳动合同中劳动报酬和劳动条件等标准不得低于集体合同规定的标准，如果出现劳动合同中的劳动标准低于集体合同规定情况，依集体合同执行。

4. 合同生效条件的区别

《劳动合同法》规定："劳动合同由用人单位与劳动者协商一致，并经用人单位与劳动者在劳动合同文本上签字或者盖章生效。"因此，劳动合同的生效条件与一般民事合同的生效条件基本相同，只要经劳动关系双方当事人对合同内容协商一致，双方签字或盖章即生效。

集体合同的生效条件相对复杂。按照《劳动合同法》的规定，集体合同草案应当提交职工代表大会或者全体职工讨论通过；集体合同订立后，应当报送劳动行政部门，劳动行政部门自收到集体合同文本之日起十五日内未提出异议的，集体合同即行生效。因此集体合同是一种法律规定特别生效条件，特别是行政机关审查生效条件的合同。

5. 合同救济形式的区别

劳动合同签订过程中如发生双方意见不一，协商不成的，劳动关系不成立。履行劳动合同过程中发生纠纷或争议，依法或通过请求劳动保障行政机关处理，或通过劳动争议处理程序处理。

集体合同相关救济形式包括签订过程和履行过程两个方面。对于集体协商过程中发生的争议，我国《劳动法》规定："因签订集体合同发生争议，当事人协商解决不成的，当地人民政府劳动行政机关可以组织有关各方协调处理。"这是因为协商过程中发生的争议，其标的属尚未确定的权利，因此属于利益性争议。而我国现行的劳动争议仲裁和司法程序一般只处理法律或合同已经明确的权利，即权利性争议，因此法律规定此类利益性争议由劳动行政机关组织有关方面（上级工会、企业组织）协调处理。而履行集体合同过程中发生的争议，则可以通过一般劳动争议处理程序予以处理。

第4节　劳动关系的救济

用人单位和劳动者因劳动关系的建立而结合在一起。在促进企业经营发展的共同目标下，双方具有合作性和依存性。但由于根本上用人单位和劳动者属于两个不同的利益群体，在合作的同时，双方之间产生纠纷和争议也往往难以避免。发生纠纷和争议的原因，主要是一方认为另一方违反了法律法规或劳动合同、集体合同、规章制度的规定或约定，侵犯了己方的权利。有些争议可以通过双方自我协调获得解决，但较多的争议尤其是激化了的争议，则必须通过外部机制予以处理化解。这种化解和处理纠纷和争议的机制就称为法律救济。现行法律法规规定的针对劳动关系的救济，主要为劳动监察和劳动争议处理两种途径。

一、劳动监察

1. 劳动监察的性质

劳动监察是指劳动行政部门依法对用人单位遵守劳动法律法规的情况进行监督检查，对用人单位违反劳动法律法规的行为依法处置的具体行政行为。劳动监察具有以下性质：

（1）劳动监察的法定性。劳动监察的范围、主体、原则、内容和程序等都是由法律法规明确规定的。对劳动行政部门作出的这一具体行政行为，用人单位不服的，可以依法提起行政复议或行政诉讼。

（2）劳动监察的专门性。劳动监察是由法定的专门机关（即劳动行政机关）对劳动法律法规的实施情况进行的监督检查。县级、设区的市级人民政府劳动保障行政部门可以委托符合监察执法条件的组织实施劳动保障监察，劳动保障监察员应当具备法定的资格。

（3）劳动监察的强制性。劳动保障行政部门依法实施的劳动监察，具有强制力，被监察主体不得拒绝。用人单位无理阻挠劳动行政部门行使监督检查权，打击报复举报人员的，由劳动保障行政部门或者有关部门处以罚款；构成犯罪的，对责任人员依法追究刑事责任。

2. 劳动监察的对象及范围

《劳动合同法》《劳动保障监察条例》和原劳动社会保障部《关于实施〈劳动保障监

察条例〉若干规定》等相关法律法规对劳动监察的对象及监察范围进行了规定。

劳动监察的对象主要为用人单位。另外，职业介绍机构、职业技能培训机构和职业技能考核鉴定机构也是劳动监察的对象。

从劳动监察范围来看，用人单位的以下几类行为被纳入监察范围：一是用人单位签订劳动合同及制定规章制度的情况；二是用人单位遵守劳动标准的情况，如使用童工情况、女职工及未成年工保护情况、工资发放情况、社会保险缴纳情况等；三是职业介绍机构、职业技能培训机构和职业技能考核鉴定机构遵守国家有关职业介绍、职业技能培训和职业技能考核鉴定的规定的情况；四是法律、法规规定的其他劳动保障监察事项。

3. 劳动监察程序

一是主动监察。这是劳动行政机关按制度化要求或有计划、有针对性地主动开展的劳动执法行为。主要形式有日常巡视检查，要求用人单位按照要求报送书面材料予以审查，针对劳动保障法律实施重点方面集中组织专项检查。

二是被动监察。这是劳动行政机关应社会主体或当事人的要求而进行的劳动执法行为。主要形式有接受举报和投诉。任何组织或个人向劳动行政机关检举某企业存在违反劳动保障法律情形的称为举报，劳动者本人就用人单位侵犯其劳动保障合法权益向劳动行政机关申诉的称为投诉。

劳动监察的程序主要分为受理与立案、调查与检查、案件处理三大环节。

（1）受理与立案。对于在日常巡视检查、书面审查和接受举报等过程中发现单位有违法行为，需要调查处理的，应当及时进行立案查处。

对于符合法定条件的投诉案件，劳动保障监察部门应当在接到投诉之日起5个工作日内依法受理，并于受理之日立案查处，法定条件包括：

1）违反劳动保障法律的行为发生在2年内的。

2）有明确的被投诉用人单位，且投诉人的合法权益受到侵害是被投诉用人单位违反劳动保障法律的行为所造成的。

3）属于劳动保障监察职权范围并由受理投诉的劳动保障行政部门管辖。

（2）调查与检查。劳动保障监察部门登记立案后，应当及时开展相应的调查与检查。监察部门有权采取进入劳动场所的方式开展检查，可以询问有关人员；要求用人单位提供相关文件资料并作出解释和说明；采取记录、录音、录像、照相或者复制等方式收集有关情况和资料；委托会计师事务所对用人单位工资支付、缴纳社会保险费的情况进行审计等。

劳动保障监察员在进行调查、检查时，不得少于两人，应佩戴劳动保障监察执法标志，出示劳动保障监察证件，并说明身份。若监察员存在本人是用人单位法定代表人或主要负责人的近亲属的，本人或其近亲属与承办查处的案件事项有直接利害关系的或因其他原因可能影响案件公正处理的，应当回避。

（3）案件处理。劳动保障监察部门对用人单位存在的违反劳动保障法律的行为，根据调查、检查的结果，作出以下处理：

1）对依法应当受到行政处罚的，依法作出行政处罚决定。

2）对应当改正未改正的，依法责令改正或者作出相应的行政处理决定。

3）对情节轻微，且已改正的，撤销立案。另外，经调查、检查，劳动保障行政部门认定违法事实不能成立的，也应当撤销立案。发现违法案件不属于劳动保障监察事项的，应当及时移送有关部门处理；涉嫌犯罪的，应当依法移送司法机关处理。

4. 救济途径

劳动保障行政部门对违反劳动保障法律、法规或者规章的行为作出行政处罚或者行政处理决定前，应当听取用人单位的陈述、申辩；作出行政处罚或者行政处理决定，应当告知用人单位依法享有申请行政复议或者提起行政诉讼的权利。

二、劳动争议处理

劳动争议是劳动关系中当事人对于劳动权利义务的纠纷。劳动争议处理是指按照法律规定，依据一定程序，解决劳动争议的制度。我国目前劳动争议处理制度主要包括协商、调解、仲裁及诉讼等程序。

劳动争议协商是指劳动关系双方当事人就劳动争议事项进行协商解决的法定程序。发生劳动争议，劳动者可以要求所在企业工会参与或者协助其与企业进行协商。经协商达成一致，应当签订书面和解协议。

劳动争议调解是指通过依法设立的调解组织对劳动争议进行协调解决的法定程序。发生劳动争议，当事人可以向依法设立的调解委员会申请调解，经调解达成一致的，由调解委员会制作调解协议书。生效的调解协议书对双方当事人具有约束力，当事人应当履行。

劳动争议仲裁是指劳动争议仲裁机构依据法定程序对劳动争议进行仲裁处理的法律制度。发生劳动争议，当事人可以向劳动争议仲裁机构申请劳动争议仲裁，仲裁机构经审理，可以在双方自愿的基础上进行调解或进行裁决，调解书及裁决书对当事人具有法律强制执行力。

劳动争议诉讼是指人民法院依据法定程序对劳动争议进行司法处理的法律制度。劳动争议当事人对仲裁裁决不服的，可以向人民法院提起诉讼，人民法院根据相关诉讼程序，对劳动争议进行全面审理，可以进行调解或判决。当事人对一审判决不服的，可以上诉。二审判决为终审判决。

三、劳动监察与劳动争议仲裁的区别

1. 性质的区别

劳动监察体现劳动法律的公法介入原则，它对违法行为进行监督、检查、纠正、处罚，属于行政执法性质。劳动争议仲裁作为公力救济的一条途径，对争议当事人之间的纠纷进行裁判，属于居中公断性质。

2. 对象的区别

劳动监察作为行政执法，其对象为用人单位，劳动者不属于执法对象。劳动争议仲裁的对象为发生劳动争议的劳动者和用人单位、与案件的处理结果有利害关系的第三人，以及其他仲裁参加人。

3. 机构的区别

劳动监察机构为劳动行政机关或受劳动行政机关委托的事业组织。其主要特征为行政性，其行使职权的主要机构为国家机关。

劳动争议仲裁机构为劳动争议仲裁委员会。劳动争议仲裁委员会实行三方原则，由劳动行政部门代表、工会代表和企业方面代表组成，其具体处理案件的办事机构是劳动争议仲裁院。

4. 程序的区别

劳动争议仲裁程序的启动必须由一方当事人提出请求，否则劳动仲裁机构无法自行启动仲裁程序。当事人对仲裁裁决不服可以起诉，按照民事诉讼程序处理。我国对劳动争议基本实行一裁两审制。

劳动监察程序可以由社会组织或个人的举报投诉而启动，也可以由劳动监察机构依法主动启动。劳动监察部门有权通过行政处置、行政处罚等方式制止违法行为。当事人对处理决定或处罚决定不服的，可以通过行政复议、行政诉讼方式进行救济。

四、劳动监察与劳动争议仲裁的程序适用

对于劳动者向劳动保障行政部门投诉，且已经依法进入劳动保障监察程序，劳动者就相同请求事项又向劳动争议处理机构提出处理申请的，劳动争议处理机构可以不再重复处理；对应当通过劳动争议处理程序解决的事项或者已经按照劳动争议处理程序申请调解、仲裁或者已经提起诉讼的事项，劳动保障行政部门应当告知投诉人依照劳动争议处理或者诉讼的程序办理。

案例学习

【案例1】劳动关系确认

背景资料：

小张、小李和小王是高中同班同学，2013年高中毕业后，已年满18周岁的小张因高考成绩不理想便直接就业，与本市A餐饮公司平等协商后订立劳动合同，进入公司从事餐厅服务员工作。小李考上大学后通过校勤工俭学办公室介绍，到A公司担任实习服务员。小王高中毕业后则与一家劳务派遣公司签订劳动合同，由派遣公司派遣至A公司工作，岗位为洗碗工。2014年8月初，由于小李未经过系统培训，工作中多次出现差错，A公司决定不再聘用小李，小李不服与公司经理进行交涉，小张和小王也帮小李求情。A公司认为小李无法胜任工作，小张和小王不尊重公司领导，遂将三人辞退。小张、小李和小王提起劳动仲裁申请，认为A公司辞退三人属违法解除劳动合同，要求A公司支付违法解除劳动合同的赔偿金。

试题要求：

1. 小张与A公司是否建立了劳动关系，为什么？
2. 小李与A公司是否建立了劳动关系，为什么？
3. 小王与A公司是否建立了劳动关系，为什么？

【案例2】劳动关系确认

背景资料：

王某是本市户籍失业人员。2012年8月，本市某机械装备公司的销售员刘某持公司开具的介绍信到王某所在居委会要求招聘一名设备维修工，居委会与就业援助员将失业的王某介绍给了刘某，刘某让其到机械装备公司工作，并一直工作至2015年4月。这期间，王某与机械公司一直没有签订劳动合同，但依据口头约定，王某一直担任公司的设备修理工，月工资2500元，以现金签收的方式支付。2015年4月15日，装备公司以王某给公司造成重大损失为由将王某辞退，并发放了当月的工资。王某承认确实因其工作不当给公司造成了重大损失，但认为公司一直未与其签订书面劳动合同，也没有提前一个月通知其解除劳动合同，违反了法律规定，遂提起劳动仲裁，要求公司支付自2012年9月至2013年8月期间未签订书面劳动合同的双倍工资差额，要求公司支付一个月工资的补偿金。装备公司认为王某系刘某个人招用的兼职修理工，与公司并无劳动关系，不同意王某的请求。

试题要求：

1. 作为自然人，刘某能否与王某建立劳动关系，为什么？
2. 王某与机械装备公司之间是否存在劳动关系，为什么？
3. 王某要求机械装备公司额外支付一个月工资作为补偿金的请求能否得到支持，为什么？

第 2 章

劳动标准法律制度

第 1 节　劳动标准概述　　　　　　　　　　　/18
第 2 节　工时制度　　　　　　　　　　　　　/21
第 3 节　休息休假制度　　　　　　　　　　　/24
第 4 节　限制延长工时制度　　　　　　　　　/27
第 5 节　工资制度　　　　　　　　　　　　　/29
第 6 节　劳动安全卫生制度　　　　　　　　　/32
第 7 节　女职工、未成年工保护的特殊规定　　/38

学习目标

➢ 了解国际劳工标准的基本内容、我国实施国际劳工标准的基本情况、我国劳动标准的立法概况、劳动标准的内涵、劳动安全卫生制度、生产安全事故与职业病的报告与处理。

➢ 熟悉年休假制度、探亲假制度、缩短工时和计件工时制、工资的基本含义、最低工资的制定。

➢ 掌握标准工时、综合计算工时和不定时工时制度、公休假日制度和法定节假日制度、限制延长工时制度、最低工资的含义与组成、最低工资的保障与监督、女职工与未成年工的特殊保护。

➢ 能够合理设定企业工资构成，制定基本年休假制度及计件工资制度。

➢ 能够熟练把握企业最低工资标准制定及发放，制定合理合法加班制度及正确计算加班工资。根据不同岗位的实际需求，合理运用不同工时制度进行匹配，正确适用女职工及未成年工的保护标准。

第1节　劳动标准概述

一、国际劳工标准

1. 国际劳工标准的基本内容

国际劳工标准一般是指由国际劳工组织（International Labour Organization，ILO）通过的处理全球范围劳工事务的各种原则、规范和标准，它们形成了以国际劳工公约（187项）和建议书（198项）为核心的一整套国际劳工制度。其宗旨是在世界范围内确立和保障劳工权利，为调整劳动关系和保障劳工权利建立一般性的、普遍性的原则、标准和规则。

国际劳工组织于1919年根据《凡尔赛和约》成立，作为国际联盟的附属机构。1946年正式成为联合国所属的负责劳工事务的一家专门机构，由国际劳工大会、理事会、国际劳工局、地区会议、部门会议等主要机构组成。该组织的宗旨是"促进充分就业，提高生活水平；促进劳资合作；改善劳动条件；扩大社会保障；保证劳动者的职业安全与卫生；

获得世界持久和平,建立和维护社会正义"。

国际劳工组织制定的187项国际劳工公约和198项建议书成为国际劳动标准的基本内容,主要可分为三类:

(1) 核心劳工标准。核心劳工标准是指已被国际劳工组织和国际社会确认的,为保护工作中劳动者的基本人权而应该遵守的,构成国际劳动标准体系基础的劳动标准。它包括四项基本劳动权利,主要体现在8项国际劳工公约中,这8项公约包括的四项基本劳动权利为结社自由和集体谈判权、废除一切形式的强迫和强制劳动、有效地废除童工劳动、同工同酬以及消除就业与职业歧视。8项国际劳工公约分别为:

1) 1930年的《禁止强迫劳动公约》(第29号);
2) 1948年的《结社自由及组织权利的保障公约》(第87号);
3) 1949年的《组织权与集体谈判公约》(第98号);
4) 1951年的《对男女工人等价值的工作付予同等报酬公约》(第100号);
5) 1957年的《废除强迫劳动公约》(第105号);
6) 1958年的《就业与职业歧视公约》(第111号);
7) 1973年的《准允最低就业年龄公约》(第138号);
8) 1998年的《禁止最恶劣形式童工劳动公约》(第182号)。

截至目前,国际劳工组织的180个会员国中,共有123个会员国批准全部8项国际劳工公约。核心劳工标准有两大重要特点:一是其涵盖的普遍原则是尊重劳工,以人道方式对待劳工。二是其能够改善工人状况。

(2) 劳动专业类标准。其包括促进就业、社会政策、劳动管理、劳资关系、工作条件、职业安全卫生、社会保障等方面的公约。

(3) 对特定人群的标准。其包括关于妇女、童工和未成年工、老年工人、残疾人、移民工人、海员、渔民、码头工人、家庭工等特定人群的公约。

2. 我国实施国际劳工标准的基本情况

中国是国际劳工组织的创始会员国,1919年国际劳工组织成立时,中国是40个创始会员国之一。但自1949年10月1日中华人民共和国成立至1971年,新中国一直未能获得国际劳工组织的合法席位。1971年10月25日,联合国通过2758号决议,决定恢复我国在联合国的一切合法权利。1971年11月16日,国际劳工局经过投票表决,承认中华人民共和国在国际劳工组织的合法席位。1983年6月,我国正式恢复了在国际劳工组织的活动。

我国自恢复在国际劳工组织的席位、参加国际劳工组织活动起,本着务实、认真负责和积极的态度,结合本国实际情况,以不断完善的国家立法为基础,继承、批准和实施国际劳工公约。自1983年以来，我国共批准了12项公约，加上以前旧中国批准、经新中国继承的14项公约，我国共批准了26项国际劳工公约，主要涉及残疾人职业康复与就业、男女同工同酬、三方协商、化学品职业安全卫生、促进与自由择业、最低就业年龄、劳动行政管理、建筑业安全与卫生、禁止使用童工、消除就业歧视、职业安全和卫生等方面。

对于上述批准的公约，我国在劳动立法中也积极予以践行和推进。如在残疾人事业方面，颁布实施了《残疾人保护法》，制订实施5个残疾人事业国家计划，残疾人康复、教育、就业、扶贫、社会保障等各项业务广泛开展；男女同工同酬方面，通过《劳动法》《妇女权益保护法》及相关部门规章；就业政策方面，我国通过《劳动法》《就业促进法》等法律法规确定劳动者平等就业和自主择业的权利，并确立了"劳动者自主就业、市场调节就业、政府促进就业"的就业方针；在反就业歧视方面，我国也通过相应立法确立了就业平等和禁止歧视的基本原则，已形成包括司法制度、劳动争议仲裁制度、劳动保障监察制度以及劳动保障部门的就业培训与就业指导制度等保障制度。

二、我国劳动标准的立法概况

从新中国成立到1966年"文革"开始前，我国以立法和颁布文件形式制定了一系列劳动标准，如1950年原劳动部和全国总工会制定的《工资条例（草案）》、1951年政务院公布的《中华人民共和国劳动保险条例》、1956年国务院发布的《关于劳动就业问题的决定》等，就工资、劳动保险、工作时间、休息休假等规定了相应的劳动标准；1956年国务院颁布《工厂安全卫生规程》《建筑安装工程安全技术规程》《工人职员伤亡事故报告规程》，1955年颁布《蒸汽锅炉安全监察规程》等，就有关劳动安全卫生问题规定了劳动标准。这一时期我国对劳动立法比较重视，相关立法适应当时的经济条件和客观上的需要。

1966年至1976年期间，劳动立法处于停滞和无序状态。1978年12月，邓小平在中央工作会议闭幕式上的讲话中提出尽快制定劳动法，促使我国劳动立法工作的复苏。1994年《劳动法》颁布后，大大加强了劳动标准立法工作，到目前形成了以《劳动法》为基础，由《社会保险法》《劳动合同法》《就业促进法》、《劳动争议调解仲裁法》《职业病防治法》《安全生产法》《工伤保险条例》《职工带薪年休假条例》《最低工资规定》《女职工劳动保护特别规定》等劳动法律法规规章相配套的劳动标准法律体系。

三、劳动标准的内涵

劳动标准一般是指国家以强制性规范规定的关于就业、工资、工时、劳动条件、劳动安全卫生、女职工和未成年工特殊保护等方面的劳动标准。这是最基本的劳动标准，也称为劳动基准。劳动基准法是有关劳动报酬和劳动条件最低标准的法律规范的总称。用人单位可以制定优于基准法所规定的标准。凡集体合同、劳动合同、劳动规则（厂纪厂规）所确定的标准未达到国家规定的劳动基准的，均无法律效力。

第2节 工时制度

工时是工作时间的简称，是指劳动者为履行劳动义务，在法定限度内从事劳动的时间。工作时间的长度具有法定性，由国家法律规定，用人单位不得在法定工作时间以外任意延长工作时间。根据《劳动法》和其他有关法律法规规定，工作时间分为标准工时、特殊工时和其他工时，其中特殊工时又分为综合计算工时和不定时工时，其他工时包括缩短工时、计件工时等。

一、标准工时制

标准工时制度也称为标准工作制度，是由立法确定一昼夜中工作时间的长度、一周中工作日天数，并要求用人单位和一般职工普遍遵守的基本工时制度。我国《劳动法》第三十六条规定，国家实行劳动者每日工作时间不超过8小时，平均每周工作时间不超过44小时的工时制度。根据1995年3月重新修订的《国务院关于职工工作时间的规定》，调整为目前实行的每日工作8小时、每周工作40小时的标准工时制。任何单位和个人不得擅自延长职工工作时间。

在具体操作上，劳动部于1995年3月发布的《劳动部贯彻〈国务院关于职工工作时间的规定〉的实施办法》规定，该工时制度适用于中华人民共和国境内的企业的职工和个体经济组织的劳动者。按规定，职工实行标准工时制时，企业应保证完成生产和工作任务，不减少职工的收入。在特殊条件下从事劳动及有特殊情况，需要在每周工作40小时的基础上再适当缩短工作时间的，应在保证完成生产和工作任务的前提下，由企业根据实际情况，依法决定。对于超出标准工时，延长工作时间的，可以区别两种情况分别处理：一是企业由于生产经营需要而延长工时；二是遇到法规规定的特殊情形和紧急任务，而需要延长工时。无论哪种情况，延长工作时间都必须支付加班工资报酬或安排补休。

人事部于1995年3月发布的《人事部贯彻〈国务院关于职工工作时间的规定〉的实施办法》规定，该工时制度适用于中华人民共和国境内的国家机关、社会团体和事业单位的职工。按规定，国家机关、事业单位实行统一的工作时间。在特殊条件下从事劳动及有特殊情况，需要适当缩短工作时间的，由各省、自治区、直辖市和各主管部门按隶属关系提出意见，报人事部批准。遇到法规规定的特殊情形和紧急任务，可以延长职工工作时间，但应给职工安排相应的补休。

二、特殊工时制

特殊工时制是相对标准工时制而言的。《国务院关于职工工作时间的规定》第五条规定："因工作性质或者生产特点的限制，不能实行每日工作8小时、每周工作40小时标准工时制度的，按照国家有关规定，可以实行其他工作和休息办法。"我国已实行的特殊工时制主要有综合计算工时制、不定时工时制、缩短工时制、计件工时制。下面简要介绍一下前三种。

1. 综合计算工时制和不定时工时制

（1）综合计算工时制。综合计算工时制也称为综合计算工时工作制。它是以标准工作时间为基础，以一定的期限为周期，综合计算工作时间的工时制度。实行这种工时制度的用人单位，计算工作时间的周期可以是周、月、季、年，但其平均日工作时间和平均周工作时间应与法定标准工作时间基本相同。用人单位在保障职工身体健康并充分听取职工意见的基础上，采用集中工作、集中休息、轮休轮调等适当方式，确保职工的休息休假权利和生产、工作任务的完成。按照原上海市劳动局规定，除个别确系情况特殊的企业，允许以年或季为综合计算工时的周期外，一般均以周或月为计算周期。

企业因生产特点不能实行标准工时制并具有如下条件之一的可实行综合计算工时制：①交通、铁路、邮电、水运、航空、渔业等行业中因工作性质特殊，需连续作业的职工；②地质及资源勘探、建筑、制盐、制糖、旅游等受季节和自然条件限制的行业的部分职工；③其他适合实行综合计算工时工作制的职工。"其他"的范围很广，对于那些在市场竞争中，由于外界因素的影响，生产任务不均衡的企业的部分职工，经劳动行政部门审批同意，可以参照综合计算工时工作制的办法实施，例如，因受季节条件限制，淡旺季节明显的瓜果、蔬菜等食品加工单位和服装生产，以及宾馆、餐馆的餐厅和娱乐场所的服务员等可实行综合计算工时工作制。

（2）不定时工时制。不定时工时制也称为不定时工作制。它是指因工作性质和工作职责的限制，劳动者的工作时间不能受固定时数限制的工时制度。标准工时制、缩短工时制、综合计算工时制都是定时工作制，都是依据工作时间来计算劳动量，不定时工作制是一种直接确定职工劳动量的工作制度。对于实行不定时工作制的职工，用人单位应按《劳动法》的规定，参照标准工时制核定工作量并采用弹性工作时间等适当方式，确保职工的休息休假权利和生产、工作任务的完成。

企业因生产特点不能实行标准工时制并具有如下条件之一的，可实行不定时工作制：

1）企业中的高级管理人员、外勤人员、推销人员、部分值班人员和其他因工作无法按标准工作时间衡量的职工；

2）企业中的长途运输人员、出租汽车司机和铁路、港口、仓库的部分装卸人员以及因工作性质特殊，需机动作业的职工；

3）其他因生产特点、工作特殊需要或职责范围的关系适合实行不定时工作制的职工。

"其他"的范围也很广，如企业的消防和化救值班人员、值班驾驶员等，可实行不定时工时工作制。

（3）综合计算工时制和不定时工时制的审批。按原劳动部《关于企业实行不定时工作制和综合计算工时工作制的审批办法》规定，中央直属企业经国务院行业主管部门审核、报国务院劳动行政部门批准后，可实行综合计算工时制或不定时工时制。地方企业的审批办法由各省、自治区、直辖市人民政府劳动行政部门制定。原上海市劳动局在转发原劳动部规定时，对审批办法进行了具体规定：

1）中央直属企业，经其主管部门审核后，报国家劳动部批准，报市劳动局备案。

2）市属企业经其主管部门审核后，报市劳动局批准，报所在区、县劳动局备案。

3）区县属企业经其主管部门审核后，报区、县劳动局批准。

4）外商投资企业按现行管理体制分别报市、区、县劳动局审批。

5）其他无主管部门的企业，报所在区、县劳动局批准。

2. 缩短工时制

缩短工时制也称为缩短工作制。它是规定劳动者每个工作日的工作时间少于标准工作日长度或每周工作天数少于标准工作天数的工作时间制度。《国务院关于职工工作时间的规定》规定，在特殊条件下从事劳动和有特殊情况，需要适当缩短工作时间的，按照国家有关规定执行。

这种制度主要是在对从事特别艰苦、繁重、有毒有害、过度紧张工作的劳动者以及在哺乳期的女工实施特殊保护的特定条件下适用，根据相关法律法规，主要有以下几种情况：

（1）规定每个工作日工作时间少于8小时。根据原劳动部《关于〈国务院关于职工工作时间的规定〉的实施办法》规定，在特殊条件下从事劳动及有特殊情况，需要在每周工作40小时的基础上适当缩短工作时间的，应在保证完成生产和工作任务的前提下，根据《劳动法》第三十六条的规定，由企业根据实际情况决定。一般来说，从事矿山井下、高山、严重有害有毒、特别繁重和过度紧张作业的劳动者，应当缩短工时，如1981年6月化学工业部、国家劳动总局《关于在有毒有害作业工人中改革工时制度的意见》规定，化工行业从事有毒有害作业工人实行"三工一休"制、6小时至7小时工作制。

(2) 规定每个工作日工作时间内可从事工作以外的相关事务。如女职工因哺乳而减少工作时间，哺乳未满12个月的婴儿的女职工，每日在工作时间内给予两次哺乳时间，每次30分钟，合计1小时计算在工作时间之内。

第3节　休息休假制度

休息休假是劳动者在法律规定或合同约定之下，免于履行劳动职责，自行支配的时间。

一、公休日制度

公休日制度又称为周休制度，是法律规定两个相邻的工作周之间应休息的时间。在世界性立法中，一般通过规定工作时间数来间接规定公休假日的天数，第三届国际劳工大会通过了《1921年工业企业中实行每周休息公约》，此后国际劳工大会通过了《1935年每周工作时间减至四十小时公约》。

《劳动法》规定："国家实行劳动者每日工作时间不超过8小时、平均每周工作时间不超过44小时的工时制度。""用人单位应当保证劳动者每周至少休息一日。"《国务院关于职工工作时间的规定》将每周工作时间定为40小时。按原人事部贯彻《国务院关于职工工作时间的规定》的实施办法，国家机关、事业单位实行统一的工作时间，星期六和星期日为周休息日。因此实际上已经形成我国每周休息2日的制度。

按原劳动部贯彻《国务院关于职工工作时间的规定》的实施办法，企业根据所在地的供电、供水和交通等实际情况，经与工会和职工协商后，可以灵活安排周休息日。上海市人民政府办公厅在《关于实施国务院关于职工工作时间规定的通知》中进一步规定："企业应根据全市水、电、煤气供应的综合平衡的要求，妥善安排周休息日，各主管部门要加强协调、组织和监督。"因此，对于实行标准工时制的企业来讲，虽然其劳动者每周工作40小时，但除了每周必须休息一日外，法律法规并未对企业的劳动者的休息日作出统一安排。

二、法定节假日制度

法定节假日制度是指根据各国、各民族的风俗习惯或纪念要求，由国家法律统一规定的用以进行庆祝及度假的休息时间。

《劳动法》第四十条规定:"用人单位在元旦,春节,国际劳动节,国庆节,法律、法规规定的其他休假节日,应当依法安排劳动者休假。"国务院于1949年12月颁布的《全国年节及纪念日放假办法》规定,全体劳动者假日共7日:新年放假一日(1月1日);春节放假三日(农历初一、初二、初三);劳动节放假一日(5月1日);国庆纪念日放假两日(10月1日、2日)。1999年,国务院发布《关于修改〈全国年节及纪念日放假办法〉的决定》,对原办法进行了修订,将全体劳动者假日增加到10天,其中劳动节放假3天(5月1日、2日、3日),国庆节放假3日(10月1日、2日、3日);2007年,国务院发布《关于修改〈全国年节及纪念日放假办法〉的决定》,对原办法进行了第二次修订,将全体公民放假节日增加到11日,具体为:新年放假1天(1月1日),春节放假3天(农历除夕、正月初一、初二),清明节放假1天(农历清明当日),劳动节放假1天(5月1日),端午节放假1天(农历端午当日),中秋节放假1天(农历中秋当日),国庆节放假3天(10月1日、2日、3日)。2014年国务院发布《关于修改〈全国年节及纪念日放假办法〉的决定》,对原办法再次进行了修订,目前执行的节假日及其放假标准如下:

1. 全体公民放假的节日及放假时间

元旦放假1天(1月1日),春节放假3天(农历正月初一、初二、初三),清明节放假1天(农历清明当日),劳动节放假1天(5月1日),端午节放假1天(农历端午当日),中秋节放假1天(农历中秋当日),国庆节放假3天(10月1日、2日、3日)。

2. 部分公民放假的节日、纪念日及放假标准

妇女节(3月8日),妇女放假半天;青年节(5月4日),14周岁以上青年放假半天;儿童节(6月1日),不满14周岁的少年儿童放假1天;中国人民解放军建军纪念日(8月1日),现役军人放假半天。

3. 少数民族习惯的节日及放假标准

由各少数民族聚居地区的地方人民政府,按照该民族习惯,规定放假日期。

4. 其他节日、纪念日

除上述以外的其他节日、纪念日,均不放假。

三、年休假制度

年休假制度是指职工每年享有保留工作和工资的连续休假制度。目前,世界各国已广泛地实行年休假制度。国际劳工大会通过的第52号公约《1936年带薪年假公约》就规定,职工连续工作1年后休假至少应有6个工作日,未成年工和学徒为12个工作日,放弃或取消年休假的劳动合同一般应视为无效。1970年通过的132号公约修改了上述规定。该公约虽然允许各主管当局规定获得假期资格的服务期限,但又明确服务期6个月者有权享受年休假；服务期1年者，年休假不应少于3个工作周。公约还规定，雇佣人员由于疾病、受伤、怀孕等无法控制的原因缺勤，应计为服务期的一部分；公共例假和传统节日，不论是否与年休假同时发生，均不得计为年休假的一部分。

我国《劳动法》规定，劳动者连续工作1年以上的，享受带薪年休假。国务院于2007年12月7日颁布的《职工带薪年休假条例》规定，职工连续工作1年以上的，享受带薪年休假。职工在年休假期间享受与正常工作时间相同的工资收入。条例具体规定了职工带薪年休假的标准：职工累计工作已满1年不满10年的，年休假5天；已满10年不满20年的，年休假10天；已满20年的，年休假15天。国家法定休假日、休息日不计入年休假的假期。职工有下列情形之一的，不享受当年的年休假：①职工依法享受寒暑假，其休假天数多于年休假天数的；②职工请事假累计20天以上且单位按照规定不扣工资的；③累计工作满1年不满10年的职工，请病假累计2个月以上的；④累计工作满10年不满20年的职工，请病假累计3个月以上的；⑤累计工作满20年以上的职工，请病假累计4个月以上的。

单位根据生产、工作的具体情况，并考虑职工本人意愿，统筹安排职工年休假。年休假在1个年度内可以集中安排，也可以分段安排，一般不跨年度安排。单位因生产工作特点确有必要跨年度安排职工年休假的，可以跨1个年度安排。单位确因工作需要不能安排职工休年休假的，经职工本人同意，可以不安排职工休年休假。对职工应休未休的年休假天数，单位应当按照该职工日工资收入的300%支付年休假工资报酬。

四、探亲假制度

探亲假制度是指给予与家属分居两地的职工在一定时期内回家与父母或配偶团聚假期的制度。在计划经济体制下，我国主要实行固定制用工模式，对劳动力进行计划分配，劳动力不能自由流动，故为解决因计划分配而异地分离的父母子女及夫妻团聚问题，于1958年建立探亲假制度。之后20年间，由于国家对工业布局进行了调整，三线建设大规模进行，不少职工单身调入或者分配到边远地方工作，长期与配偶分居。同时考虑职工探望父母的现实需要，国家于1981年对探亲假制度进行了修改和完善，颁布了《关于职工探亲假待遇的规定》，延长了探望配偶的假期并增加了探望父母的假期规定。

根据上述规定，在享受探亲假的条件方面，凡在国家机关、人民团体和全民所有制企业、事业单位工作满一年的固定职工，与配偶不住在一起，又不能在公休假日团聚的，可以享受探望配偶的待遇；与父亲、母亲都不住在一起，又不能在公休假日团聚的，可以享受探望父母的待遇。但是，职工与父亲或与母亲一方能够在公休假日团聚的，不能享受探望父母的待遇。在探亲假标准方面，职工探望配偶的，每年给予一方探亲假一次，假期为三十天。未婚职工探望父母，原则上每年给假一次，假期为二十天。如果因为工作需要，本单位当年不能给予假期，或者职工自愿两年探亲一次的，可以两年给假一次，假期为四十五天。已婚职工探望父母的，每四年给假一次，假期为二十天。在探亲假待遇方面，职工在规定的探亲假期和路程假期内，按照本人的标准工资发给工资。职工探望配偶和未婚职工探望父母的往返路费，由所在单位负担。已婚职工探望父母的往返路费，在本人月标准工资百分之三十以内的，由本人自理，超过部分由所在单位负担。

第4节 限制延长工时制度

一、延长工时的含义

延长工时即延长工作时间，是指用人单位根据生产或工作需要安排劳动者在法定工作时间以外的时间工作。延长工时主要有两种形式：按用人单位的要求，在法定节日、公休假日内进行工作的叫加班，在法定标准工作时间以外进行工作的叫加点。由于加班加点缩短了职工的休息时间，因此法律法规给予了严格的限制和规定。对加班加点进行严格限制的意义在于：一方面保障劳动者休息权利，保护劳动者的身心健康；另一方面，促进用人单位改善经营管理，提高劳动生产率，不依赖通过占用劳动者的休息时间来完成生产或工作任务，也有利于单位节约加班加点的工资开支，提高竞争力。

二、我国限制延长工时制度的规定

按《劳动法》的规定，我国将延长工时区别为两类情况，分别加以限制。

1. 限制延长工时的一般规定

根据《劳动法》第四十一条的规定，用人单位由于生产经营需要，与工会和劳动者协商后可以延长工作时间，一般每日不得超过1小时；因特殊原因需要延长工作时间的，在保障劳动者身体健康的条件下延长工作时间每日不得超过3小时，每月不得超过36小时。第六十一条、第六十三条规定，对怀孕7个月以上和哺乳期的女职工，不得安排其延长工作时间；根据《未成年人保护法》的规定，不得安排未成年工延长工作时间，因此在一般情况下，延长工时的限制措施主要包括以下四方面内容：

（1）程序限制。延长工作时间有两重协商程序。用人单位由于生产经营需要，须与工会和劳动者协商后，方可延长工作时间。

（2）时数限制。用人单位延长工时，一般每日不得超过 1 小时；因特殊原因需要延长工作时间的，在保障劳动者身体健康的条件下，工作时间每日不得超过 3 小时，每月不得超过 36 小时。

（3）报酬限制。用人单位安排劳动者延长时间工作，必须按照我国《劳动法》的规定支付高于正常工作时间工资的报酬：①用人单位依法安排劳动者在法定标准工作时间以外延长工作时间的，按照不低于劳动合同规定的劳动者本人小时工资标准的 150% 支付劳动者的工资；②用人单位依法安排劳动者在法定休息日工作，而又不能安排补休的，按照不低于劳动合同规定的劳动者本人日或小时工资标准的 200% 支付劳动者工资；③用人单位依法安排劳动者在法定休假节日工作的，按照不低于劳动合同规定的劳动者本人日或小时工资标准的 300% 支付劳动者工资。

另外，实行计件工资的劳动者，在完成计件定额任务后，由用人单位安排延长工作时间的，应根据延长工时的规定，分别按照不低于其本人法定工作时间计件单价的 150%、200%、300% 的标准支付其工资。

（4）主体限制。对于怀孕 7 个月以上和哺乳期的女职工，以及未成年工，不得安排加班。

《上海市企业工资支付办法》对加班加点工资计算标准做了具体规定：加班工资的计算基数为劳动者所在岗位相对应的正常出勤月工资，不包括年终奖，上下班交通补贴、工作餐补贴、住房补贴，中夜班津贴、夏季高温津贴、加班工资等特殊情况下支付的工资。加班工资计算基数的确定原则如下：

1）劳动合同对劳动者月工资有明确约定的，按劳动合同约定的劳动者所在岗位相对应的月工资确定；实际履行与劳动合同约定不一致的，按实际履行的劳动者所在岗位相对应的月工资确定。

2）劳动合同对劳动者月工资未明确约定，集体合同（工资专项集体合同）对岗位相对应的月工资有约定的，按集体合同（工资专项集体合同）约定的与劳动者岗位相对应的月工资确定。

3）劳动合同、集体合同（工资专项集体合同）对劳动者月工资均无约定的，按劳动者正常出勤月依照《上海市企业工资支付办法》第二条规定（工资包括计时工资、计件工资、奖金、津贴、补贴、加班工资），剔除加班工资后的 70% 确定。当然，不管以何种方式确定的加班工资基数均不得低于本市规定的最低工资标准。法律、法规另有规定的，从其规定。

在正常情况下，日工资是上述方法确定的月工资基数，除以每月计薪天数（21.75 天）。小时工资的计算是以日工资除以 8 小时。

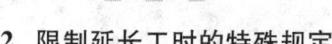

2. 限制延长工时的特殊规定

我国除对延长工时进行了一般规定外，还对特殊工时制度以及特殊情况进行了特殊规定。

（1）针对特殊工时制度的规定。实行综合计算工时工作制的劳动者，其综合计算工作时间超过法定标准工作时间的部分，应视为延长工作时间，支付报酬；在规定时间内，工作日是周休息日的属于正常工作，工作日是法定节假日时，要依照《劳动法》关于延长工时的规定，支付工资报酬。实行不定时工时制度的劳动者，不执行延长工时的有关规定。

（2）针对经济和社会生活中的一些特殊情况的规定。按照我国《劳动法》《劳动部贯彻〈国务院关于职工工作时间的规定〉的实施办法》的规定，特殊情况包括五类：

1）发生自然灾害、事故或者因其他原因，威胁劳动者生命健康和财产安全，需要紧急处理的；

2）生产设备、交通运输线路、公共设施发生故障，影响生产和公众利益，必须及时抢修的；

3）必须利用法定节日和公休假日的停产期间进行设备检修、保养的；

4）为完成国防紧急任务，或者完成上级在国家计划外安排的其他紧急生产任务，以及商业、供销企业在旺季完成收购、运输、加工农副产品紧急生产任务的；

5）法律、行政法规规定的其他情形。出现特殊情况的，可以不受上述时数限制和程序限制，但仍受报酬限制，必须按规定支付高于劳动者正常工作时间工资的报酬。

第5节 工资制度

一、工资的基本含义

1. 工资的定义

国际劳工组织在《1949年工资保障公约》中将"工资"定义为由一位雇主对一位受雇者，为其已完成和将要完成的工作或已提供或将要提供的服务，可以货币结算并由共同协议或国家法律或法规予以确定而凭书面或口头雇佣合同支付的报酬或收入。根据我国的实际情况，"工资"可定义为用人单位根据国家法规、集体合同、劳动合同的预先规定，以法定的方式，直接支付给本单位劳动者的劳动报酬，一般包括计时工资、计件工资、奖金、津贴、补贴、延长工作时间的工资报酬及特殊情况下支付的工资等。

2. 工资的组成

计时工资是指按计时工资标准和工作时间支付给劳动者的报酬。计件工资是指对已做工作按计件单位支付的劳动报酬。奖金是指支付给劳动者的超额劳动报酬和增收节支的劳动报酬。津贴和补贴是指为了补偿劳动者从事特殊工作支付的津贴，以及为了保证劳动者工资水平不受物价影响支付的物价补贴。特殊情况下支付的工资通常包括国家法律、法规和政策规定，因病、工伤、产假、计划生育假、停工学习、执行国家或社会义务等原因按工资标准的一定比例支付的工资。

劳动者在法定工作时间内依法参加社会活动期间，用人单位应视同其提供了正常劳动而支付工资。社会活动包括依法行使选举权或被选举权；当选代表出席乡镇、县区级以上政府、党派、工会、青年团、妇女联合会等组织召开的会议；应人民法院要求出庭作证人；出席劳动模范、先进工作者大会；《工会法》规定的不脱产工会基层委员会委员参加的工会工作活动；其他依法参加的社会活动。

劳动者的以下劳动收入不属于工资范围：①单位支付给劳动者个人的社会保险福利费用，如丧葬抚恤救济费、生活困难补助费、计划生育补贴等；②劳动保护方面的费用，如用人单位发放给劳动者的劳动防护用品、清凉饮料等费用；③按规定未列入工资总额的各种劳动报酬及其他劳动收入，如根据国家规定发放的创造发明奖、国家星火奖等。

用人单位根据本单位的生产经营特点和经济效益，依法自主确定本单位的工资构成、工资标准、工资增长机制等工资分配方式和工资水平。工资分配应遵循按劳分配、同工同酬的原则。

3. 计件工资制

计件工作是以工人完成一定数量的合格产品或一定的作业量来确定劳动报酬的一种劳动形式。从某种意义上说，计件工作的劳动者实行的是一种特殊类型的不定时工作制。《劳动法》第三十七条规定，对实行计件工作的劳动者，用人单位应当根据标准工时的规定，合理确定劳动定额和计件报酬标准。劳动定额是指在一定的生产技术和生产组织条件下，生产一定量合格产品或完成一定量的工作。也就是说，实行计件工作制的用人单位，必须以劳动者在一个标准工作日（每日8小时）或一个标准周（每周40小时，每周工作5天）的工作时间内能够完成的计件数量为标准，合理确定劳动者日或周的劳动定额和计件报酬标准。合理，就是指以上述标准来定额，不能把劳动定额定得过高，超过一般劳动者标准工时内的劳动能力。单位不能以计件为名，如通过定额包干的形式变相延长职工工作时间，从这个意义上来说，合理确定计件劳动定额是实行计件工作的关键。我国部分地区对劳动定额合理化进行了立法立规的尝试，规定用人单位确定、调整劳动定额，应当以本单位同岗位大部分劳动者在法定劳动时间内能够完成为原则。

原劳动部《工资支付暂行规定》第十三条规定:"实行计件工资的劳动者,在完成计件定额任务后,由用人单位安排延长工作时间的,应根据上述规定的原则,分别按照不低于其本人法定工作时间计件单价的150%、200%、300%支付其工资。"当劳动者在8小时工作时间内未完成定额时,则未完成定额的额外工作时间一般不作为加班时间。

二、最低工资的含义及组成

为了维护劳动者取得劳动报酬的合法权益,保障劳动者个人及其家庭成员的基本生活,促进工资管理和工资支付的法制化,加强企业工资收入的宏观调控,制止部分企业过分压低劳动者工资,保护劳动者合法权益,《劳动法》及相关法律法规规定了我国的最低工资制度。劳动和社会保障部2003年制定了《最低工资规定》,明确了最低工资标准是指劳动者在法定工作时间或依法签订的劳动合同约定的工作时间内提供了正常劳动的前提下,用人单位依法应支付的最低劳动报酬。正常劳动,是指劳动者按依法签订的劳动合同约定,在法定工作时间或劳动合同约定的工作时间内从事的劳动。劳动者依法享受带薪年休假、探亲假、婚丧假、生育(产)假、节育手术假等国家规定的假期期间,以及法定工作时间内依法参加社会活动期间,视为提供了正常劳动。理解这一概念,关键是三点:一是"法定工作时间内",二是"提供了正常劳动",三是"最低劳动报酬"。

最低工资是法定的用人单位支付给劳动者的最低劳动报酬。原劳动部发布的《最低工资规定》中,下列项目不作为最低工资的组成部分:

1. 延长工作时间工资。
2. 中班、夜班、高温、低温、井下、有毒有害等特殊工作环境、条件下的津贴。
3. 法律、法规和国家规定的劳动者福利待遇等。

上海市根据本地实际情况,规定除上述项目外,个人依法缴纳的社会保险费和住房公积金、伙食补贴(饭补)上下班交通费补贴、住房补贴也不列入最低工资组成部分,由用人单位按规定另行支付。

三、最低工资标准的制定、保障与监督

1. 最低工资标准的确定和调整

(1)规定程序。最低工资标准的确定和调整方案,由省(自治区、直辖市)人民政府人力资源社会保障部门会同同级工会、企业联合会、工商业联合会研究拟订,并将拟订的方案报送人力资源社会保障部。人力资源社会保障部在收到拟订方案后,应征求全国总工会、中国企业联合会、中国企业家协会的意见。人力资源社会社会保障部可以对方案提出修订意见,若收到方案后14日内未提出修订意见,视为同意。省(自治区、直辖市)

人力资源社会保障行政部门应将本地区最低工资标准方案报同级人民政府批准,并于批准后7日内在当地政府公报上和至少一种全地区性报纸上发布。省(自治区、直辖市)人力资源社会保障行政部门应在发布后10日内将最低工资标准报人力资源社会社会保障部。

(2) 参照因素。确定和调整月最低工资标准,应参考当地就业者及赡养人口的最低生活费用、城镇居民消费价格指数、职工个人缴纳的社会保险费和住房公积金、职工平均工资、经济发展水平、就业状况等因素。确定和调整小时最低工资标准,应在颁布的月最低工资标准的基础上,考虑单位应缴纳的基本养老保险费和基本医疗保险费因素,同时还应适当考虑非全日制劳动者在工作稳定性、劳动条件和劳动强度、福利等方面与全日制就业人员的差异。

2. 最低工资的保障与监督

最低工资标准一经确定和发布,必须严格执行。企业履行义务,政府人力资源社会行政主管部门负责对最低工资执行情况进行检查监督,工会有权对最低工资执行情况进行监督,发现企业支付劳动者工资低于最低工资标准的,有权要求有关部门处理。

对用人单位未按照最低工资标准支付工资的,人力资源社会保障行政部门可责令其限期补发所欠劳动者工资,逾期不支付的,责令用人单位按应付金额百分之五十以上百分之一百以下的标准向劳动者加付赔偿金。

第6节 劳动安全卫生制度

一、劳动安全卫生设施

劳动安全卫生设施是用人单位在生产过程中为劳动者群体提供的安全保障条件。我国《劳动法》第五十三条规定:"劳动安全设施必须符合国家规定的标准。"目前我国在劳动安全卫生设施方面的规定主要包括:

1. 基本建设和技术改造工程项目的安全卫生规定

《劳动法》规定:"新建、改建、扩建工程的劳动安全卫生设施必须与主体工程同时设计、同时施工、同时投入生产和使用。"

2. 劳动场所的安全卫生规定

我国的劳动安全卫生法规对劳动场所的安全卫生做了明确的具体规定。如《工厂安全卫生规程》规定,机器和工作台等设备的布置,应该便于工人安全操作。原材料、成品、

半成品的堆放不得妨碍操作和通行。废料要及时清除等。

3. 生产设备的安全卫生规定

生产设备的设计、定型、制造符合安全卫生要求，是从根本上减少生产安全事故和职业病的一项重要措施。《生产设备安全卫生设计标准》规定了生产设备安全卫生设计的基本原则：必须有足够的强度、刚度、稳定性和可靠性。设计生产设备应选择最佳设计方案，并进行安全卫生评价，对可能产生的危险因素和有害因素采取有效防护措施，在运输、储存、安装、使用和维修等技术文件中写明安全卫生要求等。

4. 辅助设施的安全卫生规定

用人单位还应根据国家规定和生产需要，设置浴室、厕所、更衣室、休息室、妇女卫生室等生产辅助设施，并经常保持设施的完好和清洁卫生。

二、劳动安全卫生条件

这里所说的劳动安全卫生条件仅指用人单位根据生产技术特点，对劳动者个人提供的安全卫生条件。我国《劳动法》第五十四条规定："用人单位必须为劳动者提供符合国家规定的劳动安全条件和必要的劳动防护用品，对从事有职业危害作业的劳动者应当定期进行健康检查。"

1. 劳动防护用品

劳动防护用品是指生产经营单位为从业人员配备的，使其在劳动过程中免受或减轻事故伤害及职业危害的个人防护用品。国家安全生产监督管理局2005年发布的《劳动防护用品监督管理规定》规定，生产经营单位应当按照《劳动防护用品选用规则》（GB 11651—2008）和国家颁布的劳动防护用品配备标准以及有关规定，为从业人员配备劳动防护用品。未按规定佩戴和使用劳动防护用品的，不得上岗作业。

劳动防护用品按照防护部位分为九类：①安全帽类；②呼吸具类；③眼防护具类；④听力护具类；⑤防护鞋类；⑥防护手套类；⑦防护服类；⑧防坠落护具类；⑨护肤用品类。

2. 职业病防护（健康检查）

根据2002年颁布的《中华人民共和国职业病防治法》，会产生职业病危害的用人单位，在设立工作场所时，职业病危害因素的强度和浓度应符合国家职业卫生标准并配备与职业病危害防护相适应的设施等。职工在生产环境中由于工业毒物、不良气象条件、生物因素、不合理的劳动组织以及一般卫生条件的恶劣等职业性危害因素的影响，会引起各种职业病。用人单位对从事有职业危害的劳动者定期进行健康检查，是防治职业病的重要内容。

3. 保健食品

保健食品，是为了解决从事有害健康作业工种的特殊营养需要，增强职工抵抗职业性中毒的能力，由企业免费提供的食品或购买食品。它不是职工的福利，也不是职工的工资，是一项劳动安全卫生的辅助措施。

三、劳动安全卫生教育

1. 三级教育

对新职工和改变工种的职工，进行有关劳动安全与卫生的入厂教育、车间教育和现场教育。

2. 特殊工种的专门教育

由于特种设备危险性较大，其从业人员的入职要求也较高，我国对从事电气、蒸汽锅炉、压力容器、起重、车辆、船舶、爆破、焊接等方面的工作和从事瓦斯检验等特殊工种工作的职工，要求所在单位对他们进行专门的安全技术训练、获得操作合格证或者驾驶执照以后，才准其独立操作。我国《劳动法》第五十五条规定："从事特种作业的劳动者必须经过专门培训并取得特种作业资格。"2010年5月，国家质量监督检验检疫总局修订了《特种作业人员安全技术培训考核管理规定》，要求特种作业人员必须经专门的安全技术培训并考核合格，取得《中华人民共和国特种作业操作证》后方可上岗作业。

3. 经常性教育

经常性教育是指经常组织工程技术人员和管理人员学习劳动安全卫生法规，在采用新的生产方法，添置新的技术设备或者制造新产品时，对工人进行新的操作方法的安全卫生技术教育等。

4. 负责人员教育

负责人员教育是指对行政管理人员、技术人员等进行定期的安全卫生、技术知识教育和考核。

四、生产安全事故的报告和处理

生产安全事故的报告和处理制度是指国家规定对发生生产安全事故进行报告、登记、调查、处理和统计分析的制度。这一制度的实行，可以使企业在发生生产安全事故后，及时地了解和研究生产安全事故发生的情况、原因和规律，以便采取措施，防止重复发生。同时，通过对事故责任的追查和处理，增强用人单位及广大职工安全生产的责任感，进一步加强企业管理。

1. 生产安全事故的含义和种类

生产安全事故是指生产经营单位在生产经营活动中突然发生的，伤害人身安全和健康，或者损坏设备设施或者造成经济损失，导致原生产经营活动暂时中止或永远终止的意外事件。

根据造成的人员伤亡或者直接经济损失，事故一般分为以下等级：

（1）一般事故，是指造成3人以下死亡，或者10人以下重伤，或者1 000万元以下直接经济损失的事故。

（2）较大事故，是指造成3人以上10人以下死亡，或者10人以上50人以下重伤，或者1 000万元以上5 000万元以下直接经济损失的事故。

（3）重大事故，是指造成10人以上30人以下死亡，或者50人以上100人以下重伤，或者5 000万元以上1亿元以下直接经济损失的事故。

企业职工生产安全事故统计报表将事故分为以下种类：物体打击、车辆伤害、机械伤害、起重伤害、触电、淹溺、灼烫、火灾、高处坠落、坍塌、冒顶片帮、透水、放炮、火药爆炸、瓦斯煤尘爆炸、煤与瓦斯突出、中毒和窒息、其他伤害。

2. 生产安全事故的报告和处理

（1）生产安全事故的报告。事故报告应当及时、准确、完整，任何单位和个人对事故不得迟报、漏报、谎报和瞒报。对事故报告中的违法行为，任何单位和个人都有权向安全生产监督管理部门、监察机关或者其他有关部门举报，接到举报的部门应当依法及时处理。生产安全事故发生后，事故现场有关人员应当立即向本单位负责人报告；单位负责人接到报告后，应当于1小时内向事故发生地的县级以上人民政府安全生产监督管理部门和负有安全生产监督管理职责的有关部门报告。情况紧急时，事故现场有关人员可以直接向县级以上人民政府安全生产监督管理部门和负有安全生产监督管理职责的有关部门报告。安全生产监督管理部门和负有安全生产监督管理职责的有关部门接到事故报告后，应根据事故等级按规定上报，并通知公安机关、劳动保障行政部门、工会和人民检察院：

1）特别重大事故、重大事故逐级上报至国务院安全生产监督管理部门和负有安全生产监督管理职责的有关部门。

2）较大事故逐级上报至省、自治区、直辖市安全生产监督管理部门和负有安全生产监督管理职责的有关部门。

3）一般事故上报至设区的市级人民政府安全生产监督管理部门和负有安全生产监督管理职责的有关部门。

逐级上报的，每级上报时间不得超过2小时。报告内容包括：事故发生单位概况，事故发生的时间、地点及现场情况，事故简要经过，事故已经或可能造成的伤亡人数和初步估计的直接经济损失，已经采取的措施，其他应当报告的情况。

（2）生产安全事故的调查。事故发生地的地方人民政府、安全生产监督管理部门和负有安全生产监督管理职责的有关部门接到事故报告后，其负责人应当立即赶赴现场进行救援；事故发生地的公安机关根据事故的情况，对涉嫌犯罪的，应当依法立案侦查，采取强制措施和侦查措施。

经抢救和事故现场保护后，应该开始对事故进行调查，特别重大事故由国务院或国务院授权有关部门组织事故调查组进行调查，重大事故、较大事故、一般事故分别由事故发生地的省级人民政府、设区的市级人民政府、县级人民政府负责调查。上级人民政府认为有必要时，可以调查下级人民政府负责调查的事故。事故调查组由有关人民政府、安全生产监督管理部门、负有安全生产监督管理职责的部门、监察机关、公安机关以及工会派人组成，并应当邀请人民检察院派人参加。事故调查组应当自事故发生之日起60日内提交事故调查报告；特殊情况下，经负责事故调查的人民政府批准，可以适当延长，延长期限最长不得超过60日。

（3）生产安全事故的处理。事故调查处理工作的根本出发点和落脚点在于通过调查处理，警示事故发生单位吸取教训，认真反思，查找事故隐患，切实提高防范意识，防止事故再次发生。对于事故调查组提出的事故处理意见和防范措施建议，由发生事故的企业及其主管部门负责处理。企业及其主管部门负责处理的内容包括：①执行对事故有关责任人员的行政处分；②组织防范措施的实施；③做好事故的善后处理工作。同时，防范和整改措施的落实情况应当接受工会和职工的监督。

五、职业病的报告与处理

1. 职业病的含义和种类

《职业病防治法》规定，职业病是指劳动者在生产劳动及其职业活动中，接触职业性有害因素（粉尘、放射性物质和其他有毒有害因素）引起的疾病。根据这一规定，职业病应具备两个条件：①必须是经过诊断程序确认的所得疾病；②必须是国家公布的《职业病目录》确定的疾病。劳动者所患疾病不具备这两个条件的，不是职业病。根据2002年4月卫生部、劳动和社会保障部发布的《职业病目录》，我国现有的法定职业病包括尘肺病、职业性放射性疾病、职业中毒、物理因素所致职业病、职业性皮肤病、职业性眼病、职业性耳鼻喉口腔疾病、职业性肿瘤、其他职业病等10大类115个小类。2013年12月，国家卫生计生委公布了与人力资源社会保障部、安全监管总局、中华全国总工会共同印发的《职业病分类和目录》，将职业病调整为132种，新增18种。

2. 职业病的诊断、报告和处理

（1）职业病的诊断。职业病的诊断是指经由省级卫生行政部门批准、取得职业病诊断相应资质的医疗卫生机构，组织三人以上的职业病诊断医师，依据职业病防治法律法规、职业病诊断标准，对劳动者在从事生产经营活动中因接触职业病危害因素而引起的疾病所进行的医学诊断活动。省、自治区、直辖市人民卫生行政部门应当向社会公布本行政区域内承担职业病诊断的医疗卫生机构的名单。劳动者可以到用人单位所在地、本人户籍所在地或者经常居住地依法承担职业病诊断的医疗卫生机构进行职业病诊断，诊断鉴定费用由用人单位承担。用人单位应当如实提供职业病诊断、鉴定所需的劳动者职业史和职业病危害接触史、工作场所职业病危害因素检测结果等资料。

职业病诊断难、鉴定难是当前我国职业病防治工作面临的突出问题之一，主要是用人单位在职业病诊断、鉴定过程中不依法提供相关资料，导致劳动者无法提出职业病诊断申请。针对这种情况，《职业病防治法》第四十九条对用人单位不提供职业病诊断相关材料的明确规定：①诊断、鉴定机构应当结合劳动者的职业史、职业病危害接触史，并参考劳动者自述、安全生产监督管理部门提供的日常监督检查信息等，作出职业病诊断、鉴定结论；②诊断、鉴定机构应当提请安全生产监督部门进行调查，安全生产监督部门应当自接到申请之日起三十日内对存在异议的资料或工作场所职业病危害因素情况进行判定；③用人单位解散破产的，由安监部门进行调查。

在医疗机构疑似诊断为职业病，但没有最后确诊前，劳动者享有以下待遇：①在诊断和医学观察期间，不得解除或者终止与其订立的劳动合同；②诊断和医学观察期间的费用，由用人单位承担；③对不适宜继续从事原工作的职业病病人，应当调离原岗位，并妥善安置；④按照国家有关规定，应当享受的其他待遇。

（2）职业病的报告和调查。最初接诊急性职业病和急性职业中毒的医疗卫生机构，应在24小时之内报告当地卫生监督机构和患者所在单位。对急性职业病和急性职业中毒者，县（区）一级卫生监督机构在调查核实后，应报送上级卫生监督机构和患者单位存档。尘肺病、慢性职业中毒和其他慢性职业病，由各级卫生行政部门授权有职业病诊断权的单位或诊断组织负责报告，并在确诊后15日内报送患者单位所在地的卫生监督机构。尘肺病患者死亡后，由死者所在单位在15日内报所在地的卫生监督机构。卫生监督机构还要按规定统一汇总上报。企业、事业单位发生职业病都应及时报告。职业病报告实行以地方为主，逐级上报的办法。

卫生监督机构接到报告后，应立即调查核实。凡有死亡或同时发生3名以上急性职业中毒或职业性炭疽时，卫生监督机构除应逐级上报外，还应立即赶赴现场，会同劳动部门、企业主管部门、工会组织和企业，调查分析发生原因，报送同级卫生行政部门和上级卫生监督机构，抄送当地劳动部门、企业主管部门和工会组织。

（3）职业病的处理。职工被确诊患有职业病后，其所在单位应根据职业病诊断机构的意见，安排其医治或疗养。在医治或疗养后被确认不宜继续从事原有害作业或工作的，应在确认之日起的两个月内将其调离原工作岗位，另行安排工作；对于因工作需要暂不能调离的生产、工作的技术骨干，调离期限最长不得超过半年。同时，对于被诊断为职业病的劳动者，其诊疗、康复费用，伤残以及丧失劳动能力的职业病病人的社会保障，应按照国家有关工伤保险的规定执行，未缴纳社会保险的，相关待遇由单位承担。根据《工伤保险条例》的规定，劳动者被诊断、鉴定为职业病后，所在单位应当自劳动者被诊断、鉴定为职业病之日起三十日内，向统筹地区社会保险行政部门提出工伤认定申请，用人单位未按规定提出工伤认定申请的，工伤职工或者其直系亲属、工会组织在事故伤害发生之日或者被诊断、鉴定为职业病之日起一年内，可以直接向用人单位所在地统筹地区劳动保障行政部门提出工伤认定申请。用人单位未在上述时限内提交工伤认定申请的，在此期间发生的符合《工伤保险条例》规定的工伤待遇等有关费用，由该用人单位承担。

若依照有关民事法律尚有获得赔偿的权利的，有权向用人单位提出赔偿请求。职业病病人变动工作单位，其依法享有的待遇不变。

第7节　女职工、未成年工保护的特殊规定

一、对女职工的特殊保护

根据女职工生理机能变化特点，《劳动法》对女职工经期、孕期、产期、哺乳期的工作和休息规定了一系列特殊保护办法。

1. 经期保护

《劳动法》第六十条规定："不得安排女职工在经期从事高处、低温、冷水作业和国家规定的第三级体力劳动强度的劳动。"

《上海市女职工劳动保护办法》规定，对从事高处、低温、冷水、野外、流动和国家规定的第三级体力劳动强度作业的女职工，在月经期间应暂时调做其他工作或给予公假1天。对其他生产第一线的女职工，在月经期内也应酌情给予照顾。

2. 怀孕期保护

《劳动法》第六十一条规定："不得安排女职工在怀孕期间从事国家规定的第三级体力劳动强度的劳动和孕期禁忌从事的劳动。对怀孕7个月以上的女职工，不得安排其延长工作时间和夜班劳动。"

《上海市女职工劳动保护办法》根据妊娠期的不同情况做了一些有针对性的规定，女职工妊娠7个月以上（按28周计算），应给予每天工间休息1小时，不得安排夜班劳动。如工作许可，经本人申请，单位批准，可请产前假2个半月。女职工妊娠期间在医疗保健机构约定的工作时间内进行产前检查（包括妊娠12周的初查）应算作劳动时间。

3. 生育期保护

《劳动法》第六十二条规定："女职工生育享受不少于九十天的产假。"女职工产假区分为单胎顺产、多胎顺产、难产、流产等情况，执行不同的规定。根据国务院2014年8月公布实施的《女职工劳动保护特别规定》，女职工生育享受98天产假，其中产前可以休假15天；难产的，增加产假15天；生育多胞胎的，每多生育1个婴儿，增加产假15天。女职工怀孕未满4个月流产的，享受15天产假；怀孕满4个月流产的，享受42天产假。

4. 哺乳期保护

《劳动法》第三十六条规定："不得安排女职工在哺乳未满一周岁的婴儿期间，从事国家规定的第三级体力劳动强度的劳动和哺乳期禁忌从事的其他劳动，不得安排其延长工作时间和夜班劳动。"

《上海市女职工劳动保护办法》做出更详细的规定：①女职工生育后，在其婴儿1周岁内应照顾其在每班劳动时间内授乳2次（包括人工喂养）。每次单胎纯授乳时间为30分钟，亦可将2次授乳时间合并使用。多胞胎生育者，每多生一胎，每次哺乳时间30分钟。婴儿满1周岁后，经区、县级以上医疗保健机构确诊为体弱儿的，可适当延长女职工授乳时期，但最多不超过6个月。授乳时间在本单位内授乳往返时间，应算作劳动时间。②女职工生育后，若有困难且工作许可，由本人提出申请，经单位批准，可请哺乳假6个半月。③哺乳假的工资按本人原工资的80%发给。单位增加工资时，哺乳假应作出勤对待。

二、对未成年工的特殊保护

未成年工是指年满16周岁、未满18周岁的劳动者。未成年工的特殊劳动保护制度，是指国家根据未成年工的身体状况和生理特点而规定的对未成年工在劳动中的安全和卫生加以特殊保护的制度。

《劳动法》第六十四条规定:"不得安排未成年工从事矿山井下、有毒有害、国家规定的第四级体力劳动强度的劳动和其他禁忌从事的劳动。"

未成年工患有某种疾病或具有某些生理缺陷(非残疾型)时,用人单位不得安排其从事以下范围的劳动:①《高处作业分级》国家标准中第一级以上的高处作业;②《低温作业分级》国家标准中第二级以上的低温作业;③《高温作业分级》国家标准中第二级以上的高温作业;④《体力劳动强度分级》国家标准中第三级以上体力劳动强度的作业;⑤接触铅、苯、汞、甲醛、二硫化碳等易引起过敏反应的作业。

案例学习

【案例1】加班工资支付的规定

背景资料:

A公司对某些工作岗位向劳动保障行政部门办理了不定时工时制度,王某的工作岗位属于A公司实行不定时工时制度的岗位。A公司和王某终止劳动合同后,王某向仲裁委员会申请仲裁,认为A公司未向其支付加班工资,但其平时工作日、双休日、法定节假日都存在加班,要求公司支付其工作日、双休日和法定节假日的加班工资。但公司认为王某的工作岗位已经申请了不定时工时制度,不应支付加班工资。

试题要求:

1. 王某的哪些要求符合规定?
2. 在标准工时下,加班工资的计发标准是什么?
3. 在不定时工时制下,加班工资的计发标准是什么?

【案例2】延长工时制度的应用

背景资料:

2016年7月,上海青浦某企业为扩大生产,经董事会决定实行"自愿加班计划"。企业在原来每天8小时的生产时间基础上再增加2小时,不愿加班的当月奖金减半。加班费用按每小时10元计算。这一计划实行后,很多厂里职工都踊跃报名。但是,区劳动监察大队却下了整改通知要求企业停止这种做法。对此,企业认为加班是职工自愿参加的,能够帮助职工增加收入,而且每天多工作2小时并不会伤害职工健康。职工也认为下了班业余时间也会找兼职做,增加收入,多拿奖金,现在就在厂里加班,一举两得。

试题要求:

1. 企业制订"自愿加班计划"是否违反法律规定?说明理由。
2. 如果企业临时需要增加生产,可以怎样做?

【案例3】最低工资的构成

背景资料：

2015年9月，杨某与上海甲公司签订了劳动合同，担任文秘一职。双方约定杨某月薪为税后3 000元，其中基本工资2 000元，伙食补贴和交通费补贴各为500元。合同期限1年，从2015年10月1日至2016年9月30日，其中2015年10月1日至2015年12月31日为试用期。

2016年3月20日，杨某突感身体不适，未经请假便离开公司去医院检查，结果未能及时确认一份商业电函，致使公司损失了一份重要的订单合同。事后，甲公司决定辞退杨某。杨某提出，经医院检查证实自己已怀孕2个月，法律对怀孕女职工有保护，公司不得辞退。杨某向甲公司出示了医院开具的相关单据，但甲公司未予理睬，仍对杨某做出了辞退决定。杨某不服，于是申请劳动仲裁。

试题要求：

1. 杨某与甲公司签订的劳动合同的内容是否合法？为什么？
2. 公司能否辞退杨某？为什么？

第 3 章

人力资源管理

第 1 节　人力资源规划　　/44
第 2 节　人员招聘　　　　/46
第 3 节　培训与开发　　　/49
第 4 节　绩效管理　　　　/51
第 5 节　薪酬福利　　　　/53

学习目标

➢ 了解人力资源管理的概念与功能。

➢ 熟悉人力资源管理的流程与操作。

➢ 掌握人力资源管理的方法与技术。

➢ 根据企业需求，能够实现人力资源管理的各项职能。

第1节　人力资源规划

一、人力资源的概念

人力资源通常是指能够推动社会发展的、具有劳动能力的人口的总和。人力资源一般包括体质、智力、知识和技能四个方面。人力资源具有以下几个特征：

1. 人力资源是能动性资源

能动性是人力资源的首要特征，是区别于其他一切资源的主要特征。

2. 人力资源是资本性资源

人力资源是单位和个人投资的产物，其质量主要取决于投资程度。它一旦形成，就能为投资者带来收益。同时，人力资源在使用过程中也会损耗。

3. 人力资源是高增值性资源

劳动力市场价格不断上升，人力资源投资收益率也不断上升。人力资源的经济作用日益强化，是人力资源质量提高的结果。

4. 人力资源是再生性资源

人力资源的再生性主要基于人口的再生产和劳动力的再生产。

二、人力资源规划的作用

人力资源规划的作用主要有以下几个方面：

1. 满足总体战略发展的要求

不同的企业战略对人力资源的数量、质量、结构等方面有不一样的要求，规划必须与发展战略一致。

2. 提高人力资源管理的水平

人力资源规划能为招聘、录用、晋升、培训以及人工成本的控制等人力资源管理活动提供准确的信息和依据，使人力资源管理工作更加科学、有序。

3. 协调人力资源管理的各项计划

人力资源规划是制定各种人力资源决策的依据和基础，通过人力资源规划可以将各项计划有机地联系在一起。

4. 提高人力资源的利用效率

人力资源规划通过调控人力资源结构，避免企业发展过程中因人力资源浪费而造成的人工成本过高，利用结构科学、合理的员工队伍去实现企业的经营目标。

5. 使组织和个人发展目标相一致

通过人力资源规划，使员工明确自己在企业中的努力方向和发展方向，从而在工作中更积极且具有创造性。

三、人力资源规划的过程

为了使人力资源规划的政策和措施相一致，企业在人力资源规划的过程中，需要收集和整理与战略决策和经营环境相关的各种信息，这是企业制定人力资源规划的基础性要求。

1. 对人力资源供求进行预测

了解企业现有人力资源状况，掌握精确而详实的资料，在分析人力资源需求和供给的影响因素的基础上，采用定性和定量相结合，以定量为主的各种预测方法对企业未来人力资源供求进行预测。

2. 制订人力资源供求协调平衡的各项计划

人力资源供求达到协调平衡是人力资源规划的落脚点和归宿。因此应当制订人力资源供求协调平衡的总计划和各项业务计划。

3. 人力资源规划的评价与修正

对人力资源规划进行评价和必要的修正的目的是使规划更切合企业的经营方向，既可以对人力资源规划本身进行恰当的修正，也可以预测人力资源规划可能给企业带来的效益。

四、人力资源的供求平衡状况与应对

人力资源供求平衡是一种非常理想的状态。但由于人力资源市场的不断变化和企业本身发展的不平衡，人力资源供求出现不平衡是常态。这就需要有效的应对措施。

人力资源供不应求。当预测企业的人力资源在未来可能发生短缺时，要根据具体情况选择不同方案。常用的方法有将符合条件，而又处于相对富余状态的人调往空缺职位；拟订培训和晋升计划；在企业内部无法满足要求时，应拟订外部招聘计划；制订聘用非全日制临时用工计划等。

人力资源供大于求。当预测企业的人力资源在未来可能发生过剩时，同样要根据具体情况选择不同的方案。常用的方法有：永久性辞退员工；合并和关闭某些机构；开展轮训，使员工始终有一部分在接受培训，为企业扩大再生产储备人力资本；使员工掌握多种技能，提高员工的竞争力；减少员工的工作时间，随之降低工资水平；采用由多个员工分担以前只需一个或少数几个人就可完成的工作和任务，按工作任务完成量来计发工资等办法。

应当看到，人力资源供求情况不可能是一成不变的，在一定时期内，可能会在供大于求和供不应求之间波动。因此，在制定平衡人力资源供求的政策措施时，也不可能是单一的，而应该不断根据情况的变化，具体问题具体分析，及时制定相应的人力资源业务规划，使各部门人力资源在数量、质量、结构、层次等方面达到协调平衡。

第2节 人员招聘

人员招聘是企业总体人力资源出现短缺或某些岗位出现人员空缺时，通过企业内部招聘人员和外部招聘人员解决人员短缺问题的行为，也是人力资源管理的重要环节。无论是企业内部招聘人员还是外部招聘人员，首要的是对相关岗位进行工作分析。这种分析是人员招聘的基础性工作，通过工作分析，形成拟招聘人员的任职资格，再通过特定的途径去招聘。

一、工作分析

工作分析是对各类工作岗位的任务、职责权限、岗位关系、劳动条件，以及员工承担本岗位任务应具备的资格条件等进行系统研究，并制定工作说明书的过程。

1. 工作分析的内容

在完成岗位调查取得相关信息的基础上，对岗位的名称、任务、权责、程序、工作对象和工作资料，以及本岗位与相关岗位之间的联系和制约等因素逐一进行比较、分析和描述，并进行总结和概括。根据岗位自身的特点，明确岗位对员工的素质要求，提出本岗位员工所应具备的知识水平、工作经验、道德标准、心理品质、身体状况等方面的资格和条件。

将上述岗位分析的研究成果，按照一定的程序和标准，以文字和图表的形式加以表述，最终制定工作说明书等文件。

2. 工作分析的作用

工作分析为招聘、任用合格的员工奠定了基础。通过工作分析提出有关人员的文化知识、专业技能、生理心理品质等方面的具体要求，并对本岗位的用人标准作出具体而详尽的规定。

工作分析为员工的考评提供了依据。根据岗位分析的结果，人力资源管理部门可制定出各类人员的考评指标和标准，提高员工绩效考评的科学性。

工作分析是改进工作设计、优化劳动环境的必要条件。通过工作分析，可以改善工作设计，优化劳动环境和工作条件，使员工在安全、健康、舒适的环境下工作，最大限度地调动员工的工作兴趣，充分激发员工的生产积极性和主动性。

工作分析是制定有效的人力资源规划、进行各类人才供给和需求预测的重要前提。工作分析所形成的工作说明书，为企业有效地进行人才预测、编制企业人力资源中长期规划和年度实施计划提供了重要前提。

工作分析是岗位评价的基础，而岗位评价又是建立、健全企业单位薪酬制度的重要步骤。

二、招聘

1. 内部招聘

企业在某些岗位出现人员空缺，而总体上人员又有富裕的情况下，可以采用内部招聘的方式解决人员空缺问题。内部招聘的方法主要有：

（1）推荐法。即针对招聘岗位，由本企业员工推荐其熟悉的合适人员，供用人部门和人力资源部门进行选择和考核。

（2）布告法。布告法是在确定空缺岗位的性质、职责及其所要求的条件等情况后，将这些信息以布告的形式进行公布，鼓励企业内部员工自愿报名。

（3）挑选法。人力资源部门掌握员工档案，从中可以了解员工在教育、培训、经验、技能、绩效等方面的信息，帮助用人部门与人力资源部门寻找合适的人员补充岗位空缺。

内部招聘的优点是能够对组织员工产生较强的激励作用；与外部招聘相比，内部招聘的有效性更强，可信度更高；内部员工适应性更强；费用低。但内部招聘的缺点也是不容忽视的，如可能造成内部矛盾，容易形成"近亲繁殖"，同一组织内的员工有相同的文化背景，产生"团队思维"现象，抑制了个体创新，失去选取优秀人才的机会，一味寻求内部招聘，减少了外部"新鲜血液"进入本组织的机会。

2. 外部招聘

当企业出现大面积人员紧缺或某些关键性岗位缺人时，就必须从外部招聘人员。外部招聘的方法主要有：

（1）广告法。这是企业从外部招聘人员最常用的方法。通常的做法是在各种媒体上刊登招聘启事，吸引合适的人应聘。

（2）依托服务法。随着职业人员流动的日益普遍，各类人才交流中心、职业介绍所、就业服务中心等职业介绍中介机构应运而生，既有政府举办的公益类机构，也有社会举办的营利性机构，企业可以根据所需人员的性质，分别依托不同类型的机构招聘人员。

（3）校园招聘法。对于一些初级、技术含量不高的岗位，企业还可以采用直接招聘应届毕业生的方式招聘人员。方法是参加每年举办的校园人才供需洽谈会、毕业生交流会等，供需双方直接见面，双向选择。

目前，越来越多的企业借助互联网承担起公司人力资源管理与开发的多项职能。对于那些与计算机打交道的技术人员，经常会利用互联网寻找工作机会，公司想要找个技术岗位的候选人，也多从网上寻找。通过单位的员工、客户、合作伙伴等熟人推荐人选，也是单位招募人员的重要手段。

外部招聘的优点是有利于树立企业形象；外部招聘能够带来新理念、新技术；更广的选择余地，有利于招到优秀人才；可以缓解内部竞争者间的紧张关系。外部招聘的缺点是筛选时间长，难度大；进入角色慢；引进成本高；影响内部员工的工作积极性。

三、人员录用的过程

1. 确定录用意向

企业通过各种手段和方式，对应聘候选人的任职资格和胜任工作的能力进行测试和评价后，应根据岗位要求，挑选最能与岗位匹配的人选，并作出初步录用意向。

2. 决定薪酬福利

对拟招用的岗位制定相应的薪酬福利标准，并告知应聘者。同时按照法律规定，向应聘者介绍企业的情况。

3. 体检和背景调查

通过委托医院对应聘者进行入职体检，以判断应聘者的身体状况是否能够适应工作的要求；背景调查就是通过打电话、访谈等形式向应聘者原来的雇主、同事以及其他了解应聘者的人员，了解和验证应聘者学位、工作经历等与工作有关的信息。

4. 正式录用

完成上述程序后，就可以向应聘者发出正式录取通知书，通知其按时到企业报道并签订劳动合同，完成员工的正式入职。同时按规定到相应机构为入职者办理用工登记手续和社会保险转移手续。

第 3 节　培训与开发

一、培训与开发的概念

培训是指企业有计划地举行有助于员工提高与工作相关能力的活动。这些能力包括知识、技能和对工作绩效起关键作用的行为。

开发是指为员工未来发展而展开的正规教育、在职实践、人际互动以及个性和能力的测评等活动。

二、培训需求分析

通过对培训需求的前瞻性预测分析，可以确立培训目标，选择合适的培训方法，制定培训成本预算，最终促使企业各方达成共识。

1. 培训需求分析的内容

培训需求的分析可以分为层次分析、对象分析和阶段分析。层次分析可以分为战略层次、组织层次和员工个体层次分析，对象分析可以分为新进员工和在职老员工、高技能员工和处级技能员工分析，阶段分析则可以分为针对目前急需培训和针对未来拓展性培训分析。

2. 培训需求分析的流程

培训需求分析的基本流程包括做好准备工作，制订培训需求调查计划，实施培训需求调查工作，分析与输出培训需求结果。

三、培训方法

1. 传授型培训法

传授型培训法适用于基础知识类培训，主要包括讲授法、研讨法等。

讲授法是指教师按照准备好的教材系统地向受训者传授知识的方法。适用于各类学员对学科知识、前沿理论的系统了解。研讨法是指在教师引导下，学员围绕某一个或几个主题进行交流、相互启发的培训方法。

2. 实践型培训法

实践型培训法主要适用于以掌握技能为目的的培训，主要包括工作指导法、工作轮换法和特别任务法等。

工作指导法是指由有经验的人员或直接主管人员在工作岗位上对受训者进行培训的方法。工作轮换法是指让受训者在预定时期内变换工作岗位，使其获得不同岗位的工作经验的培训方法。特别任务法是指企业通过为某些员工分派特别任务对其进行培训的方法，此法常用于管理培训，其具体形式有初级董事会、行动学习、案例研究、头脑风暴、模拟训练等。

3. 态度型培训法

态度型培训法主要适用于行为调整和心理训练，主要包括角色扮演法和拓展训练法等。

角色扮演法是指在一个模拟真实的工作情境中，让受训者扮演一个角色，模拟性地处理工作事务，从而提高处理各种问题的能力。拓展训练法是指以超越岗位职能的外化型训练为主，将受训者置于各种困难的情境中，通过应对挑战、克服困难和解决问题的训练，使受训者的心理素质得到提高。

4. 新型培训法

随着现代社会信息技术的发展，大量信息技术被引进到培训领域。在这种情况下，各种新型的培训方式不断涌现，如网上培训、虚拟培训等培训方式在很多情况下被采用，丰富了培训方式，提高了培训效能。

四、培训效果的评估

培训效果的评估是培训工作的重要一环。培训是一项不断延续的工作，前期培训的实施效果直接影响后续培训的改进和提高。因此，每次培训结束后都应该对培训的当期、近期和远期效果进行测评，为总体培训规划的调整、改进和完善提供依据。培训评估主要可以从以下几个方面进行：

1. 认知成果评估

通过对受训者接受培训后对理论知识认知程度的测评，了解理论培训的效果。

2. 技能成果评估

通过对受训者接受培训后对技能知识掌握程度的测评，了解技能培训的效果。它包括技能的获得与提高以及技能在工作中的应用和转换两个方面。

3. 感受成果评估

通过对受训者接受培训后对培训方式、培训设施、培训师资和培训内容的感受的测评，了解培训工作组织实施的效果。

4. 绩效成果评估

通过对实施培训后员工工作状态、工作态度、生产质量的提高、客户服务水平的改善、事故发生率的下降、人员流动情况等的测评，了解培训的绩效成果。

5. 投资回报评估

通过对实施培训的直接和间接成本支出与收益的比较，了解培训的投资回报情况。

第 4 节 绩 效 管 理

一、绩效管理的概念

绩效管理是指各级管理者和员工为了实现组织目标，共同参与绩效计划制订、绩效辅导沟通、绩效考核评价、绩效结果应用、绩效目标提升的持续循环过程。绩效管理的目的是持续提升个人、部门和组织的效能。

二、绩效管理的流程

1. 准备阶段

明确绩效管理的对象，以及各个管理层级的关系。明确回答"谁来考评，考评谁"。考评者是保证绩效管理有效运行和工作质量的主体，在绩效管理的准备阶段，除了需要明确考评者和被考评者之外，还要做好考评者的培训工作。

根据绩效管理的对象，选择正确的考评方法。在选择确定具体的绩效考评方法时，应当充分考虑管理成本、工作实用性、工作适用性三个重要的因素。根据考评的具体方法，提出企业各类人员的绩效考评要素（指标）和标准体系。明确回答"考评什么，如何进行衡量和评价"。

2. 实施阶段

实施阶段是在完成企业绩效管理系统设计的基础上，组织全体员工贯彻绩效管理制度的过程。需要注意的问题是要通过提高员工的工作绩效，提高核心竞争力。同时要做好信息收集工作，并注意积累资料。

3. 考评阶段

考评阶段是绩效管理的重心，它关系到整体绩效管理系统运行的质量和效果。因此，必须注重考评的准确性和公正性，以及用正确的方式反馈考评结果。

4. 总结阶段

总结阶段是绩效管理的一个重要阶段。在这个阶段，各个管理的单元即主管与下级（考评者和被考评者）之间需要完成绩效考评的总结工作，根据各自的职责范围和要求，对绩效管理的各项活动进行深入、全面的总结。

三、绩效管理的方法

1. 排序法

排序法通常是由上级主管根据员工工作的整体表现，按照优劣顺序依次进行排序。这种方法的优点是简单易行，花费时间少，能使考评者在预定的范围内组织考评并对下属进行排序，从而减少考评结果过宽和趋中的误差。在确定的范围内可以将采用排序法的考评结果，作为薪资奖金或一般性人事变动的依据。但由于排序法是相对对比性的方法，考评是在员工间进行主观比较，不是将员工工作的表现和结果与客观标准相比较，因此具有一定的局限性，不能用来比较不同部门的员工。个人取得的业绩相近时很难进行排序，也不能使员工得到关于自己优点或缺点的反馈。

2. 强制分布法

强制分布法假设员工的工作行为和工作绩效整体呈正态分布，那么按照状态分布的规律，员工的工作行为和工作绩效好、中、差的分布存在一定的比例关系，在中间的员工应该最多，好的、差的占少数。强制分布法就是按照一定的百分比，将被考评的员工强制分配到各个类别中。采用这种方法，可以避免考评者过分严厉或过分宽容的情况，克服平均主义。但强制分布法只能把员工分为有限的几种类别，难以具体地比较员工，也不能在诊断工作问题时提供准确可靠的信息。

3. 关键事件法

关键事件法将那些有效或无效的工作行为称为"关键事件"，考评者要记录和观察这些关键事件，因为它们通常描述了员工的行为以及工作行为发生的具体背景条件。关键事件法对事不对人，以事实为依据，考评者不仅要注重对行为本身的评价，而且要考虑行为的情境，可以用来向员工提供明确的信息，使他们知道自己在哪些方面做得比较好，在哪些方面做得不好。

4. 平衡计分法

平衡计分法主要从四个方面对企业的绩效进行考核：顾客、内部运作、财务、学习与发展。平衡计分法的四个纬度是互相支撑的。平衡计分法综合考虑各个关键因素，使用滞后指标和超前指标，协调了长期目标和短期目标，平衡了财务指标和非财务指标，满足了内部和外部的多方需要，从而使管理者能整体把握和控制企业。

5. 关键绩效指标法

关键绩效指标法是把企业的战略目标分解为可操作的工作目标的方法，是企业绩效管理的基础。关键绩效指标可以使部门主管明确部门的主要责任，并以此为基础，明确部门人员的业绩衡量指标，建立明确的、切实可行的关键绩效指标体系，是绩效管理的关键。关键绩效指标是用来衡量工作人员工作绩效表现的量化指标，是绩效计划的重要组成部分。

6. 目标管理法

目标管理法是通过对实现企业目标的关键性指标的选择，将考评过程与管理过程相统一，在对关键环节实施管理和控制的基础上，利用绩效管理机制充分调动积极性和创造力，激发组织的经营活力，从而实现组织内管理和经营的统一。计划、指导、考评和激励是目标导向绩效管理彼此紧密联系的四个阶段，分别与目标管理的计划、执行、检查和反馈四个阶段相结合。

7. 360 度反馈法

360 度反馈法是由被考评人的上级、同级、下级、本人或考评专家担任考评者，从各个角度对被考评者进行全方位评价的一种绩效考核方法。与传统的考评方法相比，360 度反馈法可以从多个角度反映被考评人，因而考评过程更透明，考评结果更客观、全面、公正和可靠。

第 5 节　薪　酬　福　利

一、薪酬福利的概念

在经济学研究中，薪酬即付给劳动者的货币形式的回报。管理学研究则通用"薪酬福利"这一术语，将薪酬看作是满足员工内在需要的手段和要素，重视薪酬的激励作用。薪酬福利不是一个单一概念，它由各种形式的回报构成。按照不同的标准可以进行以下分类：

1. 经济性回报和非经济性回报

根据薪酬福利是否以货币支付，可分为经济性回报和非经济性回报。经济性回报又可分为直接经济回报与间接经济回报。直接经济回报是指个人获得的工资、薪水、佣金及奖金形式的全部回报。间接经济回报是指所有直接经济回报以外的其他各种经济回报。非经济性回报是指个人对工作的满意度和因工作而产生心理满足感，如工作条件、工作时间、发展机会、人际关系等。

2. 物质回报和非物质回报

根据薪酬福利内容属性，可分为物质回报和非物质回报。物质回报又可分为激励性物质回报和保障性物质回报。激励性物质回报主要包含工资、奖金、股份等，保障性物质回报主要包含津贴、福利、保险等。非物质回报又称为精神回报，可分为发展因素和生活因素两方面。其中，发展因素包含发展机会、培训学习、公司荣誉等，生活因素包含工作条件、工作氛围、假期等。

3. 外在薪酬福利和内在薪酬福利

根据薪酬福利发生的机制，可分为外在薪酬福利和内在薪酬福利。外在薪酬福利是员工工作后获得的回报，如工资、奖金、津贴、股票期权以及各种形式的福利待遇。内在薪酬福利是员工从工作中获得的利益，如富有挑战性、具有趣味性、个人成长和发展机会、能够参与决策管理等。

二、薪酬制度的设计

薪酬制度是基于国家法律政策和企业自身的生产经营状况制定的，是与工资分配相关的一系列准则、标准、规定和方法的总和。

1. 薪酬制度的分类

（1）岗位工资制。岗位工资制是以员工在生产经营工作中的岗位为基础确定工资等级和工资标准，进行工资分配的工资制度。具体形式有岗位等级工资制、岗位薪点工资制等。

（2）技能工资制。技能工资制是以员工的技术和能力为基础支付工资的制度，技能工资制强调根据员工的个人能力提供工资。只有确定员工达到了某种技术能力标准以后，才能给员工提供与这种能力相对应的工资。具体形式有技术工资、能力工资等。

（3）绩效工资制。绩效工资制是以员工的工作业绩为基础支付工资的制度，支付的主要根据是工作成绩和劳动效率。主要形式有计件工资制、佣金制（提成制）等。

企业高级管理人员的工资制度比较特殊，更强调公司效益分红和年薪收入。

2. 薪酬制度设计的原则

（1）公平性原则。即员工所获报酬无论从横向还是纵向比较都是公平合理的，不能对某类人采取歧视的方式，从制度上做到同工同酬。

(2) 激励性原则。激励性就是差别性，即根据工作的差别确定报酬的差别，体现工资分配的导向作用及多劳多得原则。这要求企业内部各类各级岗位上的工资水平要适当地拉开差距，真正体现按贡献大小分配的原则。

(3) 竞争性原则。企业的工资水平在市场中应该处于什么样的水平，要根据该企业的支付能力、所需人才的可获得性等具体条件而定。

(4) 经济性原则。提高企业的工资标准，固然可以提高其激励性，但同时也不可避免导致人工成本上升，所以工资制度还受经济条件的制约。

(5) 合法性原则。企业的工资制度必须符合国家的政策与法律，如国家对最低工资标准、工作时间、经济补偿金、加班加点付薪的有关规定等。

3. 薪酬制度设计的步骤

(1) 确定工资结构策略。工资结构策略的确定实际上是工资结构的选择，它与企业发展战略的关系十分密切。尽管工资结构的类型有很多种，但从性质上可以分为三类：高弹性类、高稳定类、折中类。

(2) 岗位评价与分类。岗位评价的目的在于通过量度企业内部各个岗位的价值并建立起岗位间的相对价值关系，以此为基础来保证工资制度的内部公平性，其主要内容包括岗位分析、岗位评价以及分类分级。

(3) 工资市场调查。工资的市场调查旨在考察某一行业中，某一岗位在其他企业中的工资水平，即考察该岗位的市场环境。

(4) 工资水平的确定。将工资水平建立在市场工资调查数据的基础上，将企业的岗位评价数据与工资调查数据相结合。

(5) 工资制度的实施与修正。工资制度一经建立，就应该严格执行，发挥其保障、激励功能。在保持相对稳定的前提下，企业还应随着经营状况和市场工资水平的变化对工资制度进行相应调整。

三、福利制度设计

1. 福利的内容

法定福利指按照国家法律法规和政策规定必须支付的福利项目，其特点是只要企业建立并存在，就有义务、有责任且必须按照国家统一规定的福利项目和支付标准支付，不受企业经济效益和支付能力的影响。法定福利包括社会保险、法定节假日、特殊情况下的工资支付、带薪年休假等。

非法定福利指在国家法定的基本福利之外，由企业自定的福利项目。企业补充福利项目的多少、标准的高低，在很大程度上受企业经济效益和支付能力的影响以及企业出于自身某种目的的考虑。非法定福利分为经济性福利与非经济性福利。

2. 弹性福利制度

由于企业经营环境的多样化和企业内部的特殊性，弹性福利制度在实际操作过程中逐渐演化为以下几种有代表性的类型：

（1）附加型弹性福利计划。这是最普及的一种形式，是在现有的福利计划之外，再提供其他不同的福利措施或扩大原有福利项目的水准，让员工去选择。

（2）核心加选择型。由"核心福利"和"弹性选择福利"组成。前者是每个员工都可以享有的基本福利，不能自由选择；后者可以随意选择，并附有价格。

（3）弹性支用账户。这是一种比较特殊的弹性福利制。员工每一年可从其税前总收入中拨取一定数额的款项作为自己的"支用账户"，并以此账户选择购买雇主所提供的各种福利措施。

（4）福利套餐型。这是由企业同时推出的不同"福利组合"，每一个组合所包含的福利项目或优惠水准都不一样，员工只能选择其中一个弹性福利制。性质如同餐厅里的套餐消费。

（5）选高择抵型。福利计划一般会提供几种项目不等、程度不一的"福利组合"供员工选择，以组织现有的固定福利计划为基础，再据此规划数种不同的福利组合。

案例学习

【案例1】人力资源需求预测

背景资料：

某绿色化工公司为了进一步发展，制定了五年战略发展增长目标，规划在新的业务领域开发出几种有吸引力的新产品，期望公司销售额五年内翻一番。为了适应公司整体发展战略的要求，人力资源部开始着手准备公司的未来五年人力资源规划。

公司目前共有生产与维修工人825人，行政和文秘员工143人，中层管理人员79人，设计和产品研发人员38人，销售人员23人。近五年来员工的离职率为14%，不同类别的员工的离职率不一样，其中设计与研发人员流失率较高，达20%以上。

在进行人力资源需求分析时，人力资源部听取了现在各部门负责人的想法。各部门负责人为使自己部门将来有充足的人手，纷纷强调自己部门的重要性，提出了很多要求，包括人数和人员层次等方面。人力资源部基于这些数据汇编公司未来的人力资源需求表，却发现庞大的人员需求量是公司难以承受的，也无法确定如何才能落实未来的人才落地措施。

试题要求：

1. 你认为该公司人力资源需求预测中存在什么问题？

2. 如何进行该公司的人力资源需求预测？

【案例2】员工招聘

背景资料：

A公司是一家2003年10月注册成立的快速消费品生产和销售企业。由于产品独特，一投入市场，便有大批订单蜂拥而至。2004年入夏以来，随着业务量的激增，物流运转不够顺畅，物流成本不断增加，效率大打折扣，一些经销商的不满情绪渐增。在这种情况下，公司迫切需要一位优秀的物流管理人才。

此时，恰逢想换换工作环境和希望接受挑战的小李前来应聘，小李是一位优秀的物流管理人才，有多家大型快速消费品企业的物流管理经验，而且业绩突出，在业内享有盛名。

人力资源部经理久闻小李大名，见机会难得，直接上报总裁。总裁求贤若渴，亲自上阵面试，经过交谈发现小李确实是自己梦寐以求的物流管理人才，于是当场拍板，让小李次日上班，担任物流部经理。

人力资源部经理和总裁如释重负。但是，三个星期以后，两人却意外地收到了小李的辞呈。

经过多方面了解，人力资源部经理弄清了小李离职的原因：思想活跃、喜欢创新和挑战的小李与保守稳重的直接上级——生产副总多次因意见不统一而发生冲突；小李在A公司物流部面对一群"素质不高"的同事，经常产生一种"曲高和寡"的孤独感；小李无法适应一个各项制度不健全、管理流程混乱的企业，认为在这样的企业，自己的能力无从施展。

试题要求：

1. 小李闪电离职的主要原因是什么？
2. 人力资源主管应如何改进该职位的招聘？

【案例3】员工培训

背景资料：

杉达公司是一家由国企改制为民营的制药企业，现有员工800人。为了能在激烈的竞争中站稳脚跟，公司总经理认识到培训的重要性，将销售收入的3%用于员工的技能培训。虽然培训投入加大了，但总经理还是觉得公司绩效没什么提高。

在人力资源经理的安排下，人力资源部对目前公司内部人员结构和过去的培训情况进行了初步分析，发现公司培训只有一些过程的时间安排表，以往的培训内容都是由人力资源部借鉴培训公司提供的培训课程确定的，培训经费主要用在外部培训上，同时培训时间安排得比较混乱，常常迁就培训师，导致有些培训课程时间安排不合理。在实施培训过程中，各部门经理根据工作忙闲程度选派工作量较少的人员参加培训，员工也普遍感觉培训对自己的工作能力提升影响不大，而有些重要的技能也没有进行培训。为此，人力资源经理要求培训主管拿出改善方案，以获得培训效果。

试题要求：
1. 该公司培训管理中存在哪些问题？
2. 培训主管应如何进行培训需求调查？

【案例4】绩效管理

背景资料：

某地产公司专注于开发及经营高质量、大规模、多业态的综合性商业地产项目，公司现有50个物业项目，其中有26座城市综合体。

为了进一步增强公司的竞争力，公司开始重视人力资源管理工作，并决定从今年年底开始实施绩效评估，因为年底的绩效评估是与奖金挂钩的，大家都非常重视。人力资源部将一些考评表发到各部门的经理手中，要求部门经理在规定的时间内填完表格，再交回人力资源部。人力资源部以此为最终的评价结果，并作为发奖金的依据。李良是销售部经理，拿到人力资源部送来的考评表格，却不知怎么办。表格主要包括对员工工作业绩和工作态度的评价。工作业绩那一栏分为五个档，每一档只有简短的评语。年初由于种种原因，李经理没有将员工的业绩指标清楚地确定下来。因此，进行业绩考评时，无法判断谁超额完成任务，谁没有完成任务。工作态度就更难填写了，由于平时没有收集和记录员工的工作表现，到年底，只对近一两个月的事情有一点记忆。

试题要求：
1. 该公司在绩效评估中存在哪些问题？
2. 如何策划销售岗位的绩效指标设计？

【案例5】薪酬制度设计

背景资料：

大地公司是一家营销型企业，营销人员是公司的主要员工，公司为他们专门设计了"底薪+佣金制"模式的薪酬制度，从而降低了企业对营销人员薪酬支付风险。然而，公司的营销网络在很大程度上与个人而不是与品牌相关联，这对企业来说存在很大的用人隐患，一旦有关键员工离开，就有可能使公司营销网络面对遭受重大损失的风险。因此，大地公司经过几年的发展，在积累一定的经济实力后，制定了高于市场薪酬标准的薪酬制度，招聘并组建了一支以博士和硕士为主体的研发团队，公司设想通过建设品牌营销来逐步替代个人魅力营销。

由于公司研发团队的艰辛付出，取得了卓越成果，大地公司的品牌迅速在市场上打响，产品销售非常火爆，公司也逐步成长为集研发、生产和营销为一体的集团性企业。

然而，因大地公司营销团队实行的是"底薪+佣金制"的薪酬模式，对大部分营销人员来说，由于研发团队研发出的产品好销，不用费太大的努力就可以取得较好的业绩，拿到高额佣金。而研发人员虽然是高薪酬，但绩效薪酬并不高，薪酬收入有时还不如营销人员。这就引起研发团队的强烈不满，甚至有个别研发人员认为公司不重视智力成果，愤然辞职离去。

大地公司经营管理层清醒地意识到，有必要对公司薪酬制度进行重新设计和调整。

试题要求：

1. 该公司薪酬结构设计时违背了哪些原则？
2. 进行薪酬调整要开展哪些工作？

第 4 章

劳动合同制度

第 1 节　我国劳动合同制度的发展　　　　　　　　　/62
第 2 节　劳动合同的订立　　　　　　　　　　　　　/65
第 3 节　劳动合同的履行和变更　　　　　　　　　　/71
第 4 节　劳动合同的解除　　　　　　　　　　　　　/75
第 5 节　劳动合同的终止　　　　　　　　　　　　　/79
第 6 节　劳动合同解除或终止的其他有关规定　　　　/83

 **学习目标**

➢ 了解我国劳动合同制度发展的历史沿革。

➢ 熟悉劳动合同为基础建立的劳动合同制度是调整个别劳动关系的主要制度,劳动合同制度是实现人力资源市场化配置、促进劳动关系和谐稳定的基本法律制度。

➢ 掌握劳动合同订立、履行、变更、解除和终止等劳动关系运行的各个环节。

第1节 我国劳动合同制度的发展

我国劳动合同制度建立和完善的过程,既是我国劳动用工制度的历史发展进程,也是我国劳动法律制度不断完善和发展的过程。

一、固定工制度的阶段

1952年8月6日,政务院发布的《关于劳动就业问题的决定》规定,一切公私企业,均应遵守共同纲领和人民政府的政策法令,积极发展生产和营业。在国家即将开始的大规模经济建设中,一切适合国家和人民需要的公私企业都是有前途的。某些企业即使一时发生困难,也应从积极发展生产和营业中来克服本身的困难,不得从解雇职工上想办法,以保障职工利益,避免增加失业。解雇职工必须按工会法及其他有关法令的规定办理。一切公私企业,对于因实行生产改革、合理地提高了劳动效率而多余出来的职工,均应采取包下来的政策,仍由原企业单位发给原工资(计入企业成本之内),不得解雇。并应利用这种条件,进行分批轮训,提高他们的业务技术与政治文化水平,以备本企业扩大时使用或听候国家统一调配。某些私营企业确属亏本过甚,无力继续经营,经劳资协商后,仍无法开展业务,必须紧缩营业或歇业时,歇业应经工商行政管理部门批准,解雇一部分或全部职工亦应经劳动行政部门批准;如将来再扩大营业或复业时,应优先使原职工复工。这些规定从当时特定的历史条件出发,否定了之前的"劳动契约"原则,为以后实行固定用工制度打下了基础。

1954年7月14日,政务院公布了《国营企业内部劳动规则纲要》,规定:"申请录用的职工,须向企业行政提交其原工作部门关于过去工作情况的鉴定文件,或当地人民政府劳动行政机关的证明书;如系初次参加工作,则须提交其居住地区政府机关的证明书,或学校发给的证明文件。无上述证明者不得录用。""工人要求离职或转业时,须于两星期前通知所在单位的负责人；职员离职或转业，须于一个月以前通知。职工离职或转业，均须经厂长或经理批准。否则，均以违反劳动纪律论。"国家之后颁布了一系列配套文件，建立起固定工的制度，主要内容为企业录用职工由政府按计划分配，工资福利、劳动标准、劳动定额等劳动过程中的标准由政府制定，职工调动等需经政府批准。

在长达三十年的计划经济时代，我国劳动用工制度虽然有过阶段性变化，但受经济、政治制度的影响，逐步形成了国有企业和"大集体"企业内具有高度计划特点的固定用工为主的劳动用工制度。与此同时，计划经济时期也有非固定的用工形式，如合同工、临时工、季节工、轮换工等其他身份的职工群体。国营企业和"大集体"企业外的村办厂、合作社等"小集体"企业的职工不具有固定制职工身份。

二、劳动用工制度的"双轨制"阶段

20世纪80年代初，随着经济体制改革的启动，劳动用工制度的改革也被提上议事日程，僵化的固定用工制度的弊端已经显露。1980年9月，上海在部分全民所有制企业进行劳动合同制用工改革的试点，对社会新招人员试行合同用工制度，但绝大部分企业对老职工仍维持固定用工制度，形成了劳动用工制度中的"双轨制"。1984年8月，上海市人民政府批准下发《上海市国营企业实行劳动合同制的暂行规定》，规定："凡国营企业常年性生产或工作岗位需要，从城镇待业人员中招用的新工人，实行劳动合同制，终止、解除劳动合同的工人，待业期间可按规定领取生活补助费。"20世纪90年代初，上海开始在企业中逐步推行"全员劳动合同制"。通过这一改革，企业中的原固定工逐步改为合同制职工。

原本就在计划管理体制之外的外商投资企业一开始就实行劳动合同制用工。1980年7月26日，国务院公布施行《中华人民共和国中外合资经营企业劳动管理规定》，规定："合营企业职工的雇用、解雇和辞职，生产和工作任务，工资和奖惩，工作时间和假期，劳动保险和生活福利，劳动保护，劳动纪律等事项，通过订立劳动合同加以规定。"同时，该规定还保留了计划管理体制的痕迹，比如要求"劳动合同签订后，须经省、自治区、直辖市人民政府劳动管理部门批准"。1984年1月19日，劳动人事部发布《中外合资企业劳动管理规定实施办法》，规定："合营企业用人，实行劳动合同制。"同时，该规定体现了计划和市场双轨制的特点。比如，"合营企业根据劳动计划招收新人员时，须按照国家有关政策，在劳动人事部门规定的地区公开招收，通过考试，择优录用"。"合营企业的劳动计划，须经董事会决定后，报企业主管部门和所在地区劳动人事部门备案，专项纳入国家劳动计划"。

1984年10月，上海市人民政府发布《上海市中外合资经营企业劳动管理实施办法

（试行）》，对外商投资企业用工、劳动合同、工资、保险、福利等各方面做了比较全面的规定。1988年2月1日，上海市人大常委会制定的《上海市外商投资企业劳动人事管理条例》施行。1994年12月，为适应劳动用工制度发展的需要，上海市人大常委会对该条例进行了修订。

1986年7月，中央决定对我国的劳动制度进行重大改革，国务院正式颁布《国营企业实行劳动合同制暂行规定》《国营企业招用工人暂行规定》《国营企业工人待业保险暂行规定》《国营企业辞退违纪职工暂行规定》等四个配套文件，决定在国营企业新招收的职工中实行劳动合同制度，开始打破劳动用工制度上的"铁饭碗"，确立面向社会、公开招收、择优录用的招工原则，开始形成人员"能进能出"的局面。在随后的几年中，将劳动用工制度的改革范围扩展到了几十年积累下来的固定工。

此后，国家和上海市陆续出台了若干劳动法规和政策，主要有1987年国务院发布的《国营企业劳动争议处理暂行规定》。1987年2月，上海市人民政府时隔30年决定恢复建立市和区、县两级劳动争议仲裁机构。1988年10月，上海市人民政府发布《上海市国营企业劳动争议处理实施办法》。1990年2月，上海市人民政府发布《上海市女职工劳动保护办法》。

三、全面实行劳动合同制的阶段

1994年7月，八届全国人大常委会第八次会议正式通过了《劳动法》，并于1995年1月1日起施行。《劳动法》的施行标志着我国固定工制度向合同工制度的转换，形成了以劳动合同制为主体的劳动用工制度。全面实行劳动合同制度，是我国劳动用工制度的一项重大改革，也是经济体制改革的一项重要内容。《劳动法》颁布实施后，国家和地方陆续出台了一系列配套法规和政策。1994年10月至12月，劳动部陆续发布《关于实施最低工资保障制度的通知》《企业实施经济性裁员规定》《违反和解除劳动合同的经济补偿办法》《集体合同规定》。1995年8月，上海市人民政府重新修订了《上海市失业保险办法》。1995年11月，上海市人民政府发布《上海市劳动合同规定》等。2001年11月，上海市人大常委会颁布了《上海市劳动合同条例》，于2002年5月1日起施行。

随着市场主体和利益关系的多元化，为适应劳动合同制度在实施中出现的一些新情况、新问题，进一步完善劳动合同制度，2007年6月29日，十届全国人大常委会第二十八次会议审议通过了《劳动合同法》，于2008年1月1日起施行，《劳动合同法》对劳动合同制度进行了调整。2008年9月18日，国务院颁布了《中华人民共和国劳动合同法实施条例》，对劳动合同制度的部分内容做了具体化的规定。为进一步完善和规范劳务派遣用工制度，2012年12月28日，十一届全国人大常委会第三十次会议通过了修改《劳动合同法》的决定，自2013年7月1日起施行，对劳务派遣用工制度进行了重大调整。

第2节 劳动合同的订立

劳动合同是劳动关系的外在表现形式，双方当事人订立劳动合同是建立劳动关系的标志之一。因此，从某种意义上讲，订立书面劳动合同也被称为"建立劳动关系的触发机制"。

一、订立劳动合同的原则

订立劳动合同应当遵守一定的原则。《劳动合同法》第三条规定，订立劳动合同，应当遵循合法、公平、平等自愿、协商一致、诚实信用的原则。

1. 合法原则

合法原则是指订立劳动合同的行为不得与法律、法规相抵触。主要体现在订立劳动合同的主体、目的、内容、程序和形式应当合法。主体合法是指订立劳动合同的当事人必须符合劳动关系的主体要件。用人单位主体范围仅限于企业、个体经济组织、民办非企业单位、国家机关、事业单位、社会团体、律师事务所、会计师事务所、基金会等九类组织，劳动者主体范围为符合法定的就业年龄且具备劳动能力的自然人。目的合法是指当事人订立劳动合同的劳动者预期从事的劳动应当是合法的生产经营活动。内容合法是指当事人在劳动合同中确定具体的劳动权利义务的条款必须符合法律规定。程序合法是指订立劳动合同应当符合法律规定的步骤和方式。形式合法是指订立劳动合同应当采用书面形式。

2. 公平原则

公平原则要求劳动合同当事人在订立劳动合同时，应当公平地确定劳动合同的具体条款，不能要求一方承担不公平的义务或者免除自己的法定义务。如果用人单位对劳动者的一些个人行为作出限制性规定，排除了一些劳动者的法定权利，就违反了公平原则，因此，《劳动合同法》规定，用人单位免除自己法定责任、排除劳动者权利的劳动合同条款无效。

3. 平等自愿原则

平等自愿原则是指在订立劳动合同时是出于当事人的自由意志，并且具有相对应的知情权。任何一方都不能以要挟、利诱的手段，将自己的意志强加于对方或在对方还不了解合同全部内容的情况下，强迫对方订立合同。这一原则保证了劳动合同是当事人根据自己的意愿独立作出的决定，劳动合同内容的确定应当基于当事人真实的意思表示。

4. 协商一致原则

协商一致原则是指当事人依法就劳动合同订立的有关事项，通过自愿协商的方式达成一致，双方在签约前要经过充分协商，只有达成一致才能签订劳动合同。这一原则是维护当事人合法权益的基础，只有通过充分协商才能达成统一，才能真正体现平等自愿的原则。如果在协商订立劳动合同过程中，当事人不能就劳动合同的所有内容达成一致，劳动合同就不能成立。

5. 诚实信用原则

诚实信用原则是指当事人订立劳动合同的行为必须诚实，不得有欺诈行为。双方为订立劳动合同提供的信息必须真实。《劳动合同法》第八条规定："用人单位招用劳动者时，应当如实告知劳动者工作内容、工作条件、工作地点、职业危害、安全生产状况、劳动报酬，以及劳动者要求了解的其他情况；用人单位有权了解劳动者与劳动合同直接相关的基本情况，劳动者应当如实说明。"

二、劳动合同的形式要求

《劳动合同法》第十条规定："建立劳动关系，应当订立书面劳动合同。"因此，劳动合同的法定形式是书面合同。书面劳动合同记载着用人单位与劳动者协商一致确定的权利义务内容，是劳动关系的重要书面证明，也是当事人享受权利、履行义务的主要依据。当劳动争议发生时，书面劳动合同也是极为重要的证明材料，是裁判的主要依据。

订立书面劳动合同是劳动关系当事人的法定义务。《劳动合同法》对用人单位不与劳动者订立书面劳动合同的行为明确了法律后果。如"用人单位自用工之日起超过一个月不满一年未与劳动者订立书面劳动合同的，应当向劳动者每月支付二倍的工资""用人单位自用工之日起满一年不与劳动者订立书面劳动合同的，视为用人单位与劳动者已订立无固定期限劳动合同"。《劳动合同法实施条例》对劳动者不与用人单位订立书面劳动合同的行为明确了处理方式。如"劳动者不与用人单位订立书面劳动合同的，用人单位应当书面通知劳动者终止劳动关系"。

《劳动合同法》第十条对三种情形下订立书面劳动合同的要求作出规定：

一是建立劳动关系之前。用人单位与劳动者可以在用工之前订立书面劳动合同，明确双方的权利义务，双方劳动关系自用工之日起建立。

二是建立劳动关系之时。按照劳动合同法规定，这种情况下，签订书面劳动合同和建立劳动关系的时间是一致的。

劳动合同制度

三是建立劳动关系之日起一个月内签订书面劳动合同，属于合法签订。考虑到用人单位劳动用工管理的实际情况，给予订立书面劳动合同一定的宽限期。建立劳动关系之日起一个月内是订立书面劳动合同的最后时限。超过这一时限仍然不订立书面劳动合同的，应当追究用人单位的法律责任。

三、劳动合同的期限

劳动合同的期限是当事人约定的对于未来劳动关系预期的存续时间，在劳动合同有效期间当事人实际享有劳动权利，履行劳动义务。根据《劳动合同法》的规定，劳动合同的期限分为固定期限、无固定期限、以完成一定工作任务为期限。

固定期限劳动合同，是指用人单位与劳动者约定劳动合同终止时间的劳动合同。劳动者与用人单位订立固定期限劳动合同，必须对劳动合同履行的起始和终止日期有具体明确的规定。期限届满，劳动关系即行终止。如果双方经协商同意，可以续订劳动合同。

无固定期限劳动合同，是指用人单位与劳动者约定无确定终止时间的劳动合同。《劳动合同法》规定，用人单位与劳动者协商一致，可以订立无固定期限劳动合同。有下列情形之一，劳动者提出或者同意续订、订立劳动合同的，除劳动者提出订立固定期限劳动合同外，应当订立无固定期限劳动合同：①劳动者在该用人单位连续工作满十年的；②用人单位初次实行劳动合同制度或者国有企业改制重新订立劳动合同时，劳动者在该用人单位连续工作满十年且距法定退休年龄不足十年的；③连续订立二次固定期限劳动合同，且劳动者没有本法第三十九条和第四十条第一项、第二项规定的情形，续订劳动合同的。

以完成一定工作任务为期限的劳动合同，是指用人单位与劳动者约定以某项工作的完成为合同期限的劳动合同。用人单位与劳动者双方把完成某项工作作为确定劳动合同起始和终止时间。

四、试用期

试用期是用人单位与首次录用的劳动者在劳动合同中约定的相互考察和了解的时间。用人单位可以考察和了解劳动者是否符合录用条件，能否适应生产岗位和所从事的工种，其技术水平、业务能力、身体状况能否适应所担任的工作任务的要求等。劳动者也可以考察和了解用人单位提供的劳动条件是否符合劳动合同约定的标准，工资报酬与自己所从事的劳动是否相当，自己能否适应或胜任用人单位所安排的岗位及工作任务。试用期不是劳动合同的必备条款，是否约定试用期，由双方当事人根据情况协商确定，也可以不约定试用期。当事人未约定试用期的，不影响劳动合同的成立和生效。试用期内劳动者和正式期内劳动者享受同样的劳动权利，受法律同等保护。

当事人不得任意设定试用期的期限，法律对劳动合同试用期的最长期限做了规定。《劳动合同法》规定，劳动合同期限三个月以上不满一年的，试用期不得超过一个月；劳动合同期限一年以上不满三年的，试用期不得超过二个月；三年以上固定期限和无固定期限的劳动合同，试用期不得超过六个月。

此外，法律对试用期设定了一些其他限制性规定。比如：①限定设立试用期的次数，同一用人单位与同一劳动者只能约定一次试用期；②限定不得设立试用期的情形；以完成一定工作任务为期限的劳动合同或者劳动合同期限不满三个月的，不得约定试用期；③明确试用期和劳动合同期限的关系，试用期包含在劳动合同期限内，劳动合同仅约定试用期的，试用期不成立，该期限为劳动合同期限。

试用期工资可以低于正式期的工资标准，但是《劳动合同法》对试用期工资的最低标准也进行了规定，即劳动者在试用期的工资不得低于本单位相同岗位最低档工资或者劳动合同约定工资的80%，并不得低于用人单位所在地的最低工资标准。

五、劳动合同的必备条款

劳动合同的条款分为必备条款和约定条款。劳动合同的必备条款，是指法律规定的劳动合同必须具备的内容。如果劳动合同缺少必备条款，劳动行政部门将责令单位改正，如果给劳动者造成损害的，用人单位应当承担赔偿责任。

根据《劳动合同法》的规定，劳动合同的必备条款如下：

1. 用人单位的名称、住所和法定代表人或者主要负责人；
2. 劳动者的姓名、住址和居民身份证或者其他有效身份证件号码；
3. 劳动合同期限；
4. 工作内容和工作地点；
5. 工作时间和休息休假；
6. 劳动报酬；
7. 社会保险；
8. 劳动保护、劳动条件和职业危害防护；
9. 法律、法规规定应当纳入劳动合同的其他事项。

其中，工作内容是劳动者具体从事的工作岗位和工作职责，主要履行的劳动义务的种类、方式等。工作地点是劳动合同的履行地点，涉及劳动者的工作环境、生活环境，是影响劳动者就业选择的重要因素。

工作时间是劳动者根据用人单位安排，完成工作任务的时间，包括工作时间的长短、工作时间的安排、具体执行的工时制度（是标准工作制还是综合计时工作制或不定时工作制）。休息休假是劳动者维持劳动力再生产的必要时间，劳动者可以不受用人单位的管制自由支配的时间。我国有比较完善的休息休假制度。《劳动法》规定，用人单位应当保证劳动者每周至少休息一日。国家规定，每年有11天的法定休假日，还有部分公民休假日等。

劳动报酬是当事人订立劳动合同时主要协商的内容，是劳动者付出劳动的主要对价。我国的工资制度较为复杂，涉及工资分配制度，工资的计发和支付，病、事假工资待遇的支付等内容。

社会保险、劳动保护、劳动条件和职业危害防护等方面绝大部分是法律的强制性规定，劳动合同当事人可以就如何落实这些法律规定的具体办法措施作出约定。

六、劳动合同的约定条款

劳动合同除了必须具备必备条款外，用人单位与劳动者可以依法约定其他内容，这些内容当事人可以根据实际需要约定，也可以不约定，如现实当中常见的有试用期、培训、服务期、保守秘密、竞业限制、补充保险、福利待遇等。当事人约定这些内容时应当符合法律规定。

其中，培训是按照工作岗位要求、职业发展和职业生涯规划的要求，由用人单位对劳动者实施或者劳动者主动实施的以提高劳动技能为主要目的的教育训练。用人单位开展职业培训，主要是希望通过劳动者提高劳动技能来提高企业的整体劳动生产率，培训的成本由企业承担，而得益的是劳动者。因此，用人单位与劳动者可以就培训的相关事项进行约定。例如，用人单位为劳动者提供专项培训费用，对其进行专业技术培训的，可以与该劳动者订立协议，约定服务期。服务期是劳动者必须为用人单位服务的期间，在服务期内，劳动者如果提前离职，应当按照约定向用人单位支付相应的违约金。

保守秘密是指劳动者应当保守用人单位的商业秘密。根据《反不正当竞争法》的规定，商业秘密是不为大众所知悉、能为权利人带来经济利益、有实用性并经权利人采取保密措施的技术信息和经营信息。保守商业秘密是劳动者当然的义务，是劳动者职业操守的重要内容。用人单位可以与劳动者约定保守商业秘密的具体内容、方式等，防止商业秘密被泄露和非法侵占。商业秘密和知识产权是企业保持市场竞争力的主要保障，为更好地保护企业的商业秘密和知识产权，法律针对承担保密义务的离职的劳动者设立了竞业限制制度。与用人单位订立竞业限制协议的劳动者，在离职后二年内不得到与本单位生产或者经营同类产品、从事同类业务的有竞争关系的其他用人单位工作，不得自己开业生产或者经营同类产品、从事同类业务。劳动者履行竞业限制义务的，用人单位应当按月支付劳动者经济补偿；劳动者违反竞业限制义务的，应当按照约定向用人单位支付违约金。

福利待遇一般包括住房补贴、通信补贴、交通补贴等，企业年金（原来称为"补充保险"）也是福利待遇的重要内容。企业年金是用人单位在国家基本社会保险之外，为劳动者建立的一种补充性的社会保险。企业年金由企业自愿建立，国家不作强制性的统一规定。

七、劳动合同的生效与无效

1. 劳动合同的生效

劳动合同的生效是指劳动合同对当事人产生法律上的约束力。在通常情况下，劳动合同自双方当事人签字之日起生效。在一般情况下，劳动合同生效即表示当事人建立劳动关系；但是，当事人在用工前订立劳动合同的，劳动关系自用工之日起建立。

2. 劳动合同的无效

劳动合同的无效是指基于法定的理由，劳动合同被确认为无效，对当事人不具有法律约束力。根据劳动法律法规的规定，劳动合同无效是"自始无效"，即劳动合同自订立之日起就对当事人没有法律约束力。

《劳动合同法》第二十六条规定的劳动合同无效或者部分无效的情形主要有：①以欺诈、胁迫的手段或者乘人之危，使对方在违背真实意思的情况下订立或者变更劳动合同的；②用人单位免除自己的法定责任、排除劳动者权利的；③违反法律、行政法规强制性规定的。其中，对"违反法律、行政法规强制性规定"的一般理解为只有相关法律、行政法规规定，违反其强制性规定的劳动合同方可被确认为无效。强制性规定可分为两类：管理型强制性规定和效力型强制性规定，违反这两类强制性规定的法律后果是不一样的，违反管理型规定的，法律关系并不归于无效，而是通过改正的方式使法律关系符合管理型规定的要求；违反效力型规定的，则法律关系或相应条款归于无效。

同时，劳动合同的无效分为两类：全部无效和部分无效，《劳动合同法》第二十七条规定，劳动合同部分无效，不影响其他部分效力的，其他部分仍然有效。如果劳动合同某一具体条款违反强制性规定，只是该条款无效，并不必然导致整个劳动合同无效。

《劳动合同法》规定了劳动合同无效的确认机构。对劳动合同的无效或者部分无效有争议的，由劳动争议仲裁机构或者人民法院确认。

《劳动合同法》对劳动合同无效后的处理做了规定，劳动合同被确认无效，劳动者已付出劳动的，用人单位应当向劳动者支付劳动报酬。劳动报酬的数额，参照本单位相同或者相近岗位劳动者的劳动报酬确定。

八、劳动合同订立的其他要求

《劳动合同法》对书面劳动合同的订立规定了一些其他方面的要求，这些要求是为了更好地贯彻和落实书面劳动合同的法律规定。

1. 用人单位建立职工名册

《劳动合同法》规定，用人单位应当建立职工名册备查。职工名册应当载明劳动者的姓名、性别、公民身份号码、户籍地址及现住址、联系方式、用工形式、用工起始时间、劳动合同期限等内容。用人单位应当保存好职工名册，在劳动部门检查时出示。

2. 订立劳动合同时的知情权

《劳动合同法》规定，用人单位招用劳动者时，应当如实告知劳动者工作内容、工作条件、工作地点、职业危害、安全生产状况、劳动报酬，以及劳动者要求了解的其他情况；用人单位有权了解劳动者与劳动合同直接相关的基本情况，劳动者应当如实说明。

需要说明的是，法律对当事人行使知情权的具体要求是不一样的。对用人单位而言，需要如实主动告知劳动者相关情况；对劳动者而言，当用人单位向其了解与劳动合同直接相关情况时，劳动者应当如实说明。如果用人单位未提出，则劳动者无主动告知的义务。如果用人单位向劳动者了解的情况与劳动合同不直接相关，劳动者可以拒绝说明。

3. 用人单位不得要求劳动者提供担保等

《劳动合同法》规定，用人单位招用劳动者，不得扣押劳动者的居民身份证和其他证件，不得要求劳动者提供担保或者以其他名义向劳动者收取财物。如果单位违反上述规定，劳动行政部门应当责令限期退还劳动者本人，并对单位处以罚款；给劳动者造成损害的，单位还应当承担赔偿责任。

第3节　劳动合同的履行和变更

劳动合同的履行，是劳动合同订立后、解除或终止合同前，双方当事人按照法律规定和合同约定的内容履行各自义务、实现各自权利的行为。劳动合同的履行过程是双方当事人不断实现劳动合同目的的过程。劳动合同的变更，是指劳动合同履行过程中基于法律规定的变化、客观情况的重大变化等原因，当事人具体的履行内容超出书面劳动合同约定的内容、已经实质性改变书面劳动合同约定的内容或者通过协商一致改变书面劳动合同约定内容的履行方式等情形。劳动合同的履行和变更是劳动合同制度的重要内容。

一、劳动合同履行的原则

劳动合同依法生效后，双方当事人就应当履行劳动合同约定的内容。劳动合同履行过程中应当遵循以下几个原则：

1. 全面履行原则

劳动合同当事人应当按照合同规定的时间、地点和要求履行全部义务，以保证劳动合同约定的权利得以实现。劳动合同订立的各项条款都必须得到认真全面的履行，因为劳动合同是一个整体，合同条款相互之间有内在联系。只有双方当事人认真全面履行劳动合同约定的全部义务，才能全面、充分地实现合同目的。

2. 劳动者亲自履行原则

劳动合同是特定对象之间的合同，其履行也必须在特定对象之间进行。劳动合同要劳动者本人履行，不允许任何第三方代为履行。这是由劳动力的人身性特征决定的，在劳动过程中，人身性的劳动力具有不可转让的专属性。因此，作为劳动合同一方主体的劳动者应当亲自履行劳动合同的义务，不可变更和替代。

二、当事人在履行劳动合同中的义务

1. 用人单位的法定义务

劳动合同履行过程中，用人单位应当履行依法按时足额支付劳动报酬、缴纳社会保险、保障劳动者休息休假的权利、保护劳动者的生命安全和身体健康等义务。

2. 劳动者的法定义务

根据《劳动法》第三条的规定，劳动合同履行过程中，劳动者应当履行完成劳动任务、提高劳动技能、执行劳动安全卫生规程、遵守劳动纪律和职业道德等义务。

三、特定情况下劳动合同的履行

1. 不影响劳动合同履行的情形

《劳动合同法》规定，用人单位变更名称、法定代表人、主要负责人或者投资人等事项，不影响劳动合同的履行。在这些情况下，尽管用人单位的主体发生了一些变化，但都属于非实质性的变更，不影响劳动合同的履行。

2. 劳动合同继续履行的情形

《劳动合同法》规定，用人单位发生合并或者分立等情况，原劳动合同继续有效，劳动合同由承继其权利和义务的用人单位继续履行。

《公司法》规定，公司合并可以采取吸收合并和新设合并两种形式。一个公司吸收其他公司为吸收合并，被吸收的公司解散。两个以上公司合并设立一个新的公司为新设合并，合并各方解散。公司合并时，合并各方的债权、债务应当由合并后存续的公司或者新设的公司承继。公司分立时，其财产进行相应的分割。公司分立前的债务按所达成的协议由分立后的公司承担。

用人单位根据《公司法》规定的程序、条件进行合并或者分立的，原有的劳动合同继续有效，应当继续履行，但当事人有约定的，可以按照约定执行。

3. 劳动合同的中止履行

在劳动关系存续期间，由于客观情况的发生，劳动合同当事人暂时无法履行劳动合同的义务，劳动合同当事人通过约定方式，双方暂停履行劳动合同的有关义务，这种情形被称为劳动合同的中止履行。劳动合同的期间，不计入劳动者在用人单位的连续工作时间。对于中止履行的情形，《上海市劳动合同条例》第二十六条规定，可以中止履行劳动合同的情形有劳动者应征入伍或者离职履行国家规定的其他义务的，劳动者因被限制人身自由而暂时不能履行劳动合同约定义务的。劳动合同中止情形消失的，劳动合同继续履行，但法律、法规另有规定的除外。

四、劳动合同变更的原则

不管基于何种原因，变更劳动合同改变了当事人订立劳动合同时所依赖的预期，因此，在一般情况下，劳动合同变更的原则是协商一致。例如，《劳动法》规定，订立和变更劳动合同，应当遵循平等自愿、协商一致的原则。《劳动合同法》规定，用人单位与劳动者协商一致，可以变更劳动合同约定的内容。因此，在劳动合同变更过程中，应当遵循平等自愿、协商一致、合法等原则。

五、劳动合同变更的要求

《劳动合同法》规定，变更劳动合同，应当采用书面形式。变更后的劳动合同文本由用人单位和劳动者各执一份。据此，劳动合同的变更，一是要采用书面形式，二是双方当事人应当各自保存一份变更后的劳动合同文本。

六、特殊情形下的劳动合同变更

协商一致是劳动合同变更的基本原则，但并不意味着所有的合同变更都必须协商一致。根据《劳动法》《劳动合同法》的规定，在某些特定的情况下，用人单位基于法定事由和合理性考虑，可以单方面变更劳动合同的内容。关于这类情况处理的性质主要有两类不同的观点：一是认为这些情形下，用人单位享有单方变更劳动合同的权利，其性质属于变更劳动合同；二是认为用人单位根据情况变化作出的调整，使劳动合同符合可以继续履行的条件，当事人应当继续履行，系主动管理权的体现，不属于变更劳动合同的性质。

根据《劳动法》《劳动合同法》的相关规定，上述的特殊情形主要有以下两种：

一是关于医疗期满的处理。根据《劳动合同法》第四十条的规定，劳动者患病或者非因工负伤，在规定的医疗期满后不能从事原工作，用人单位可以另行安排工作。这种另行安排工作属于变更劳动合同的行为，法律并不要求双方当事人必须协商一致，用人单位可以根据劳动者的健康状况适当安排工作，只要是合理和适当的，该变更对当事人就具有约束力。

二是对不胜任工作劳动者的处理。根据《劳动合同法》第四十条的规定，劳动者不胜任工作，用人单位可调整其工作岗位。这种工作岗位的调整属于用人单位单方变更劳动合同行为，该单方变更行为系用人单位行使管理自主权的范畴，并不需要双方协商一致。按照常理，劳动者不胜任当前工作岗位，单位一般将劳动者调整到工作要求更低、层级更低的岗位，如果必须取得劳动者同意，那么这种调整最终是无法落实的，因为劳动者对这种"降职"行为肯定是抵触的。

七、默示变更

默示变更是指劳动合同当事人既未订立书面变更协议也未就变更是否达成一致作出任何意思表示，但劳动合同的内容在履行中已经实际变更了，依据实际履行和默示规则，该变更行为对当事人产生约束力。人力资源管理和劳动争议处理实践中，默示变更已经成为大家普遍接受的劳动合同变更方式；但是对于实际履行超过多少期限才推定为默示变更生效的问题，尚未有统一的意见。

一般认为，当事人实际履行超过一个劳动义务履行周期的即推定为该默示变更生效。《最高人民法院关于审理劳动争议案件适用法律若干问题的解释（4）》第十一条规定，变更劳动合同未采用书面形式，但已经实际履行了口头变更的劳动合同超过一个月，且变更后的劳动合同内容不违反法律、行政法规、国家政策以及公序良俗，当事人以未采用书面形式为由主张劳动合同变更无效的，人民法院不予支持。

第4节 劳动合同的解除

劳动合同的解除是指在劳动合同期限届满前,提前结束劳动关系的法律行为。我国劳动法律对解除劳动合同的条件做了明确规定,因此,只有在符合法定解除条件的情形下才能解除劳动合同。劳动合同的解除可以依据不同的标准分为若干种类。以行使解除权的主体方为标准,可分为双方解除与单方解除;以解除的原因为标准,可分为协商解除和法定解除;以当事人的主观状态为标准,可分为有过错的解除和无过错的解除,如图4—1所示。

一、协商一致解除劳动合同

劳动合同的订立是基于双方当事人的合意,因此,双方当事人基于合意也可以解除劳动合同。《劳动合同法》第三十六条规定,用人单位和劳动者协商一致,可以解除劳动合同。

协商一致解除劳动合同按照由哪一方发出解除动议,可分为用人单位提出解除动议和劳动者提出解除动议两种情形。这两种情形的法律后果有所不同,由用人单位提出解除动议而解除劳动合同的,属于用人单位应当支付经济补偿的情形。

二、用人单位单方解除劳动合同

法律规定用人单位可以单方解除劳动合同(辞退劳动者)的情形,以劳动者的主观状态为标准,可分为劳动者有过错和劳动者无过错两类情形。

1. 劳动者有过错情形的解除

劳动者在工作过程中故意或过失会犯下错误,并不是所有的错误都必然导致被解雇。但当错误的程度严重以致造成重大不良影响或给用人单位带来重大损失时,用人单位就可以依法解除劳动合同。

《劳动合同法》规定的这类用人单位可以解除的情形有:①在试用期间被证明不符合录用条件的;②严重违反用人单位的规章制度的;③严重失职,营私舞弊,给用人单位造成重大损害的;④劳动者同时与其他用人单位建立劳动关系,对完成本单位的工作任务造成严重影响,或者经用人单位提出,拒不改正的;⑤因本法第二十六条第一款第一项规定的情形致使劳动合同无效的;⑥被依法追究刑事责任的。

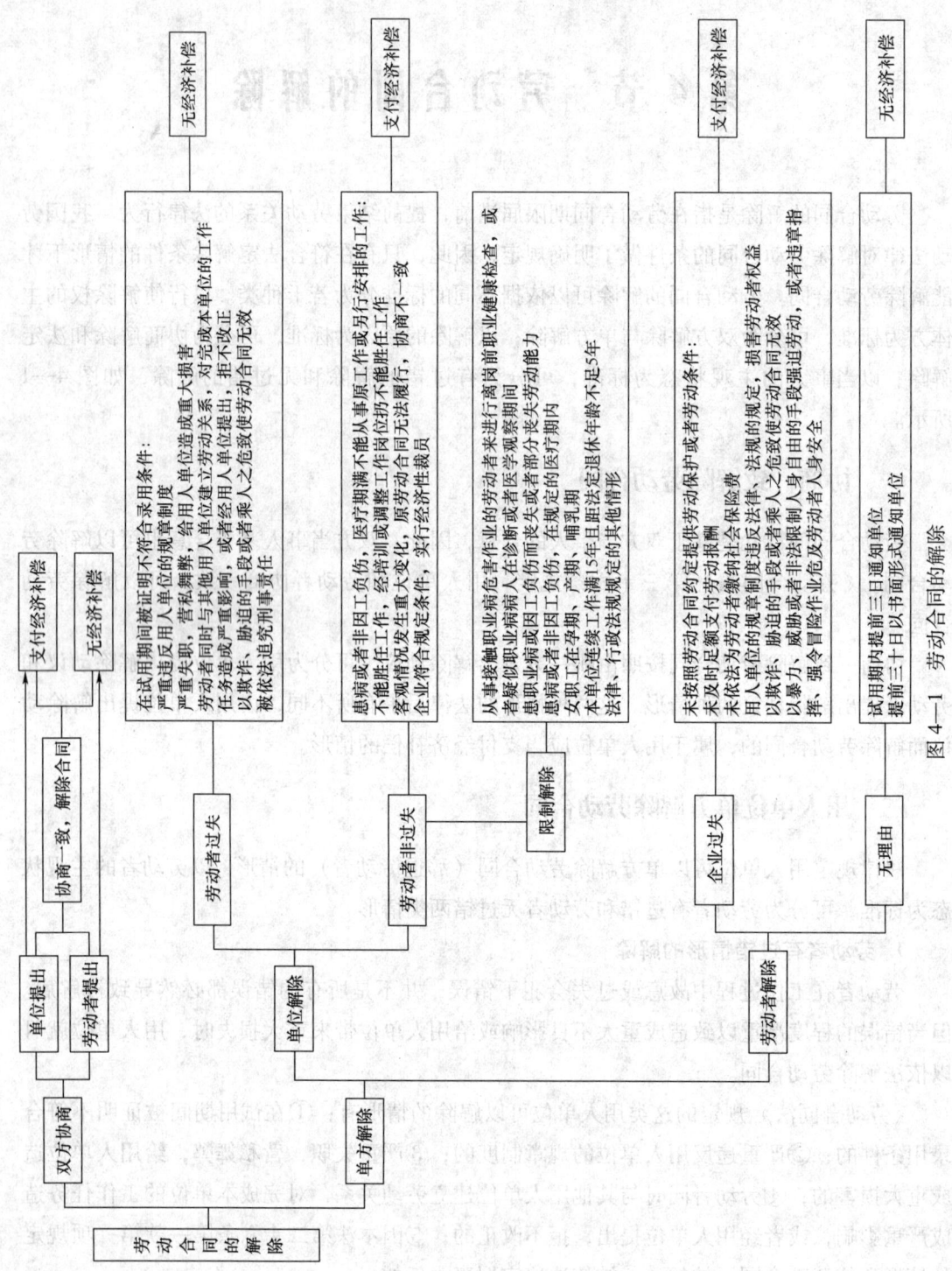

图4—1 劳动合同的解除

其中最常见的是劳动者严重违反用人单位的规章制度这一条。由于规章制度是由用人单位单方面制定的，尺度松紧各不相同，为了防止单位滥用这一权利，《劳动合同法》规定了用人单位制定劳动规章制度的相应民主程序，即应当经职工代表大会或者全体职工讨论，与工会或者职工代表平等协商确定。

2. 劳动者无过错情形的解除

劳动者虽无过错，但由于某种因素导致用人单位无法继续使用时，用人单位可以依法单方解除劳动合同。《劳动合同法》规定的这类可以解除合同的情形如下：①劳动者患病或者非因工负伤，医疗期满后，不能从事原工作也不能从事另行安排的工作；②劳动者不能胜任工作，经过培训或者调整工作岗位仍不能胜任工作；③劳动合同订立时所依据的客观情况发生重大变化，致使原合同无法履行，经当事人协商不能就变更合同达成协议。这些情形中都包含一些程序性规定，如劳动者医疗期满不能从事原工作或者不胜任工作的都要进行工作调整或培训；客观情况发生变化则要经过协商变更的过程。

用人单位按照上述情形解除劳动合同的，应当提前三十日以书面形式通知劳动者本人或者额外支付劳动者一个月工资以代替通知。

三、劳动者的单方解除劳动合同

法律规定劳动者可以单方解除劳动合同的情形，以用人单位的主观状态为标准，可分为用人单位无过错和用人单位有过错等两类情形。

1. 用人单位无过错情形的解除

劳动者因个人原因单方解除合同（俗称辞职）不需要任何理由。《劳动合同法》规定，劳动者提前三十日以书面形式通知用人单位，可以解除劳动合同。劳动者在试用期内提前三日通知用人单位，可以解除劳动合同。

提前通知应当是程序而非条件，促使劳动者合理流动，《劳动法》制定当初在解除合同问题上向劳动者倾斜，除此之外没有对劳动者解除合同作任何限制性规定。《劳动合同法》基本延续了这一规定。

2. 用人单位有过错情形的解除

在劳动合同履行过程中，因用人单位违反法律法规规定或劳动合同约定严重侵害劳动者权益，致使劳动者无法继续履行劳动合同而被迫辞职，这种情形在实践中也可称为"推定解雇"或"被辞职"。法律规定劳动者在遇到此类情形时可以当即解除劳动合同。

《劳动合同法》规定，劳动者可以解除劳动合同的情形有：①用人单位未按照劳动合同约定提供劳动保护或者劳动条件的；②未及时足额支付劳动报酬的；③未依法为劳动者缴纳社会保险费的；④用人单位的规章制度违反法律、法规的规定，损害劳动者权益的；

⑤因本法第二十六条第一款规定的情形致使劳动合同无效的；⑥法律、行政法规规定劳动者可以解除劳动合同的其他情形。

此外，《劳动合同法》规定，用人单位以暴力、威胁或者非法限制人身自由的手段强迫劳动者劳动的，或者用人单位违章指挥、强令冒险作业危及劳动者人身安全的，劳动者可以立即解除劳动合同，不需事先告知用人单位。

四、裁员

裁员是指企业由于生产经营困难等原因，同时大批量解除劳动者劳动合同的情形。在本质上，裁员与劳动合同解除并无区别。一次性解除大量劳动者的劳动合同，可能给就业市场稳定和社会和谐带来不利影响，因此，法律建立裁员制度对这种批量解雇行为进行规范，同时也给社会和政府部门一定的准备时间，采取应对措施。《劳动合同法》对裁员进行了详细的规定，相比《劳动法》而言，进行了较多调整，主要包括裁员的情形、条件、程序和优先留用的范围等内容。

1. 裁员的情形

可以裁员的情形有依照《企业破产法》规定进行重整的；生产经营发生严重困难的；企业转产、重大技术革新或者经营方式调整，经变更劳动合同后，仍需裁减人员的；其他因劳动合同订立时所依据的客观经济情况发生重大变化，致使劳动合同无法履行的。

2. 裁员的条件和程序

裁员的条件是需要裁减人员二十人以上或者裁减不足二十人但占企业职工总数10%以上的。

裁员的程序是用人单位提前三十日向工会或者全体职工说明情况，听取工会或者职工的意见，并将裁减人员方案报告给劳动行政部门后，才可以裁减人员。

3. 优先留用的范围

优先留用的范围有与本单位订立较长期限的固定期限劳动合同的；与本单位订立无固定期限劳动合同的；家庭无其他就业人员，有需要扶养的老人或者未成年人的。优先留用的规定类似于在裁员制度中新设了特殊的"解雇保护"，即这三类人员不能简单地纳入裁员的范围；在制定裁员方案时首先要将这部分人员排除在裁员范围之外。

4. 优先招用

裁员的初衷是使经营困难的企业能够通过消除冗员等方式降低用工成本，从而帮助企业扭转经营局面，重新恢复正常生产经营。因此，一旦企业恢复到正常经营状态后需要招用劳动者时，应当给予曾经作出牺牲的被裁减人员一定的回报，这也是企业社会责任意识的体现。《劳动合同法》作出了优先招用被裁减人员的规定，企业依照规定裁减人员后，

劳动合同制度

在六个月内重新招用人员的,应当通知被裁减的人员,并在同等条件下优先招用被裁减的人员。

五、不得解除

法律除规定可以解除劳动合同的条件之外,还规定在某些情形下,即使符合解除条件也不得解除劳动合同。这种情况一般称作"解雇保护"。如果劳动者有《劳动合同法》第四十二条规定情形的,用人单位不得依据劳动者无过错解除情形和裁员情形解除劳动合同,但可以依据劳动者有过错解除情形解除劳动合同。《劳动合同法》规定的解雇保护情形如下:

1. 从事接触职业病危害作业的劳动者未进行离岗前职业健康检查,或者疑似职业病病人在诊断或者医学观察期间的;
2. 在本单位患职业病或者因工负伤并被确认丧失或者部分丧失劳动能力的;
3. 患病或者非因工负伤,在规定的医疗期内的;
4. 女职工在孕期、产期、哺乳期的;
5. 在本单位连续工作满十五年,且距法定退休年龄不足五年的;
6. 法律、行政法规规定的其他情形。

第5节 劳动合同的终止

根据《劳动合同法》的规定,劳动合同终止是劳动合同因期满或者一方主体资格消灭而丧失效力,从而结束劳动关系,如图4—2所示。劳动合同的终止基于法律事实的发生。比如,劳动合同终止的法定条件中劳动合同期满之日、劳动者到达法定退休年龄、用人单位主体资格消灭等情形一旦发生,劳动合同自然终止,不以当事人的意志为转移,当事人也无须作任何的意思表示。

一、劳动合同期满

劳动合同期满是劳动合同终止的法定事由之一。对于有固定期限的劳动合同和以完成一定的工作为期限的劳动合同,其劳动合同起始和终止的时间(也即双方保持劳动关系的时间)是双方事先约定的;一旦约定的期限届满,就意味着劳动合同约定的权利义务内容已经履行完毕,双方基于书面劳动合同而建立的劳动关系所产生的权利义务内容也不复存

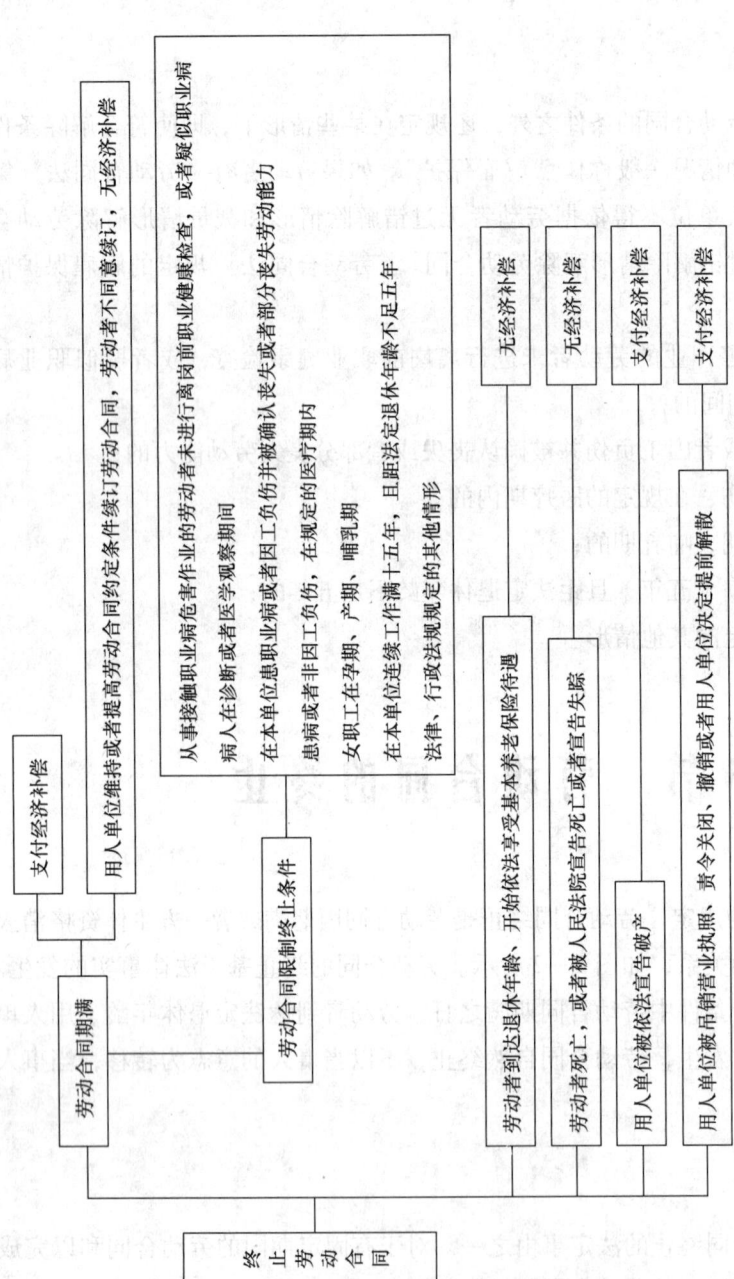

图4—2 劳动合同终止

在。如果双方愿意继续"合作",则必须续签劳动合同。只要一方没有再"合作"的意向,劳动合同就即行终止了。因此劳动合同终止不需要附加任何理由。

《劳动合同法》规定,劳动合同期限届满,劳动合同终止。该规定中"劳动合同终止"应当理解为"劳动关系终止",而不应理解为"书面劳动合同终止"。因此书面劳动合同期限届满当事人不续订书面劳动合同的,劳动关系终止;书面劳动合同期限届满当事人续订书面劳动合同的,劳动关系并不终止而是延续。

对于劳动合同期满终止,法律还有例外规定,对用人单位适用期满终止的情形进行限制。例如,《劳动合同法》第十四条规定,用人单位和劳动者连续订立二次固定期限劳动合同且劳动者没有《劳动合同法》第三十九条和第四十条第一项、第二项规定的情形,用人单位和劳动者同意续订劳动合同的;劳动者提出或者同意续订、订立劳动合同的,除劳动者提出订立固定期限劳动合同外,双方应当订立无固定期限劳动合同。在此种情形下,赋予劳动者单方强制缔约权,排除了用人单位适用期满终止劳动合同的权利。

二、劳动者主体资格消灭

《劳动合同法》规定,劳动者出现下列情形的,劳动合同终止:劳动者开始依法享受基本养老保险待遇的;劳动者死亡,或者被人民法院宣告死亡或者宣告失踪的。《劳动合同法实施条例》规定,劳动者达到法定退休年龄的,劳动合同终止。

劳动者开始依法享受基本养老保险待遇的,其基本生活来源已从用人单位获得工资报酬转变为经通过养老保险制度得到保障,不再符合劳动关系中劳动者从事职业有偿劳动的构成要件,因此,劳动关系不复存在,合同自然终止。但在现实中存在劳动者达到法定退休年龄却依然在用人单位继续工作的情形,因此,《劳动合同法实施条例》规定,只要劳动者达到法定退休年龄,劳动合同即终止,至于用人单位和劳动者继续维持的工作关系,则应当被视为民事劳务关系。

劳动者死亡后,其作为民事主体的资格自然消亡,其劳动合同的主体资格也随之消灭,因此,劳动合同自然终止。

劳动者被宣告失踪或者宣告死亡同样导致其劳动合同的主体资格消灭。根据《民事诉讼法》等相关规定,公民下落不明满二年,利害关系人可向人民法院申请宣告其失踪。公民下落不明满四年,利害关系人可向人民法院申请宣告其死亡。人民法院受理宣告失踪、宣告死亡案件后,经法定的公告等程序后,依法作出宣告失踪、宣告死亡的判决。劳动者被依法宣告失踪或死亡的,其作为民事主体和劳动关系主体已消灭,因此,劳动合同也自然终止。

三、用人单位主体资格消灭

《劳动合同法》规定，用人单位出现下列情形的，劳动合同终止：用人单位被依法宣告破产的，用人单位被吊销营业执照、责令关闭、撤销或者用人单位决定提前解散的。

被依法宣告破产，是指企业不能清偿债务或资不抵债，根据《企业破产法》的规定程序，经由人民法院审理后依法宣告破产的情形。

被吊销营业执照，是指行政机关针对企业的违法行为，根据《行政处罚法》的规定，剥夺违法企业已经取得的营业执照从而使其丧失生产经营资格的行政处罚行为。

责令关闭，是指行政机关对违法企业（主要是违反环境保护法，严重污染环境的企业）作出停止生产经营活动的行政处罚行为。

撤销，是指政府或企业行政主管部门或政府授权的审批部门认为企业继续经营已无必要，在行政决定的效力范围内，迫使企业终止经营活动的行政行为。还有一类撤销是公司登记机关依据公司登记管理相关规定，取消有违法行为或瑕疵的公司登记的具体行政处分行为。

解散，是指根据《公司法》的规定，因公司章程规定的营业期限届满或者章程规定的其他解散事由出现，股东会或者股东大会决议，公司合并或者分立，依法被吊销营业执照、责令关闭或者被撤销等原因而结束经营。

用人单位被宣告破产、被吊销营业执照、责令关闭、撤销或者用人单位决定提前解散的，其从事生产经营的主体资格不复存在，必须停止一切经营活动，用人单位作为劳动合同主体的资格随之消灭，其与劳动者的劳动合同自然终止。

四、终止的延续

法律除规定可以终止劳动合同的条件之外，还规定在某些情形下，即使劳动合同期限届满，如果劳动者有《劳动合同法》第四十二条规定之一情形的，劳动合同不得即时终止，而应当延续期限。延续至阻碍终止的情形消失。这种制度也可以归为"解雇保护"。当然，劳动合同除了到期以外，依其他法定情形终止的，并不受此保护，即使劳动者有《劳动合同法》第四十二条规定之一情形的，劳动合同依然终止。

五、劳动合同终止和解除的区别

在劳动合同制度中，虽然劳动合同解除和劳动合同终止都是劳动关系的结束，但两种情形是有区别的，主要体现在以下三个方面：

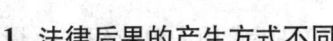

1. 法律后果的产生方式不同

劳动合同解除基于法律行为的发生。符合劳动合同解除法定条件的情形发生后，并不必然导致劳动合同解除，必须由一方或者双方当事人作出解除劳动合同的行为才能结束劳动关系。比如，劳动者严重违反用人单位规章制度的事实发生后，用人单位可以解除劳动合同，但也可以不解除，双方继续保持劳动关系。

劳动合同终止基于法律事实的发生，一旦法律规定的可导致劳动合同终止的情形发生，劳动合同即自然终止，非依据当事人的行为。比如固定期限的劳动合同履行期限届满，即行终止。而双方当事人若要继续维持劳动关系，则应当作出意思表示且达成一致。

2. 法定程序的要求不同

劳动合同解除的法定程序要求比较复杂。一般都要求当事人履行通知义务，甚至要求履行书面通知义务。例如，用人单位依据无过错解除情形单方解除劳动合同的，应当提前三十日以书面形式通知对方。用人单位单方解除劳动合同的，还应当事先将理由通知工会，听取工会的意见和建议。用人单位需要裁员时，应当提前三十日向工会或者全体职工说明情况，听取意见，并将裁减人员方案报劳动行政部门。

劳动合同终止的法定程序要求简单，不需要当事人履行通知义务，也不需要报告相关部门。

3. 不得解除和不得终止的要求不同

在用人单位依据劳动者无过错解除条款解除劳动合同或裁员时，如果劳动者属于《劳动合同法》第四十二条规定情形的，劳动合同不得解除。劳动合同期满终止时，如果劳动者属于《劳动合同法》第四十二条规定情形的，劳动合同应当续延至相应的情形消失时终止。

第6节 劳动合同解除或终止的其他有关规定

法律对劳动合同解除或者终止，除对实体条件作出规定以外，还对双方应当履行的相关义务作出规定，包括劳动合同解除或终止后双方应当履行义务的相关规定。

一、接受工会监督的规定

《劳动合同法》规定，用人单位单方解除劳动合同，应当事先将理由通知工会。用人单位违反法律、行政法规规定或者劳动合同约定的，工会有权要求用人单位纠正。用人单位应当研究工会的意见，并将处理结果书面通知工会。

法律作出此规定，意在通过工会组织的监督，减少和防止用人单位滥用解雇权，违反法律、法规规定解除劳动合同，侵犯劳动者的合法权益。法律对用人单位作出义务性的规定，即用人单位单方面解除劳动合同应当主动通知工会，工会如果提出意见的，用人单位应当加以研究并将处理结果书面通知工会。

但是，用人单位解除劳动合同事先通知工会，并不是需要得到工会同意或者批准。通知工会并不是对用人单位的解除行为作出的合法性背书。解除劳动合同的合法性仍需要劳动仲裁机构和法院在劳动争议处理程序中依法确认。此外，一般理解这里的工会仅指企业内部的工会组织，而不包括区县总工会、市总工会或者全国总工会。因此，已经建立工会的用人单位单方解除劳动合同的，需要通知工会；对尚未建立工会的用人单位并无明确要求。

《在最高人民法院关于审理劳动争议案件适用法律若干问题的解释（4）》规定，建立了工会组织的用人单位解除劳动合同符合《劳动合同法》第三十九条、第四十条的规定，但未按照《劳动合同法》第四十三条的规定事先通知工会，劳动者以用人单位违法解除劳动合同为由请求用人单位支付赔偿金的，人民法院应予支持，但起诉前用人单位已经补正有关程序的除外。这是因为考虑到管理型规定与实体性违法在主观恶意、实际后果等方面的区别，以及此种违法行为的可纠正性，应当结合实际情况灵活适用。至少给予用人单位及时补正的机会，以达到既维护法律实施的严肃性，又符合用人单位经营管理实际情况的目的。

二、出具证明办理手续的规定

《劳动合同法》规定，用人单位应当在解除或者终止劳动合同时出具解除或者终止劳动合同的证明，并在十五日内为劳动者办理档案和社会保险关系转移手续。

法律规定用人单位出具解除或者终止劳动合同的证明，是为了便于劳动者被解除劳动合同后办理求职登记、失业登记。如果用人单位未在法定期限内出具解除或者终止劳动合同证明的，劳动行政部门可责令整改；给劳动者造成损失的，用人单位应当承担赔偿责任。关于赔偿损失的具体标准，根据上海的有关规定，劳动合同已经解除或者终止，用人单位未依法出具解除或者终止劳动合同的有效证明或未及时办理退工手续，影响劳动者办理失业登记手续造成损失的，用人单位应当按照失业保险金有关规定予以赔偿；给劳动者造成其他实际损失的，用人单位应当按照劳动者的请求，赔偿其他实际损失，但不再承担法定失业保险金的赔偿责任。

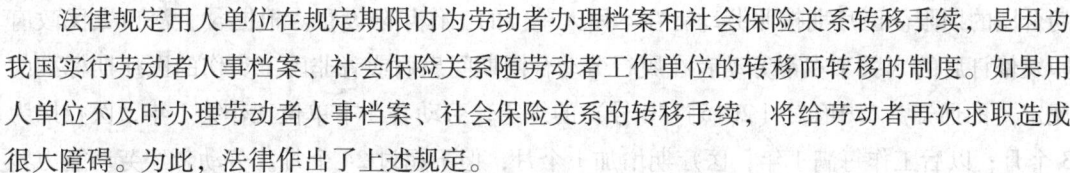

法律规定用人单位在规定期限内为劳动者办理档案和社会保险关系转移手续，是因为我国实行劳动者人事档案、社会保险关系随劳动者工作单位的转移而转移的制度。如果用人单位不及时办理劳动者人事档案、社会保险关系的转移手续，将给劳动者再次求职造成很大障碍。为此，法律作出了上述规定。

三、保存合同文本的规定

《劳动合同法》规定，用人单位对已经解除或者终止的劳动合同的文本，至少保存两年备查。

法律作出这条规定，是因为书面劳动合同是证明劳动关系存在以及双方权利义务的重要证据。考虑到劳动合同解除或终止后，仍可能发生针对劳动合同履行期间相关权利义务的劳动争议或纠纷，一旦这类争议或纠纷发生，劳动争议处理机构或劳动行政部门在处理争议或纠纷时，仍然需要依据原来签订的书面劳动合同查明事实，正确解决争议或纠纷。

四、办理工作交接的规定

《劳动合同法》规定，劳动合同解除或终止后，劳动者应当按照双方约定，办理工作交接。

办理好工作交接，是法律对劳动者劳动合同解除或终止后唯一的义务规定。本来，劳动合同解除或终止后，劳动者办理工作交接是常理，是一个劳动者应当遵循的基本诚实信用原则。对用人单位来讲，劳动者是流动的，但工作是延续的，有些特殊行业、特定企业、特定岗位，如果交接不顺，会极大地影响企业的正常生产经营。但是实践中劳动者因种种原因不告而别或者不办理工作交接的情形时有发生，这也是用人单位提请劳动争议仲裁的主要原因之一。法律对此作出专门规定，就是为了规制这种违反基本职业道德的行为。

同时，为促使劳动者依法履行工作交接的义务，《劳动合同法》规定，用人单位依法应当向劳动者支付经济补偿的，在办结工作交接时支付。《上海市企业工资支付办法》规定，用人单位与劳动者终止或依法解除劳动合同的，用人单位应当在与劳动者办妥手续时，一次性付清劳动者的工资。其中的"办妥手续"即包括办妥工作交接手续。因此，如果劳动者不办妥工作交接手续，用人单位可以暂不支付经济补偿及暂停结算工资等相关离职费用。

五、医疗期的规定

医疗期是指劳动者患病或者非因工负伤停止工作治病休息，用人单位不得因此解除劳动合同的期限。医疗期按照劳动者在本用人单位的工作年限设置。根据《上海市人民政府印发修订后的〈关于本市劳动者在履行劳动合同期间患病或者非因工负伤的医疗期标准的规定〉的通知》(沪府发〔2015〕40号)的规定,劳动者在本单位工作第1年,医疗期为3个月;以后工作每满1年,医疗期增加1个月,但不超过24个月。劳动者经劳动能力鉴定委员会鉴定为完全丧失劳动能力但不符合退休、退职条件的,应当延长医疗期。延长的医疗期由用人单位与劳动者具体约定,但约定延长的医疗期与前条规定的医疗期合计不得低于24个月。用人单位集体合同、劳动合同、内部规章制度中关于医疗期的约定长于上述规定的,从其约定。

六、工伤职工的特别规定

《劳动合同法》规定,丧失或者部分丧失劳动能力劳动者的劳动合同的终止,按照国家有关工伤保险的规定执行。《工伤保险条例》对工伤职工的解雇保护作出特别规定。职工因工致残被鉴定为一级至四级伤残的,保留劳动关系,退出工作岗位,享受工伤保险待遇;职工因工致残被鉴定为五级、六级伤残的,经工伤职工本人提出,该职工可以与用人单位解除或者终止劳动关系;职工因工致残被鉴定为七级至十级伤残的,劳动合同期满终止,或者职工本人提出可解除劳动合同。

劳动者患职业病或者因工负伤,被确认为完全丧失劳动能力或大部分丧失劳动能力,用人单位依法解除或者终止劳动合同的,由工伤保险基金支付一次性工伤医疗补助金,由用人单位支付一次性伤残就业补助金。这里所谓的"确认"专指经依法设立的劳动能力鉴定委员会鉴定后作出的结论,"完全丧劳"和"大部分丧劳"依据国家规定的劳动能力伤残等级确定。

七、经济补偿金的规定

经济补偿金是指在劳动法律规定的范围之内,解除或终止劳动合同的情形发生,用人单位依照法律规定给予劳动者的经济性帮助。《劳动合同法》对支付经济补偿金的情形、支付标准等都作出明确的规定。

1. 经济补偿金的支付情形

(1)解除劳动合同时的经济补偿金。根据《劳动合同法》的规定,解除劳动合同时,用人单位应当支付经济补偿金的情形如下:①因用人单位违反法律规定、劳动合同约定(即用人单位有过错),劳动者解除劳动合同的;②用人单位一方提出与劳动者协商解除劳动合同,并达成一致解除的;③用人单位在劳动者无过错的情况下(如劳动者患病后不能从事原工作、不胜任工作、客观情况发生重大变化)解除劳动合同的;④用人单位根据裁员的规定解除劳动者的劳动合同的。

（2）终止劳动合同时的经济补偿金。根据《劳动合同法》《劳动合同法实施条例》的规定，劳动合同终止时，用人单位应当支付经济补偿金的情形有：①固定期限劳动合同期限届满，用人单位不愿意续订劳动合同的。关于劳动者不愿意续订时，用人单位是否应当支付经济补偿金，法律规定取决于用人单位提出续订时，给出的下一期合同的条件相对于到期合同是否维持或提高，维持或者提高的，劳动者不同意续订导致合同终止，用人单位不需支付经济补偿金；如果是降低的，劳动者不同意续订导致合同终止，用人单位仍须支付经济补偿金；②因用人单位被依法宣告破产的被吊销营业执照、责令关闭、撤销或者提前解散而导致劳动合同终止的；③以完成一定工作任务为期限的劳动合同因任务完成而终止的；④法律、行政法规规定的其他情形。

（3）其他情形下的经济补偿金。根据《劳动合同法实施条例》的规定，劳动者不与用人单位订立书面劳动合同的，用人单位应当书面通知劳动者终止劳动关系，并依照《劳动合同法》的有关经济补偿的规定支付经济补偿金。

2. 经济补偿金的支付标准

对一般情形下的经济补偿金的支付标准，《劳动合同法》规定，经济补偿按劳动者在本单位工作的年限，以每满一年支付一个月工资的标准向劳动者支付。六个月以上不满一年的，按一年计算；不满六个月的，向劳动者支付半个月工资的经济补偿。所称月工资是指劳动者在劳动合同解除或者终止前十二个月的平均工资。

此外，《劳动合同法》针对高薪的劳动者作出特别规定，劳动者月工资高于用人单位所在地人民政府公布的本地区上年度职工月平均工资三倍的，向其支付经济补偿的标准按该地区上年度职工月平均工资三倍的数额支付，向其支付经济补偿的年限最高不超过十二年。

关于月工资收入的确定，《劳动合同法实施条例》规定，月工资按照劳动者应得工资计算，包括计时工资或者计件工资以及奖金、津贴和补贴等货币性收入。劳动者在劳动合同解除或者终止前12个月的平均工资低于当地最低工资标准的，按照当地最低工资标准计算。劳动者工作不满12个月的，按照实际工作的月数计算平均工资。

3. 经济补偿的分段计算

《劳动合同法》规定，该法施行之日（2008年1月1日）存续的劳动合同在该法施行后解除或者终止，依照该法第四十六条规定应当支付经济补偿的，经济补偿年限自该法施行之日起计算；该法施行前按照当时有关规定，用人单位应当向劳动者支付经济补偿的，按照当时有关规定执行。

该规定明确经济补偿的"分段计算"原则。2008年1月1日前，涉及经济补偿的规定主要有《上海市劳动合同条例》和原劳动部《违反和解除劳动合同的经济补偿办法》

（劳部发〔1994〕481号）。为便于操作，上海市结合争议处理的实际，从以下四个方面对经济补偿的分段计算作出操作性规定：

一是明确"一个基数"的原则。对于《劳动合同法》与2008年1月1日之前施行的相关法律法规（简称"以前规定"）均规定应当支付经济补偿金的情况，且劳动者的月平均工资低于上年度本市职工月平均工资三倍的，经济补偿金的计算基数按劳动者劳动合同解除或终止前十二个月的月平均工资确定。

二是关于"工作年限封顶"的计算原则。《劳动合同法》规定应当支付经济补偿金的情形，且不属于以前规定中"经济补偿金总额不超过劳动者十二个月的工资收入"情形的，经济补偿年限自用工之日起计算。《劳动合同法》规定应当支付经济补偿金的情形，但属于以前规定中"经济补偿金总额不超过劳动者十二个月的工资收入"情形的，劳动者在《劳动合同法》施行前的经济补偿年限按照以前规定计算；劳动者在《劳动合同法》施行后的工作年限在计算经济补偿年限时并入计算。

三是明确"工资三倍封顶"的施行时间。符合《劳动合同法》规定三倍封顶的情形，实施封顶计算经济补偿年限自《劳动合同法》施行之日起计算，《劳动合同法》施行之前的工作年限仍按以前规定的标准计算经济补偿金。

四是明确违法解除赔偿金的计算办法。根据《劳动合同法实施条例》第二十五条的规定，用人单位违反《劳动合同法》的规定解除或终止劳动合同，依法支付劳动者赔偿金的计算年限自用工之日起计算。如劳动者在劳动合同被违法解除或终止前十二个月的月平均工资高于上年度本市职工月平均工资三倍的，根据《劳动合同法》第八十七条的规定，应当按照第四十七条第二款规定的经济补偿标准计算（即向其支付经济补偿的年限最高不超过二十四年）。

八、违法解除或终止劳动合同的规定

劳动合同当事人必须按照法律规定来解除或终止劳动合同，但现实中不可避免地会存在违反法律规定的情况；按照违法过错方的不同，违法解除或终止劳动合同可分为用人单位违法解除或终止劳动合同、劳动者违法解除或终止劳动合同两种情形。法律对这两种违法情形分别规定了不同的处理规则。

对于用人单位违法解除或终止劳动合同，法律规定劳动者要求继续履行劳动合同的，用人单位应当继续履行；劳动者不要求继续履行劳动合同或者劳动合同已经不能继续履行的，用人单位应当依照《劳动合同法》规定的经济补偿标准的二倍向劳动者支付赔偿金。

对于劳动者违法解除劳动合同的，法律规定如果给用人单位造成损失的，劳动者应当承担赔偿责任。

案例学习

【案例1】 企业搬迁中劳动合同的处理

背景资料：

某企业因环境整治需要从市中心区域搬迁至远郊，企业认为搬迁后随着技术条件的提高，不再需要原来所有的职工。企业与需要的职工就搬迁后上下班交通以及提供班车等问题进行了协商，一些员工仍然不愿去远郊上班，企业作解除劳动合同处理。对于不需要的富余职工，企业未经协商，直接以签订劳动合同时的客观情况发生重大变化而解除劳动合同。

试题要求：

1. 企业对第一类职工作出解除劳动合同的处理是否合法，为什么？
2. 企业对第二类职工作出解除劳动合同的处理是否合法，为什么？

【案例2】 单位要求劳动者赔偿损失

背景资料：

蔡小姐是某单位的财务人员，因经济运营需要港币，单位要求蔡小姐将15万元人民币兑换成港币。蔡小姐与另外两位同事一起持15万元现金支票到银行取完款，然后至公司附近某银行外与"黄牛"进行私下交易。"黄牛"在验看人民币真伪后，让蔡小姐等人在原地等候他回去取港币，却不料一去不见踪影。蔡小姐等人回到单位后，却诧异地发现手里的人民币除两张百元面额的人民币外，其余均为冥币。蔡小姐立即报案，但案件却没有侦破。单位认为蔡小姐办事严重失职，给单位造成了巨大损失，要求蔡小姐全额赔偿损失，并从蔡小姐的工资中按月扣除。蔡小姐不服，认为自己没有过错，单位不能要求她赔偿损失，于是申请劳动争议仲裁。

试题要求：

1. 单位能否要求蔡小姐赔偿15万元的损失？
2. 请具体说明理由。

【案例3】 单位调整怀孕女职工的岗位

背景资料：

2007年12月，赵小姐被一家公司聘为市场总监，双方订立一年期的劳动合同，终止日是2008年12月31日，约定月工资为2万元。2008年3月，赵小姐得知自己已怀孕，向单位告知这一情况。但时隔半个月，公司突然说，赵小姐所在部门被撤销。次日，公司要求赵小姐到市场经理助理岗位上班，同时工资降到原来的一半，赵小姐当场拒绝。第二天，公司发给赵小姐一份待岗通知，理由是因市场部被撤销没有其他岗位安排，而赵小姐又怀孕，合同顺延到哺乳期结束；之后公司不再提供工作岗位给她，工资降到每月 1 000 元。赵小姐感到很委屈，她认为公司是因为自己怀孕才被降职降级的，于是提出劳动仲裁。

试题要求：
1. 请分析公司的做法是否合法。
2. 请具体说明理由。

【案例 4】 单位要求离职劳动者赔偿损失

背景资料：

小王于 2005 年 3 月到某公司工作，双方签订为期 1 年的劳动合同。2005 年 11 月 30 日，公司口头通知小王不用来上班了；此日，小王按时到公司，但公司再次口头通知他不用来上班了。小王无奈，只得离开公司。此后，公司一直没有通知小王办理离职手续，也没有通知小王上岗。2005 年 12 月，小王就工资、加班费等问题申请劳动仲裁，后达成调解协议。2006 年 1 月，公司以"双方虽达成调解协议，但劳动合同尚未到期，小王应继续履行"为由，申请劳动仲裁，要求小王赔偿因其擅自离职而给公司造成的损失。

试题要求：
1. 公司的请求能否被支持？
2. 请具体说明理由。

【案例 5】 延迟办理退工手续的问题

背景资料：

王先生原是部队的飞行员，转业后到某航空公司工作，后因工作出色，担任机长。航空公司与王先生签订了无固定期限的劳动合同。近期，王先生因个人原因决定跳槽。王先生按照法律规定提前一个月向航空公司提交书面辞职报告。接到辞职报告后，航空公司停止了王先生的工作，随后按月支付基本工资。王先生多次要求公司办理退工手续，但公司认为王先生应当按照规定支付赔偿金。于是，王先生提出劳动仲裁，要求航空公司办理退工手续。

试题要求：
1. 王先生的请求能否得到支持？
2. 请说明理由。

第 5 章

集体合同制度

第 1 节　集体合同制度概述　　/92
第 2 节　集体协商　　　　　　/96
第 3 节　集体合同　　　　　　/102
第 4 节　集体合同争议的处理　/105

学习目标

➢ 了解集体合同制度是调整集体劳动关系的重要制度,集体合同制度是企业职工一方与企业就劳动关系有关事项进行协商并签订书面协议的制度。

➢ 熟悉把集体合同制度分为三部分:集体协商(或者称集体谈判)集体合同、集体合同争议处理。

➢ 掌握集体协商程序的规定、集体合同订立和生效的规定、集体合同争议处理的规定。

第 1 节　集体合同制度概述

西方工业革命以后,工人运动风起云涌,劳资关系日趋紧张,在这种背景下,集体合同制度逐渐产生并不断发展。美国是最早发生集体协商谈判的国家。1799 年,美国费城的制鞋工人就与雇主进行过谈判。18 世纪末,英国产生了由雇佣劳动者团体与工厂雇主签订的集体协议。1850 年,英国的纺织、矿山、炼铁业的工会团体与企业主之间开始达成一些协议,这种协议是工人代表与雇主通过谈判达成的一种普通的协议,可以视之为集体协商、集体合同的萌芽。以后,欧洲其他国家相继出现了集体合同。19 世纪末,一些国家开始产生了全国性的集体合同。

随着工人运动的深入发展,罢工活动此起彼伏,为了缓和劳资矛盾,西方国家开始采取立法的形式对集体合同加以确认和保护,承认集体合同的法律效力。集体合同的内容最初规定工作时间、工资标准、劳动保护,之后还包括录用、调动和辞退工人的程序、技术培训、休假期限、辞退补助金、养老金、抚恤金的支付标准和办法、劳资争议处理程序和办法,以及工人参加企业的管理等。

20 世纪初期,资本主义各国开始进行集体合同立法。1904 年,新西兰制定了有关集体合同的法律,是世界上集体合同立法最早的国家。奥地利和荷兰也在 1907 年先后制定了有关集体合同的法律。目前,发达资本主义国家在制定和修改劳动法时,大都对集体合同作专门规定,集体协商和集体合同制度成为规范和调整资本主义劳资关系的基本法律制度。

一、集体合同制度相关的国际公约

集体合同制度是在劳动关系协调领域普遍推行的一种劳资协商的法律制度，得到国际劳工组织的极大关注。1949 年，国际劳工组织通过了第 98 号公约，即《组织权利和集体谈判权利原则的实施公约》，主要规定工人享有充分的保护，以防止在就业方面发生任何排斥工会的歧视行为。工人组织和雇主组织均应享有充分的保护。1951 年，国际劳工组织制定了第 91 号建议书，即《集体合同建议书》，主要规定了集体合同的定义和效力，确定了集体谈判和集体合同的内容是工作条件和就业条件，并规定在劳动合同中不得有任何违背集体合同的条款，否则，个人劳动合同无效，并自动由集体合同中相应的条文取代，但对工人有利者除外。该建议书还对集体合同的执行、监督检查、时效以及集体合同解释权等都作出规定。同年制定的第 92 号建议书《自愿调解和仲裁建议书》，规范了劳动争议包括集体合同纠纷的调解与仲裁有关事项。1981 年，国际劳工组织制定了第 154 号公约，即《促进集体谈判公约》，明确规定了集体谈判和集体合同的适用范围及内容，将工作条件和就业条件扩大为协调雇主与工人之间关系的事项，还规定了促进集体谈判的措施。同年制定的第 163 号建议书《集体谈判建议书》，提议各国有代表性的雇主和工人组织应予以承认，以便进行集体谈判，并对谈判人员的任命、训练和应获得的必要的资料等也作出了具体规范。

国际劳工组织制定并公布的有关集体协商、谈判和集体合同的国际劳工公约与国际劳工建议书，对我国完善集体合同制度具有重要的借鉴意义。

二、我国集体合同制度的建立与发展

集体合同制度在新中国成立前就已建立。1930 年，国民政府颁布了《团体协约法》，其中就有关于集体合同的规定。

新中国成立后，党和政府非常重视并积极推行集体合同制度，制定了一系列规定。随着劳动法律制度的建立，国家开始在私营企业和国有企业中推行集体合同制度。1949 年 9 月通过的《共同纲领》中明确规定，私人经营的企业，为实现劳资两利的原则，应有工会代表工人职员与资方订立集体合同。1950 年 6 月通过的《工会法》中规定："在国营及合作社经营的企业中，工会有代表受雇工人、职员群众参与生产管理及与行政方面缔结群众与资方进行交涉、谈判，参与劳资协商会议并与资方缔结集体合同之权"；"在私营企业中，工会有代表受雇工人，职员群众与资方进行交涉、谈判，参与劳资协商会议并与资方缔结集体合同之权"。国家有关部门还发布了《关于在国营工厂签订集体合同的指示》，规定企业行政或资方在雇佣和解雇工人时，如违反集体合同的规定，工会基层委员会有抗议权；如果企业行政或资方不同意工会基层委员会的抗议而发生争议时，按劳动争议处理程序处理。在这些法律、法规和文件的指导下，集体合同在全国范围内的国营和私营企业中得到广泛的推广和运用。20世纪50年代后期开始，由于工业社会主义改造、全民所有制计划经济逐渐成为主要的政治经济体制，更强调国家、企业、工人阶级的利益一致性，集体合同制度逐渐淡出。

党的十一届三中全会以来，随着经济制度改革的深入和法制建设的加强，集体合同制度得以恢复和发展。1979年4月，中华全国总工会提出在全民所有制企业恢复签订集体合同制度。1986年10月，中国工会第十次全国代表大会通过的《中国工会章程》规定，工会基层委员会有权代表本单位职工同行政签订集体合同或专项协议。另外，在一些非公有制经济组织中，集体合同制度也有了很大发展，上海等地的一些外商投资企业在合资初期就实行集体合同制度。1988年，国务院颁布的《中华人民共和国私营企业暂行条例》明确规定，私营企业工会有权代表职工与企业签订集体合同，依法保护职工的合法权益，支持企业的生产经营活动。

随着社会主义市场经济的确立和发展，企业用工制度的改革，劳动合同用工制度的确立，集体协商作为调整劳动关系的重要制度再次被确立。1995年施行的《劳动法》对集体合同的内容，形式和订立程序等作出了明确规定。2008年施行的《劳动合同法》规定："企业职工一方与用人单位通过平等协商，可以就劳动报酬、工作时间、休息休假、劳动安全卫生、保险福利等事项订立集体合同。"这些法律使我国的集体合同制度逐步确立并不断完善，成为我国调整劳动关系的基本制度。

2008年1月1日，《上海市集体合同条例》施行，对上海市进一步推进集体合同工作、构建和发展和谐的劳动关系发挥了积极作用。2015年6月18日，上海市人大常委会对《上海市集体合同条例》进行了修订，完善了集体合同制度的相关规定。

三、集体合同的主要特征

1. 主体的特定性

一般来说，集体合同的主体是特定的，并且其中劳动者一方是由多数人组成的群体。纵观世界各国对集体合同劳动者一方的主体规定，基本上是采用国际劳工组织第91号建议书中的规定，即凡是有工会组织的应当将工会组织作为代表，没有工会组织的，按照国家法律、法规的规定将经职工民主选举产生的协商代表作为代表。可见，集体合同的双方主体特定一方是劳动者的合法组织或劳动群体，另一方是雇主、用人单位或其组织。集体合同主体的特定性是最明显的特征之一，是区别于劳动合同的主要标志。

2. 地位的平等性

集体合同是在双方平等、自愿、协商一致的基础上签订的，充分体现双方地位的完全平等。在通常情况下，集体合同的双方主体之间通过劳动关系这根纽带维系着。在签订集体合同时，协商代表之间不论级别职务是否有差异，双方之间的地位是平等的。劳动关系中存在的管理与被管理、领导与被领导关系，在集体协商中不复存在。

3. 内容的合法性

签订集体合同是一种法律行为，双方在进行集体协商和签订集体合同时，受到国家法律、法规和政府规章的严格限制。集体合同的内容不得低于国家规定的标准，也不得违反法律、法规的有关规定。

4. 形式的规范性

集体合同形式的规范性主要体现在两个方面：一是签订集体合同必须符合法定的程序。根据《劳动法》的规定，集体合同草案应当提交职工代表大会或者全体职工讨论通过，集体合同草案经协商达成一致后不能立即签订，必须提交职工代表大会或者全体职工讨论通过。二是集体合同是要式合同。根据《劳动法》《劳动合同法》《集体合同规定》等的有关规定，我国集体合同必须采用书面形式，并且报劳动行政部门审查。

四、集体合同制度的主要作用

1. 集体合同制度是协调劳动关系的重要制度

发展社会主义市场经济，建立现代企业制度，需要形成与之相适应的和谐稳定的劳动关系。新时期以来，我国的劳动关系状况发生了很大变化，各种劳动关系矛盾较为突出，迫切需要一套与市场经济相适应的协调劳动关系的新制度，集体合同制度较好地满足了市场的这一需要。

2. 集体合同制度是维护职工合法权益的重要手段

局部领域内侵犯职工合法权益的问题时有发生，通过建立集体合同制度，运用法律赋予的集体协商和签订集体合同的权利和方法，可以把法定的各个单项劳动条件标准和劳动者的其他合法权益具体化，综合成为企业与全体劳动者之间协调劳动关系的具体规范，使广大职工的愿望得到充分表达，形成维护职工合法权益的有效手段。

3. 集体合同制度是建立现代企业制度的重要内容

现代企业制度包括现代企业的产权制度、经营制度、劳动关系和管理制度。1996年4月1日，全国总工会、国家经贸委、国家体改委联合下发的《关于国务院确定的百家现代企业制度试点中心工会工作和职工民主管理实施意见》规定："试点企业要积极创造条件逐步建立工会与本公司的平等协商和集体合同制度，以建立协调稳定的劳动关系，维护职工合法权益,规范劳动关系双方行为,增进双方合作,共谋企业发展。"现代企业制度的特点是以人为本,而集体合同制度在协调劳动关系、调动劳动者积极性等方面发挥着重要作用。

第2节 集体协商

集体协商是指企业职工一方与企业就劳动关系有关事项进行协商的活动,是集体合同制度的重要组成部分。

一、集体协商的原则

集体协商应当遵循合法、公正、平等、相互尊重、诚实守信、兼顾双方合法利益的原则。

1. 合法原则

合法原则就是进行集体协商和签订、履行集体合同的形式和内容必须符合法律、法规的规定。首先是形式要合法,如协商代表的产生、集体协商的程序都要符合法律、法规的规定,集体合同应当以书面形式订立。其次,集体协商和签订、履行集体合同的内容要合法。如集体合同约定的劳动条件、劳动报酬等标准不得低于国家规定的最低标准。

2. 公正原则

公正原则是指在符合法律法规规定的前提下,集体协商和签订、履行集体合同,当事人公正、合理地确定和履行双方的权利义务。有时合法的未必是公正、合理的。例如,一个经济效益一直很好的企业,盈利能力也很强,在进行集体协商和签订集体合同时,企业一方坚持将政府规定的最低工资标准作为集体合同约定的劳动报酬标准;或者一个经济效益不太好的企业,劳动者一方不顾企业的实际承受能力,过度要求提高劳动报酬标准,这些行为虽不违反法律的强制性规定,但并不公正、合理。公正原则是社会公德的体现,将公正原则作为集体协商和签订、履行集体合同的原则,可以防止双方当事人滥用协商优势侵害对方的利益,有利于平衡双方当事人的诉求,维护劳动关系的稳定。

3. 平等原则

集体协商和签订集体合同的双方具有平等的法律地位。在集体协商签订集体合同的过程中,无论是职工一方还是企业一方都不能强迫对方接受自己的要求或条件,更不能采取威胁、引诱等不正当手段。集体合同的签订,需要企业和劳动者双方协商一致,达成合

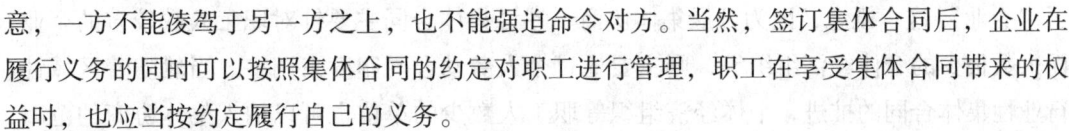

意,一方不能凌驾于另一方之上,也不能强迫命令对方。当然,签订集体合同后,企业在履行义务的同时可以按照集体合同的约定对职工进行管理,职工在享受集体合同带来的权益时,也应当按约定履行自己的义务。

4. 相互尊重原则

签订集体合同,本质上是企业与劳动者平等协商的活动。这就要求进行集体协商、签订和履行集体合同时,双方要相互尊重,一方要认真听取另一方的意见和要求,认真研究对方的意见和建议。在协商过程中防止任何的歧视行为,切忌采取过激行为。在出现分歧时,双方都要保持冷静,必要时可要求劳动行政部门进行协调处理。相互尊重原则作为一项基本要求,应该贯彻集体协商和签订、履行集体合同的始终。

5. 诚实守信原则

进行集体协商和签订、履行集体合同时,双方都应当诚实、讲信用,不得有欺诈行为。法规规定,协商代表应当保守在集体协商过程中知悉的企业的商业秘密;遵守集体协商双方约定的纪律,不散布协商过程中不宜外传的信息。诚实信用作为一项社会道德要求,是《劳动合同法》的一项基本原则,也是进行集体协商和签订、履行集体合同时的一项基本原则。

6. 兼顾双方合法利益原则

集体合同制度的目的是促进劳动关系的和谐稳定。双方通过集体协商在保护劳动者合法权益上达成共识,使之成为合作伙伴。因此,在集体协商签订集体合同过程中,双方应当求大同,存小异;签订的集体合同既有利于职工获得更多利益,又有利于企业的生产发展,达到劳资双方关系的平衡。如果过分扩大劳动者的权益,提高企业的经营成本,最终会影响企业的市场竞争力,劳动者的利益也会受到损害。如果劳动者合法权益得不到保护,对企业责任要求过少,也会影响劳动力的供应,企业的利益最终也会受到损害。

二、集体协商的主体

集体协商的主体分为职工方主体和企业方主体。

1. 职工方主体

《劳动法》和《劳动合同法》规定,企业职工一方与用人单位通过平等协商订立集体合同,集体合同草案应当提交职工代表大会或者全体职工讨论通过。因此,我国现行集体协商制度下的职工方主体是指企业内的全体职工。

2. 企业方主体

企业方主体是指用人单位,而不是指代表用人单位的某部分人。《劳动法》和《劳动合同法》在规定适用范围时采用了"用人单位"这一概念,而在涉及集体合同时,采用了"企业"这一概念,因为开展集体协商、签订集体合同主要针对职工人数较多的企业,而人数很少的个体经济组织等,则主要通过个人劳动合同制度来调整。当然随着区域性、行业性集体合同的推进,个体经济组织等职工人数少的单位也可以纳入集体协商的范畴,《上海市集体合同条例》第四十一条第二款规定:"个体经济组织、民办非企业单位等组织和与其建立劳动关系的本单位职工就劳动关系有关事项进行集体协商和签订、履行集体合同的,依照本条例执行。"

三、集体协商代表

集体协商代表是指按照法定程序产生并有权代表本方利益进行集体协商的人员。集体协商代表必须经过一定的程序产生,积极履行代表职责,并享有一定的履职保障。

1. 协商代表的产生

(1)职工方协商代表的产生。在建立工会的企业中,职工方协商代表由本企业工会通过一定的民主程序产生。一般有下列三种方式:由职工代表大会选举产生;尚未建立职工代表大会制度的企业,职工一方的协商代表可以由全体职工选举产生;协商代表候选人由职工民主讨论或者由班组推荐,然后由企业工会委员会集体讨论决定。

未建立工会的企业,地区工会负有帮助指导职工选举协商代表的责任。协商代表的产生采取民主选举的方法,得到本企业百分之五十以上职工的同意方能当选。

此外,法律还规定企业工会建立女职工委员会的,应当有女性协商代表参加协商。这主要是考虑到女职工在劳动保护等方面具有特殊性,在女职工人数较多的企业中,集体协商会涉及女职工权益保护的专项内容,因此,在职工一方协商代表中应当有女性协商代表。

(2)企业方协商代表的产生。企业方协商代表由其法定代表人指派。法定代表人,是依照法律或者法人组织章程规定,代表企业行使民事权利、履行民事义务的主要负责人。如工厂的厂长、企业的总经理、公司的董事长等。

2. 双方首席代表的产生

集体协商的每方协商代表不得少于三人,并设一名首席代表。首席代表从协商代表中产生,其主要任务是带领协商代表团队进行集体协商;主持协商会议;签署集体协商会议纪要及集体合同文本。

《上海市集体合同条例》规定,已经建立工会的企业,职工一方首席代表由工会主要负责人担任。尚未建立工会的企业,职工一方首席代表由协商代表民主推荐产生。按此规定,已经建立工会组织的企业,职工方协商首席代表由工会主席担任;如果工会主席空缺的,则由主持工会工作的主要负责人担任。尚未建立工会的企业,职工方协商首席代表应

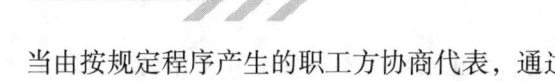

当由按规定程序产生的职工方协商代表,通过民主推荐产生。《上海市集体合同条例》规定,企业一方首席代表由企业法定代表人担任,也可以由企业法定代表人书面委托的人担任。

3. 聘请企业外人员担任协商代表的规则

《上海市集体合同条例》规定,集体协商双方根据实际需要可以聘请本企业以外的专业人员担任本方协商代表,但其人数不得超过本方协商代表人数的1/3。集体协商是一项专业性、技术性很强的工作,为了提高集体协商的质量,协商双方都可以聘请本企业以外的专业人员担任本方协商代表。被聘请的人员可以是上级工会的人员、律师、法律工作者、有关咨询机构人员、劳动人事专业人员、财会人员等。

4. 协商代表的主要职责和义务

(1) 协商代表的主要职责。协商代表的主要职责是参加集体协商,具体如下:

1) 搜集与集体协商有关的情况和资料。为使集体协商更符合本企业的实际,协商代表可以根据协商的需要了解与协商有关的公司情况和资料,并作相关的调查研究。

2) 职工方集体协商代表要主动积极地听取职工对集体协商的意见和建议。

3) 在集体协商中,协商代表可以发表意见、建议,可以对某项议题表示赞成、反对或者弃权。

4) 协商代表参加集体协商争议的处理,监督检查集体合同的履行。任何单位和个人不得阻碍协商代表履行其法定职责。

(2) 协商代表的主要义务。协商代表的主要义务如下:

1) 职工方集体协商代表要密切联系职工群众,及时、准确地反映员工的合理要求和愿望。

2) 应当了解和掌握工资分配的有关情况及相关的法律法规,接受对方人员对工资集体协商有关问题的咨询。

3) 严格遵守公司集体协商的有关规定和纪律,未经公司许可不得泄露公司的商业秘密。

4) 不得实施过激、威胁、收买、欺骗的行为。

5) 定期或者不定期地向职工代表大会报告协商情况和集体合同履行情况。

6) 对员工做好宣传解释工作,维护公司正常的生产工作秩序。

5. 协商代表的履职保障

协商代表参加集体协商视为提供了正常劳动。集体协商代表在工作时间内参加集体协商活动并非为了其个人利益,而是执行法律法规及企业自身的规定,作为调整整个企业劳动关系工作的一部分。因此集体协商代表在工作时间内参加集体协商活动应当视为提供正常劳动,占用工作时间视为正常出勤。

用人单位在职工一方协商代表履行职责期间，无正当理由不得变更其工作岗位。职工一方协商代表在其履行职责期间劳动合同期满的，劳动合同期限自动延长至完成履行协商代表职责之时。除非出现下列情形之一的，用人单位不得与其解除劳动合同：严重违反企业规章制度的；严重失职、营私舞弊，给企业造成重大损害的；被依法追究刑事责任的。

四、集体协商内容

集体协商双方可以就下列多项或某项内容进行协商：①劳动报酬；②工作时间；③休息休假；④劳动安全卫生；⑤补充保险和福利；⑥女职工和未成年人工特殊保护；⑦职业技能培训；⑧劳动合同管理；⑨奖惩；⑩裁员；⑪集体合同期限；⑫变更、解除集体合同的程序；⑬履行集体合同发生争议时的协商处理办法；⑭违反集体合同的责任；⑮双方认为应当协商的其他内容。

1. 劳动报酬方面的内容

劳动报酬方面的内容主要包括用人单位工资水平、工资分配制度、工资标准和工资分配形式，工资支付办法，加班、加点工资及津贴、补贴标准和奖金分配办法，工资调整办法，试用期及病、事假等期间的工资待遇，特殊情况下职工工资（生活费）支付办法，其他劳动报酬分配办法。

2. 工作时间和休假方面的内容

工作时间和休假方面的内容主要包括工时制度，加班加点办法，特殊工种的工作时间，劳动定额标准，日休息时间、周休息日安排、年休假办法，不能实行标准工时职工的休息休假，其他假期。

3. 劳动安全卫生方面的内容

劳动安全卫生方面的内容主要包括劳动安全卫生责任制、劳动条件和安全技术措施、安全操作规程、劳保用品发放标准、定期健康检查和职业健康体检。

4. 福利待遇方面的内容

福利待遇方面的内容主要包括补充保险的种类、范围，基本福利制度和福利设施，医疗期延长及其待遇，职工亲属福利制度。

5. 其他方面的内容

其他方面的内容主要包括女职工和未成年工的特殊保护，如女职工和未成年工禁忌从事的劳动、女职工的经期、孕期、产期和哺乳期的劳动保护、女职工、未成年工定期健康检查、未成年工的使用和登记制度；职业技能培训，如职业技能培训项目规划及年度计划、职业技能培训费用的提取和使用、保障和改善职业技能培训的措施；裁员，如裁员的方案、裁员的程序、裁员的实施办法和补偿标准等。

五、集体协商程序

1. 集体协商的准备工作

启动协商的一方要将参加集体协商代表的情况在正式协商之日前十五天内以书面形式告知对方。通知书中可以载明参加协商代表的总人数、姓名、首席代表名单。如果邀请本企业以外人员参加的应当注明。

协商代表在协商前应进行下列准备工作：熟悉与集体协商内容有关的法律、法规、规章和制度；了解与集体协商内容有关的情况和资料，收集用人单位和职工对协商意向所持的意见；拟定集体协商议题，集体协商议题可由提出协商一方起草，也可由双方指派代表共同起草；确定集体协商的时间、地点等事项；共同确定一名非协商代表担任集体协商记录员。记录员应保持中立、公正，并为集体协商双方保密。

2. 集体协商的启动

集体协商任何一方均可就签订集体合同相关事宜，以书面形式向对方提出进行集体协商的要求。一方提出进行集体协商要求的，另一方应当在收到集体协商要求之日起二十日内以书面形式给予回应，无正当理由不得拒绝进行集体协商。

3. 集体协商会议

集体协商会议由双方首席代表轮流主持，并按下列程序进行：宣布议程和会议纪律；一方首席代表提出协商的具体内容和要求，另一方首席代表就对方的要求作出回应；协商双方就商谈事项发表各自的意见，开展充分讨论；双方首席代表归纳意见。达成一致的，应当形成集体合同草案，由双方首席代表签字。

集体协商未达成一致意见或出现事先未预料到的问题时，经双方协商，可以中止协商。中止期限及下次协商时间、地点、内容由双方商定。

4. 集体协商期间劳资双方的义务

根据《上海市集体合同条例》的规定，集体协商期间，企业方不得采取以下行为：限制职工一方协商代表的人身自由，或者对其进行侮辱、威胁、恐吓、暴力伤害；拒绝或者阻碍职工进入劳动场所、拒绝提供生产工具或者其他劳动条件；拒绝提供与集体协商议题相关的资料或者提供虚假资料；其他干扰、阻碍集体协商的行为。

职工方不得采取下列行为：限制企业一方人员的人身自由，或者对其进行侮辱、威胁、恐吓、暴力伤害；违反劳动合同约定，不完成劳动任务，或者以各种方式迫使企业其他员工离开工作岗位；破坏企业设备、工具等扰乱企业正常生产、工作秩序和社会公共秩序的行为；其他干扰、阻碍集体协商的行为。

对于企业无正当理由拒绝或者拖延集体协商的，市和区、县总工会可以作出整改意见书，要求企业予以改正；对于因裁员、劳动纠纷导致群体性停工、上访的、生产过程中发现存在重大事故隐患或者职业危害的而提出的协商建议，无正当理由拒绝或拖延的，人力资源社会保障部门应当责令其改正。企业拒不改正的，按照上海市公共信用信息管理的相关规定将该信息纳入市公共信用信息服务平台。

企业、职工违反相关规定，构成违反治安管理行为的，由公安机关依法处理；构成犯罪的，依法追究刑事责任。

第3节 集体合同

集体合同，是指企业职工一方与企业就劳动关系有关事项，通过集体协商达成一致后签订的书面协议。集体合同是集体协商活动的主要成果。

一、集体合同的类型

1. 以涵盖的内容为标准

以涵盖的内容为标准集体合同可分为综合性集体合同和专项集体合同。综合性集体合同即一般所称的集体合同，内容涵盖劳动报酬、工作时间、休息休假、劳动安全卫生、职业培训、保险福利等各个方面；专项集体合同仅涵盖某一项内容或者仅覆盖部分人群，如工资专项集体合同、女职工专项集体合同、劳动保护专项集体合同等。

2. 以覆盖的企业数量为标准

以覆盖的企业数量为标准集体合同可分为企业集体合同和区域性、行业性集体合同。企业集体合同是一个企业内部订立的仅覆盖该企业的集体合同；区域性、行业性集体合同覆盖特定区域、特定行业内认可该集体合同的多个企业，主要是一些缺乏独立开展企业集体协商并订立企业集体合同条件的小微企业。

二、集体合同的签订

1. 集体合同草案的形成

在协商会议上经双方协商达成一致的，应当根据协商结果形成集体合同草案，经双方协商代表确认后，由双方首席代表签字。

2. 集体合同草案的审议

由双方首席代表签署的集体合同草案应当提交职工代表大会或者全体职工讨论。职工

代表大会或者全体职工讨论集体合同草案，应当有三分之二以上职工代表或者职工出席，且须经全体职工代表半数以上或者全体职工半数以上同意，集体合同草案方获通过。集体合同草案经职工代表大会或者职工大会通过后，由集体协商双方首席代表签字。

三、集体合同的生效

1. 集体合同审查程序

集体合同签订后，应当自双方首席代表签字之日起十日内，由用人单位一方将集体合同文本报送劳动行政部门审查。劳动行政部门应当对报送的集体合同的下列事项进行合法性审查：

（1）集体协商双方的主体资格是否合法。对于企业一方的主体资格，劳动行政部门主要核实企业一方是否属于法律规定的集体协商主体范围。对于职工一方的主体资格，对成立工会的企业，核实工会资格的合法性；对未成立工会的企业，核实职工推选职工代表的程序的真实性和有效性；对邀请作为协商代表参与集体协商的企业外人员，审查是否超过规定比例等。

（2）集体协商程序是否合法。劳动行政部门主要核实集体协商的过程、集体合同草案的形成、提交职工代表大会或者职工大会讨论通过、双方首席代表的签字等法定程序的履行。

（3）集体合同内容是否合法。劳动行政部门主要审查集体合同的各项约定内容是否存在低于国家法律法规规定的标准的情形、与国家法律法规相抵触或相违背的内容。

2. 集体合同的生效条件

法律规定了集体合同生效的特别程序。集体合同草案经职工代表大会或者全体职工讨论通过后，并不马上生效，而须报送劳动行政部门审查，劳动行政部门自收到集体合同文本之日起十五日内未提出异议的，集体合同即行生效。劳动行政部门发现集体合同存在违法、失实情况的，应当发出审查意见书，指导企业改正，改正以后重新经过上述报审程序并通过的，方能生效。报送劳动行政部门审查通过，是集体合同生效的必经程序也是生效的必备条件。

四、集体合同的效力

生效的集体合同，应当自其生效之日起由协商代表及时以适当的形式向本方全体人员公布。依法生效的集体合同对用人单位及其全体职工具有约束力。用人单位与职工订立的劳动合同中的劳动报酬和劳动条件等标准不得低于集体合同约定的标准。

五、区域性和行业性集体协商、集体合同

区域性和行业性集体协商、集体合同,是指在一定行业或地区内,由企业代表组织或企业代表与相应的工会组织或职工代表,根据法律、法规、规章的规定,通过平等协商达成一致意见,签订行业性、区域性集体合同的行为。

1. 适用范围

在县级以下区域内,建筑业、采矿业、餐饮服务业等行业内不具备独立开展集体协商条件的用人单位可以组织开展行业性和区域性集体协商,由工会与用人单位方面的代表订立行业性集体合同或区域性集体合同。《上海市集体合同条例》规定,小微企业较为集中的街道(乡镇)、经济开发区、工业(科技)园区、商业区、商务楼宇等区域内的工会,可以选派代表与区域内不具备独立开展集体协商条件的企业推选的代表进行集体协商,签订区域性集体合同。

《上海市集体合同条例》规定,区、县区域内的建筑、餐饮服务等行业,以及其他有条件开展集体协商的行业的工会,可以选派代表与行业协会或者企业推选的代表进行集体协商,签订行业性集体合同。因此,上海市行业性集体协商范围主要限制在区、县行政区域内行业特征明显的行业,但实践中也可探索在行业特征明显的市级层面开展行业性集体协商。

2. 协商的主要内容

区域性和行业性集体协商的主要内容有最低工资标准,工资调整的最低幅度,同类工种的定额标准,各工种、岗位的劳动安全和卫生标准,各工种、岗位的职工培训制度,其他需要进行集体协商的事项。

3. 区域性和行业性集体合同草案的审议

区域性集体合同草案应当取得本区域企业法定代表人的认可。区域性集体合同草案应当经本区域职工代表大会,或者认可该草案的企业全体职工代表半数以上或者全体职工半数以上同意,方获通过。

行业性集体合同草案应当取得本行业企业法定代表人的认可。行业性集体合同草案应当经认可该草案的企业全体职工代表半数以上或者全体职工半数以上同意,方获通过。

4. 区域性和行业性集体合同的效力

区域性和行业性集体合同文本要报送劳动行政部门审查。劳动行政部门自收到报送的集体合同之日起十五日内未提出异议的,集体合同即行生效。

依法订立的行业性、区域性集体合同对参加本行业、本区域集体协商并认可该集体合同的企业及其职工具有约束力,企业与其职工签订的集体合同及劳动合同中约定的劳动条件、劳动报酬等标准不得低于行业性、区域性集体合同约定的标准。

第4节 集体合同争议的处理

集体合同争议可分为两类：一是集体协商过程中因协商不成而产生的争议，即集体协商争议，也称集体合同订立争议；二是依法生效的集体合同履行过程中因一方不履行集体合同约定而产生的争议，即集体合同履行争议。《劳动法》对这两类不同的集体合同争议规定了不同的处理方式。

一、集体协商争议的行政调处

《劳动法》规定，因签订集体合同发生争议，当事人协商解决不成的，当地人民政府劳动行政部门可以组织有关各方协调处理。随后实施的多部规定对此又作出相关规定，逐步形成集体协商争议的行政调处制度。

《上海市集体合同条例》规定，职工一方或者企业一方无正当理由拒绝或者拖延另一方的集体协商要求，或者双方在集体协商过程中不能达成一致或者签订集体合同的，集体协商的任何一方可以提请劳动保障行政部门协调处理。集体协商双方未提请协商处理的，劳动保障行政部门认为必要时，也可以进行协调处理。为规范集体协商争议的行政调处程序，上海市出台了《上海市集体协商争议协调处理办法》，对集体协商争议的适用范围、申请和受理的程序、协调处理的方式等作出具体规定。

1. 行政调处程序的启动

集体协商一方或双方向劳动保障行政部门提出申请，即可启动集体协商争议行政调处的程序。新修订的《上海市集体合同条例》在行政调处程序启动前增加了"职工一方可以提请上级工会、企业一方可以提请企业方面代表进行指导"的前置性程序。这是因为集体协商作为一种协商行为，其争议应当尽量通过协商主体内部化解，外部力量不宜轻易介入。部分协商争议是由于缺乏对宏观因素的准确把握导致诉求的偏离实际，或因协商技巧运用不当而使诉求得不到恰当表达所致，在这种情况下，只要加以适当的内部指导即可化解争议。通过上级工会组织和企业代表组织对各自一方的指导和帮助，可以理顺协商思路，调整协商诉求，提高协商技巧，最终将协商争议消除在企业内部。当然，有些协商争议通过指导仍然不能得到解决，那么协商双方或一方可以依法提请劳动保障行政部门协调处理。

实践中，当集体协商争议矛盾激化，对企业生产经营、社会秩序产生重大影响时，虽然协商双方均未提请劳动保障行政部门调处，法律规定劳动保障行政部门认为必要时也可

以主动介入进行协调处理。

2. 行政调处的程序

劳动行政部门调处集体协商争议时，可以会同同级工会、企业方面代表组织共同进行。

调处集体协商争议的程序包括受理调处申请；召集争议双方陈述各自协商意见，要求争议相关方提供证据；与有关各方共同对双方协商意见的合理性进行调查；根据需要委托社会第三方对双方协商意见进行合理性评估；协调双方利益争议，促进双方继续协商。调处集体协商争议过程应当载入相关书面笔录，记载工作过程与调查了解争议的情况；研究制定协调处理争议的方案；对争议进行协调处理；制作协调处理协议书或协调处理意见书。

调处集体协商争议，应当自受理调处申请之日起30天内结束调处工作。期满未结束的，可以适当延长调处期限，但延长期限不得超过15天。

3. 行政调处的结果

经行政调处，就集体协商双方达成一致的内容，劳动行政部门制作协调处理协议书，载明协调处理申请、争议的事实和调处结果。经行政调处，双方当事人就某些协商事项仍不能达成一致的，劳动行政部门制作协调处理意见书，要求集体协商双方继续协商。协调处理协议书和协调处理意见书由集体协商争议调处人员和集体协商双方首席代表签字盖章后生效，集体协商双方均应遵守。

二、集体合同履行争议的处理

对于履行集体合同发生的争议，法律规定通过劳动仲裁方式处理，明确三方组成仲裁庭处理的原则，并赋予企业工会对集体合同履行的监督权和争议起诉权。

1. 工会的争议起诉权

《劳动合同法》规定，因履行集体合同发生争议，经协商解决不成的，工会可以依法申请仲裁、提起诉讼。《上海市集体合同条例》规定，企业违反集体合同，侵犯职工劳动权益的，工会可以依法要求企业承担责任；因履行集体合同发生争议，经协商解决不成的，工会可以依法申请仲裁、提起诉讼。因此，因履行集体合同发生争议的，法律赋予工会争议起诉权。

2. 三方原则组成仲裁庭处理争议

劳动争议仲裁委员会审理劳动争议案件，对于简单劳动争议案件可以由一名仲裁员独任仲裁。根据人力资源和社会保障部《劳动人事争议仲裁办案规则》的规定，仲裁委员会处理因履行集体合同发生的劳动争议，应当按照三方原则组成仲裁庭处理。即劳动争议仲裁委员会审理履行集体合同争议时，应当由三名仲裁员组成仲裁庭。

案例学习

【案例1】集体协商代表的组成

背景资料：

某公司工会代表职工就职工福利事项与企业进行集体协商。工会在5月20日将集体协商建议书交给企业方，要求在6月25日进行集体协商。并在集体协商建议书中说明，职工方共有8人参加协商。其中一名是大学教授，两名是律师。6月20日企业口头回答，因为工会邀请企业以外的人员参加，经研究他们不同意进行集体协商。工会向劳动争议仲裁委员会申请仲裁，劳动争议仲裁委员会经研究后，作出了不予受理的决定。

试题要求：

1. 根据我国现行法律、法规的规定，请指出其中的错误之处并说明理由。
2. 劳动争议仲裁委员会不予受理的决定是否正确？为什么？

【案例2】集体协商代表的产生程序

背景资料：

本市某企业职工工资多年未涨，职工多次提议开展工资集体协商，企业终于同意。但由于该企业尚未建立工会，职工向上级工会反映了该情况，上级工会在职工中选派了三名协商代表，并指定其中一人担任首席协商代表。后在集体协商过程中，职工认为这三名代表的能力不足，因此向上级工会提出更换本方的协商代表，上级工会表示如不满意之前选派的代表，职工可以自行确定协商代表。

试题要求：

1. 职工协商代表的产生是否符合规定？为什么？
2. 职工如果要更换协商代表，应当遵守什么程序？

【案例3】集体合同有效程序的认定

背景资料：

上海某企业2014年职工月工资均为1 850元。2015年2月初，企业为了改善职工待遇，稳定劳动关系，与职工就劳动报酬事项签订集体合同，集体合同约定职工的月工资提高为2 000元，合同期限自2015年3月1日至2016年2月28日。2015年2月5日，企业将经职代会讨论通过的集体合同报送至当地人力资源和社会保障部门。人力资源和社会保障部门收到集体合同后，截至2015年2月底未提出任何意见。当员工领到2015年3月份工资时，发现到手工资仍然为1 850元，企业称由于集体合同未被人力资源和社会保障部门审批通过，所以未生效。员工对企业的说法不认可，要求其按照集体合同约定的工资标准补发工资。为平息职工不满，2015年4月起，企业按照集体合同约定的2 000元标准发放员工工资。

试题要求：
1. 集体合同是否生效？为什么？
2. 企业于2015年4月起按照集体合同约定发放工资的行为是否合法？为什么？

第 6 章

工会概论与民主管理

第 1 节　工会概论　　　　　　　　　　　/110
第 2 节　中国工会的权利与义务　　　　　/117
第 3 节　中国工会活动的法律保障　　　　/121
第 4 节　违反《工会法》的法律责任　　　/125
第 5 节　职工代表大会　　　　　　　　　/128
第 6 节　厂务公开制度　　　　　　　　　/137
第 7 节　职工董事、职工监事制度　　　　/140

学习目标

➢ 了解世界和中国工会的产生历史、企业民主管理历史发展及形式。

➢ 熟悉中国工会的权利义务、违反工会法的法律责任、企业民主管理的概念性质和形式、厂务公开制度、职工董监事制度。

➢ 掌握中国工会的性质和组织体系、中国工会活动法律保障、职工代表大会制度。

➢ 能够帮助企业组建工会、召开职工代表大会。

第1节 工会概论

中国工会是中国共产党领导的职工自愿结合的工人阶级群众组织,是党联系职工群众的桥梁和纽带,是国家政权的重要社会支柱,是会员和职工利益的代表。

中国工会以宪法为根本活动准则,按照《中华人民共和国工会法》(以下简称《工会法》)和《工会章程》独立自主地开展工作,依法行使权利和履行义务。

一、世界工会产生历史

工会是随着产业革命而产生的。最早的工会出现于18世纪中叶的英国。工会一出现,就表现出它作为工人运动的工具,在与资本经济斗争中发挥着作用,因此遭到雇主阶层的敌视。在英国早期的法律中,工会被认为是非法活动的共谋组织。诸如1768年曾颁布"破坏机器处死刑"的法令,该法令明确规定"惩处一切工人团体"。1799年,英国政府颁布《禁止工人结社法》,明令禁止工人组成团体去争取提高工资。

随着工人运动的深入和资本主义内部政治经济矛盾的发展,政府逐渐改变了敌视工会的政策。1824年,英国国会废止了《禁止工人结社法》,1825年通过的《结社法》使得工人可以组建工会。1864年,法国的《霞不列法》被废除。1890年,德国的《反社会党人非常法》也被废除。这些禁止工人结社的法律被废除后,各国的工会组织和工会运动不再为非法。但是,这些法律仅仅是解除了关于成立工会的禁令,并没有确立工会的地位及权利,而且还在诸多方面对工会的活动有严格的限制。

面对工会运动的蓬勃发展,政府终于意识到,对工会运动用暴力压迫不行,不予理睬任其发展也不行，而必须把它纳入法律规范，使之成为资产阶级民主政治的组成部分。在这个认识的基础上，各国政府纷纷制定规范工会权利义务的工会法律。最早制定工会法的是英国。1871年英国国会通过世界上第一部现代工会法《1871年工会法》，该法肯定了工会在团体协约等方面的权利，规定了工会及其财产的注册事项。1913年根据工党建议，通过《1913年工会法》，允许工会参加政治活动，工会在得到多数成员赞同的情况下可设立独立的政治基金，这一规定使英国工会参加政治活动有了法律依据。

此后，各国政府也纷纷开始工会立法。1884年法国颁布了关于设置职业组合的法律，工人有了组织工会的权利。1920年，公布修正法律，工会的成立及权利等规定更明确。1908年德国颁布《帝国结社法》，使大部分工人享有了结社的权利，1918年废止了《1869年劳动就业条例》，不再限制农业经营者和公营劳动者的结社权利。1919年德国新宪法规定"废止凡为受雇人团结及结社障碍之一切限制"等。俄国工人也在1906年获得了组织工会的权利。

二、中国工会产生历史

鸦片战争以后，中国从封建社会沦为半殖民地半封建社会，同时也产生了中国工人阶级。在帝国主义和封建官僚主义的压榨下，工人阶级为争取自身的经济利益，成立了一些带有封建帮会性质的早期组织，如哥老会、三合会和以同乡关系结合起来的帮会组织等。由于这些组织往往掌握在绅商、官僚和封建把头手中，常常被统治阶级和中外资本家控制。

1. 早期工人组织的主要形式

中国工人阶级诞生后，其最早参加、形成的组织形式，是原有的行会、帮口、秘密结社。鸦片战争后，随着沿海商埠开辟及近代工业产生和发展，来自四面八方的破产农民、手工业者，为在工厂谋生和就业，防止他人竞争，势必自发组织和联合起来。工人要求组织、联合的愿望与行动，受当时人数不多、斗争零星及分散的限制，决定了其组织形式只能是传统和陈旧的。中国工人阶级诞生并形成于半殖民地半封建社会，其斗争伊始就不仅面对一般的资本剥削，而且还受帝国主义和封建主义的压迫剥削。早期的这些斗争往往是行帮会领导手工业工人和农民团体发动的。这期间，中国在封建专制的清王朝和北洋军阀统治下，通商口岸的租界或外资开办的厂矿又多是"洋人"的殖民暴政。中国工人处于封建主义与外国殖民主义相结合的高压中，根本没有言论、罢工、结社等自由。因此，工人要组织联合起来，无论从是主观意识还是客观环境出发，只有采取为中外当局和社会习惯所允许的形式，即传统的行会、帮口、秘密结社。

2. 中国现代工会的产生

中国现代工会的产生是中国工人运动发展的必然结果。五四运动前夕，由于世界资本主义各国工人运动的影响，以及中国工人阶级的壮大和斗争的需要，中国开始出现了现代工会组织的萌芽。1916年，上海商务印书馆工人组织了"集成同志社"；1918年，上海宁波籍水手成立了有4 000余人的"均安公所"；长沙印刷工人组织了"湖南印刷公会"等。这些组织的形态虽仍带有行会、帮口的某些特点，但已经接近工会的性质。

五四运动促使马克思主义开始与中国工人运动相结合。1921年，中国共产党诞生，标志着中国工人阶级实现了从自在阶级向自为阶级的转变。中国共产党成立后，于1921年8月，在上海建立了中国劳动组合书记部，将其作为领导工人运动的工作机构，向劳动者宣传组织工会的重要意义，加强工人内部的团结，迎接全国性罢工高潮。当时，工会组织的种类繁多，有劳资混合的行会，有同乡组织的"帮口"，有资本家、工头和政客把持的"招牌工会"，有国民党、无政府主义等政党影响的工会，还有工人群众自发组织起来的工会。中国劳动组合书记部成立后，致力于建立具有阶级性、群众性和民主性的"真正的工人团体"，主张劳动者不分职业、不分地域，按照产业原则组织工会。一些共产党领导下的革命工会为了与旧式工会相区别，改为"工人俱乐部"。

1922年5月1日，由中国劳动组合书记部发起，在广州召开了全国劳动大会。在《全国总工会组织原则案》中，明确提出了"组织工会，应当以产业组合为原则""确实不能采用产业组合法的各种职业的工人，则仍不妨沿用职业组合法以为着手之起点"。要把每个地方所有的工会，无论职业组合还是产业组合，组织成为一个地方的劳动联合会，再由各地方劳动联合会组成全国总工会。

为了动员全国的工人阶级实施大会的各项决议案，中国劳动组合书记部还公开发表了《全国劳动大会宣言》。会议作出了在全国总工会未成立之前，各地工会以中国劳动组合书记部为总通讯机关的决定，即公认中国劳动组合书记部为全国工运的临时领导机关。

3. 中华全国总工会成立

1925年5月1日，由中华海员工业联合会、全国铁路总工会和广州工人代表会等团体发起，在广州召开了第二次全国劳动大会。这次大会讨论并通过了《中华全国总工会总章》，选举产生了全国工人阶级统一的工会领导机关——中华全国总工会。选举了全总执行委员会，执委会推选林伟民为委员长，刘少奇、邓培为副委员长，邓中夏为秘书长，总会设在广州。大会还决定中华全国总工会加入赤色职工国际。中华全国总工会的建立，团结了全国工人阶级，密切了各地工人群众之间的关系，对中国工人运动的发展，产生了重大而深远的影响。在中华全国总工会的领导下，全国地区性总工会和全国性产业工会在第二次全国工运高潮中纷纷建立。到1926年7月北伐战争开始以前，中华全国总工会之下，已有广州、上海、天津、河南、北京、香港等地区性工会以及全国铁路总工会和全国海员总工会两大全国性产业工会，形成了全国工会系统。

4. 新中国的工会

新中国成立后，党和国家非常重视工会工作。1950年，中央人民政府颁布了《工会法》，明确规定了工会的性质、权利与责任。党的十一届三中全会后，中国进入了一个新的历史时期。为了使工会工作适应新时期的需要，全国人大于1992年重新修改颁布了我国第二部《工会法》，确定了工会在国家政治、经济和社会生活中的地位，规范了工会的权利和义务。随着社会主义市场经济的建立和完善，公有制实现形式的多样化和非公有制经济的快速发展，经济关系和劳动关系发生了深刻的变革。为了更好地维护广大职工的合法权益，建立健全和谐劳动关系，2001年10月27日，全国人大常委会颁布《关于修改〈中华人民共和国工会法〉的决定》。新修改的《工会法》把工会在新历史条件下，加强组织建设、建立稳定和谐的劳动关系、维护职工的合法权益等问题，从法律上作出了明确的规定。

三、中国工会的性质

《工会法》规定："工会是职工自愿结合的工人阶级的群众组织。"这条规定决定了中国工会的性质，明确了三个层次的含义：第一，工会的性质是群众组织，而不是政党组织；第二，工会不是一般的群众组织，而是工人阶级的具有阶级性的群众组织；第三，工会是职工自愿结合的群众组织。从而揭示了工会的本质属性是工人阶级的阶级性和广泛的群众性的统一。对此，《中国工会章程》进一步明确指出："中国工会是中国共产党领导的职工自愿结合的工人阶级群众组织，是党联系职工群众的桥梁和纽带，是国家政权的重要支柱，是会员和职工利益的代表者。"这是对我国工会性质的全面概括。

1. 工会的阶级性

工会是无产阶级同资产阶级斗争的产物。历史上，大工业把来自各方的人们聚集在一个地方，形成了工人阶级，工人阶级只有联合起来，才能同心协力地同资本家斗争。阶级性是工会的基本属性之一。工人阶级的历史使命是夺取资产阶级的国家政权，建立无产阶级专政、建设社会主义，进而实现共产主义，只要工人阶级的历史使命还未完成，工会也就必然存在。无产阶级取得政权以后，成了国家和社会的主人，工会的阶级性的具体内容可能随时代的发展而有所变化，但工会的阶级性不会改变。尽管阶级对立不存在了，广大劳动人民的根本利益趋于一致，但是，作为工人阶级的群众组织，其所代表的本阶级群众的利益仍有长远利益与具体利益之分，工会仍然是工人群体利益的重要代表者和维护者，只是这种维护是长远利益与具体利益的有机统一。

《中国工会章程》规定，中国工会在社会主义市场经济条件下，坚持走中国特色社会主义工会发展道路，坚持组织起来、切实维权的工作方针，坚持以职工为本，主动依法科学维权的维权观，维护职工的经济、政治、文化和社会权利，参与协调劳动关系和社会利益关系，努力构建和谐劳动关系，促进经济发展和社会的长期稳定，为全面建设小康社会、构建社会主义和谐社会做贡献。

2. 工会的群众性

工会同工人阶级政党不同，共产党是工人阶级先锋队，由工人阶级先进分子组成。工会是工人阶级的群众组织，面向广大的职工群众。工会会员具有广泛性，只要是工人群众自愿加入，遵守章程，履行一定的义务，就可以成为工会会员。从我国实际情况看，企业的管理人员也可以加入工会，这体现了我国工会很大的包容性。

成员的广泛性是反映中国工会群众性的一个基本特征。按照《工会法》的规定，只要是"以工资收入为主要生活来源的劳动者，不分民族、种族、性别、职业、宗教信仰、教育程度，都有依法参加和组织工会的权利"。毛泽东在新中国成立之初指出："除了破坏分子和资本家外，一切职工——即使政治上落后的人——都应包括在工会组织之内。"由此来看，无论是知识分子，还是企业职工乃至进城就业的农民工，只要是"以工资收入为主要生活来源"的社会成员，都可以参加到工会中来，成为工人阶级队伍的一部分。工会作为群众组织，是最广大工人阶级成员的组织。现在我国工人阶级队伍已经发展成为一个包括广大知识分子在内的，由各种所有制企业、各种机关事业单位的全体体力和脑力劳动者构成的统一整体。工会既吸纳体力劳动者，又吸纳脑力劳动者；既维护产业工人的合法权益，也维护知识分子的合法权益。尤其是在我国由农业国实现现代化的社会转型过程中，几亿农业人口逐步向城镇的第二、三产业转移，农民工正逐步加入工人阶级队伍，并成为主要力量之一。

3. 工会结社的自愿性

结社自由是宪法规定的公民的基本权利。根据宪法，《工会法》规定工会是职工自愿结合的组织，所以自愿原则也是工会的一个基本属性。这体现在参加工会与否，是每个职工的自由权利，任何组织和个人不得强迫职工加入工会或者不加入工会。根据《中国工会章程》的规定，会员有退会自由。会员退会由本人向工会小组提出，由工会基层委员会宣布其退会并收回会员证。

四、中国工会的组织体系

1. 工会的组织体系概况

中国工会具有单一性。《工会法》规定："全国建立统一的中华全国总工会。"在中华全国总工会之下，各地方建立相应的地方总工会。同时，中国工会实行产业和地方相结合

的组织领导原则，在同一行业或者性质相近的几个行业，可以根据需要建立全国的或者地方的产业工会。

（1）中华全国总工会。中华全国总工会是中国工会的最高领导机关，是工会全国代表大会选举产生的中华全国总工会执行委员会的工作机构，负责指导地方总工会和全国各产业工会开展工作。中国工会全国代表大会每五年举行一次，由中华全国总工会执行委员会召集。特殊情况下，由中华全国总工会执行委员会主席团提议，经执行委员会全体会议通过，可以提前或延期举行。中华全国总工会执行委员会在全国代表大会闭会期间，负责贯彻执行全国代表大会的决议，领导全国工会工作。执行委员会闭会期间，由主席团行使执行委员会的职权。主席团下设书记处，书记处在主席团领导下主持全国总工会的日常工作。

（2）地方工会组织。地方总工会委员会是工会的地方组织，地方总工会委员会按照我国行政区划建立。《工会法》规定，县级以上地方建立地方各级总工会。因此，地方总工会主要是指省级、地市级、区县级层面设立的总工会机构。2001年，《工会法》修改后，增加了乡镇和城市街道可以建立工会联合会的规定。2004年，全国总工会下发了《中华全国总工会关于开展建立乡镇（街道）总工会试点工作的意见》，开始在乡镇、街道层面推进建立总工会。目前，各地乡镇、城市街道工会已经基本完成了从工会联合会向一级地方总工会的过渡。各级地方总工会委员会由同级工会代表大会民主选举产生，每届任期五年。各级地方工会代表大会和地方总工会委员会是各级地方工会的领导机关。各级地方工会代表大会由同级总工会委员会召集，每五年举行一次。特殊情况下，由同级总工会委员会提议，经上一级工会批准，可以提前或延期举行。各级地方总工会委员会选举主席一人、副主席若干人、常务委员若干人，组成常务委员会。各级地方总工会委员会全体会议，由常务委员会召集，每年至少举行一次。各级地方总工会常务委员会在委员会全体会议闭会期间，行使委员会的职权。

（3）产业工会组织。产业工会是指同一行业或者性质相近的几个行业，根据需要建立的全国的或者地方的产业工会。产业工会可以开展适合产业特点的活动，反映和解决本产业职工需要解决的共性问题。产业工会全国组织的设置由中华全国总工会确定。产业工会全国委员会可以按照联合制、代表制原则组成，也可以由产业工会全国代表大会选举产生。产业工会全国委员会每届任期五年，任期届满，应当召开会议进行换届选举。特殊情况下，经全国总工会批准，可以提前或者延期举行。地方产业工会组织设置由同级地方总工会确定。各级地方产业工会可以按照联合制和代表制原则，由下一级工会组织民主选举的主要负责人和适当比例的有关方面代表组成。产业工会的领导关系实行产业工会与地方工会双重领导，以产业工会为主；其他地方产业工会实行以地方工会领导为主，同时接受上级产业工会领导的组织体制。

（4）基层工会组织。基层工会委员会是工会的基层组织，是落实工会各项任务的基本单位。各基层工会委员会由同级工会会员大会或者会员代表大会民主选举产生，基层工会委员会的主席、副主席由会员大会或者会员代表直接选举产生，或由基层工会委员会选举产生。基层工会组织主要有独立基层工会委员会和联合基层工会委员会两种形式。

2. 工会的组织结构

（1）基层工会会员（代表）大会。基层工会会员（代表）大会是本单位工会的权力机构。会员（代表）大会要定期听取工会委员会的工作报告，讨论决定工会委员会的重大问题，对其工作进行审查和监督。会员（代表）大会有权撤换或者罢免其所选举的代表或者工会委员会组成人员。会员人数较少的工会组织，可以根据实际情况召开会员大会，会员大会与会员代表大会职权相同。

（2）工会基层委员会。工会基层委员会是工会会员通过民主选举产生的代表工会的执行机构，执行会员大会或者会员代表大会的决议和上级工会的决定，主持基层工会的日常工作。在工会会员大会或会员代表大会闭会期间，工会委员会对外代表工会，对内组织工会会员的活动。

（3）经费审查委员会。《工会法》规定："各级工会建立经费审查委员会。"《中国工会章程》规定："各级工会代表大会在选举工会委员会的同时，选举产生同级工会经费审查委员会。"工会经费审查委员会是代表会员群众对同级工会及所属企事业单位经费收支和财产管理的真实、完整、合法及效益进行审查监督的组织，由同级工会会员大会或会员代表大会选举产生。从全总到基层，从产业到地方，都应坚持经审会与工会二委会同时选举、同时产生、同时报批的原则。基层以上各级工会经费审查委员会，除对本级工会经费审查和监督外，还承担检查指导督促下属工会经审会工作，必要时行使对下审计的职能。各级工会经费审查委员会依法独立行使审查监督权，它对同级工会会员代表大会（闭会期间对同级工会委员会）负责并报告工作。

（4）女职工委员会。工会女职工委员会是在同级工会委员会领导下和上一级工会女职工委员会指导下的女职工组织，根据女职工的特点和意愿开展工作。女职工委员会应与工会委员会同时建立。县和县以上各级地方工会、产业工会依法建立女职工委员会。企业、事业单位、机关和其他社会组织等工会中有女会员十名以上的应建立女职工委员会，不足十名的可以设女职工委员。工会女职工委员会要定期地向同级工会委员会和上级工会女职工委员会报告工作。

（5）专门工作委员会。专门工作委员会是由企业工会根据工作需要设立的负责工会专项工作的组织机构，承担企业工会的专项日常工作。可以包括组织工作委员会、宣传工作委员会、群众经济工作委员会、生活保险福利工作委员会、劳动保护监督检查委员会、财务工作委员会等。主要任务如下：一是研究和落实本级工会的工作，组织开展工会专项业务活动；二是处理有关建议、提案；三是检查、督促和协助行政有关部门贯彻工会的有关决议，完成工会交办的其他事项。

（6）工会小组。工会小组是以行政班组（科室）为单位建立的直接联系会员和群众的最基层的工会组织。工会小组应民主选举工会小组长，制订工作计划，明确职责和任务，积极开展建设"职工小家"活动，保证工会小组建设各项工作的落实。

3. 企业工会组建

（1）《工会法》规定，职工享有参加和组织工会的权利。参加工会，是指劳动者可以依法申请加入已经成立于各企业、事业单位、机关内的基层工会委员会或者这些单位之外的基层工会联合会。组织工会，是指劳动者可以依法在各企业、事业单位、机关中组建基层工会委员会或者可以在这些单位之外联合组建基层工会委员会。按照《工会法》的规定，如果劳动者在组建工会过程中遇到困难或者受到其他组织或个人限制的，上级工会可以派员帮助和指导企业职工组建工会，任何单位和个人不得阻挠。此外，对于已经依法建立的工会组织，任何组织和个人不得随意撤销、合并。此外，不按照中国工会章程组建的任何组织，不得以工会的名义开展活动，也不得替代工会行使职权。

（2）根据《工会法》的规定，会员二十五人以上的，应当建立基层工会委员会；会员不足二十五人的，可以单独建立基层工会委员会，或者由两个以上单位的会员联合建立基层工会委员会，也可以选举组织员一人，组织会员开展活动。据此，工会组织主要有基层工会委员会和联合工会两种形式。其中，单独建立的基层工会委员会，是指在企业、事业单位、机关中直接成立的工会组织，这是中国工会最普遍的组织形式。联合工会是指两个以上单位由于各自会员人数较少（不足二十五人），而联合建立起来的基层工会委员会，其下可以按单位各自建立工会分会或工会小组。通过联合工会的组织形式，有利于把众多小型单位的职工广泛地组织到工会中来。

第2节 中国工会的权利与义务

一、中国工会的权利

我国工会的权利广泛体现在政治、经济和社会生活的各个方面。概括起来，我国工会的权利主要包括维护权、代表权、参与权和监督权。

1. 维护权

维护权是指维护职工利益的权利。这是由于社会主义市场经济条件下，在全国人民总体利益一致的前提下，还存在利益的差别和矛盾，在国家政治、经济和社会制度还不够完善，官僚主义、腐败现象和不正之风依然存在的情况下，职工的具体利益还有可能遭到侵害。因此，法律赋予工会维护权。

我国工会行使维护权必须处理好维护社会总体利益与维护职工具体利益的关系。要在维护总体利益的同时，维护具体利益，坚持两个维护的统一。但在两个维护的具体处理上，从工会的主旨来看，维护职工的合法权益，应是工会行使维护权的基本出发点，因为《工会法》的社会意义正在于通过工会来代表和维护职工的利益。

我国工会维护权的内容涉及职工合法权益各方面，其中主要是职工的民主权利、劳动权利和经济权利等合法权益。工会的维护权具体表现在：一是企业违反职工代表大会制度和其他民主管理制度，工会有权要求纠正；二是工会有权派出代表对侵犯职工合法权益的问题进行调查。对企业违反劳动法律、法规，侵犯职工合法权益，工会有权要求处理和纠正；三是工会有权对新建、扩建企业和技术改造工程中的劳动条件和安全卫生设施提出意见，有权对危及职工生命安全的情况提出解决的建议，当发现危及职工生命安全的情况时，有权向企业行政方面建议职工撤离危险现场。有权参加伤亡事故和其他严重危害职工健康问题的调查；四是企业处分职工，工会认为不适当的，有权提出意见。企业单方面解除职工劳动合同时，应事先将理由通知工会，工会认为企业违反法律、法规和劳动合同，要求重新研究处理时，企业应当研究工会的意见，并将处理结果书面通知工会；五是工会有权参加劳动争议的调解、仲裁工作，有权支持和帮助职工进行诉讼。

《工会法》的上述内容既包括工会行使维护职工合法权益的权利的方式，也包括工会维权的具体内容。其中关于维护方式的规定既包括要求纠正、要求处理、建议等，也包括签订合同、调查参与处理和诉讼。特别是"工会可以派出代表对所属工会组织所在的企业、事业单位、机关就侵犯职工合法权益的问题进行调查，有关单位应当予以协助"的规定为工会行使维护权提供了有力的法律保障，其中有关单位的"协助"既包括对工会的调查不得阻挠，也必须在提供事实和依据等方面提供便利。因此，既是工会维护民主权利的重要保证，也是工会维护职工的劳动权益和其他合法权益的有力依据。

2. 代表权

工会代表职工具体利益主要体现在以下几个方面：一是企业违反劳动法律法规，侵害职工劳动权益时，工会代表职工与企业交涉，要求企业采取措施予以改正。在规章制度和重大事项决定实施过程中，工会认为不适当的，有权向企业提出改进意见和建议；二是工

会代表职工与企业进行集体协商，签订集体合同。企业违反集体合同，侵犯职工劳动权益的，工会可以依法要求企业承担责任。因履行集体合同发生争议，工会可以依法申请仲裁、提起诉讼；三是企业发生停工、怠工事件，工会代表职工同企业协商，反映职工的意见和要求并提出解决意见；四是代表职工参加劳动争议调解和仲裁。《劳动争议调解仲裁法》规定，企业劳动争议调解委员会由职工代表和企业代表组成，职工代表由工会成员担任。劳动争议仲裁委员会由劳动行政部门代表、工会代表和企业方面代表组成；五是代表职工参加劳动关系三方组织。与政府和企业组织共同分析整体劳动关系状况及发展趋势，就涉及劳动关系的重大问题发表意见、参与协商，形成意见和建议，为立法和政策制定提供参考，以促进劳动关系的稳定和谐，促进社会经济的持续发展。

3. 参与权

参与权是社会主义国家工会的一项重要权利。我国工会的参与权包括两个层次上的参与，即参与国家和社会事务的管理和参与企业内部的管理。

（1）参与国家和社会事务的管理。一是参与立法工作。为使我国法律充分体现广大职工的意愿，国家机关在研究起草或者修改直接涉及职工切身利益的法律、法规、规章时，应当听取工会的意见。二是参与国民经济和社会发展计划制订。县级以上各级人民政府制定国民经济和社会发展计划，对涉及职工利益的重大问题，应当听取同级工会的意见。三是参与劳动政策、措施的研究制定。县级以上各级人民政府及其有关部门在研究制定劳动就业、工资、劳动安全卫生、社会保险等涉及职工切身利益的政策、措施时，应当吸收同级工会参加研究，听取工会意见。

（2）参与企业内部的管理。一是参与企业经营管理和发展重大问题的研究。《工会法》规定，企业研究经营管理和发展的重大问题应当听取工会的意见；二是参与企业有关工资、福利、劳动安全卫生、社会保险等涉及职工切身利益的讨论。《工会法》规定，企业召开讨论有关工资、福利、劳动安全卫生、社会保险等涉及职工切身利益的会议，必须有工会代表参加；三是参与企业规章制度制定。《劳动合同法》规定，企业在制定或者修改直接涉及职工切身利益的规章制度或者重大事项时，应当与工会协商确定。

4. 监督权

工会组织作为群众组织，代表和维护职工合法权益的一个重要手段就是监督。这包括调查、批评建议、交涉投诉。一是监督用人单位落实职工民主管理权。《工会法》规定，企业、事业单位违反职工代表大会制度和其他民主管理制度，工会有权要求纠正，保障职工依法行使民主管理的权利；二是对用人单位遵守劳动法律法规的情况进行监督。对用人单位执行国家有关就业规定的情况、执行有关劳动合同制度的情况、执行有关各项劳动标准的情况、执行有关女职工和未成年工特殊保护的情况等；三是参加"三同时"审查验收的监督。国家规定在新建、扩建、改建工程项目中,坚持劳动条件和安全卫生设施与主体工程同时设计、同时施工、同时投产使用的"三同时"原则。《工会法》强调:"工会依照国家规定对新建、扩建企业和技术改造工程中的劳动条件和安全卫生设施与主体工程同时设计、同时施工、同时投产使用进行监督。"这表明工会有权参与、参加审查验收。工会提出意见,企业或者主管部门必须处理,并且作出书面结论通知工会;四是在发现重大事故隐患时的监督处理。工会发现企业违章指挥、强令工人冒险作业,或者生产过程中发现明显重大事故隐患和职业危害,有权提出解决的建议,企业应当及时研究答复;发现危及职工生命安全的情况时,工会有权向企业建议组织职工撤离危险现场,企业必须及时作出处理决定;五是参加伤亡事故的调查处理。《工会法》强调:"职工因工伤亡事故和其他严重危害职工健康问题的调查处理,必须有工会参加。工会应当向有关部门提出处理意见,并有权要求追究直接负责的主管人员和有关责任人员的责任。"

二、中国工会的义务

我国法律关于工会义务的规定主要包括以下内容:

1. 维护国家政权,支持协助行政工作的义务

工会必须遵守和维护宪法,以宪法为根本的活动准则,以经济建设为中心,坚持社会主义道路、坚持人民民主专政、坚持中国共产党的领导、坚持马克思列宁主义、毛泽东思想、邓小平理论,坚持改革开放,依照工会章程独立自主地开展工作。工会通过各种途径和形式参与管理国家事务、管理经济和文化事业、管理社会事务;协助人民政府开展工作,维护工人阶级领导的、以工农联盟为基础的人民民主专政的社会主义国家政权。

2. 动员和组织职工参加社会主义经济建设的义务

社会主义经济建设不仅是行政的任务,而且是工会应当履行的义务。工会参加社会主义经济建设有自身的特点。它不同于行政部门直接组织指挥生产经营,而是依靠吸引的方式推动职工群众参加经济建设,调动职工的积极性,提高职工的文化和业务素质,促进社会生产力的发展。通常工会参加社会主义经济建设的义务包括以下几个方面的内容:第一,动员和组织职工参加经济建设,努力完成生产和工作任务;第二,开展社会主义劳动竞赛;第三,开展群众性合理化建议、技术革新和发明;第四,协助企业办好职工集体福利事业,做好劳动工资、劳动保护和劳动保险工作。

3. 教育职工,提高职工素质的义务

教育职工,提高职工素质,是我国工会一项重要的义务。特别是在大力发展科学技术,进行全面的社会主义现代化建设的今天,在我国造就一支有理想、有道德、有文化、有纪律的职工队伍更是具有战略意义的一件大事。第一,工会对职工进行思想政治教育。

包括对职工进行爱国主义、集体主义、社会主义教育,民主和法治教育,劳动纪律教育等,提高职工的思想、道德素质;第二,工会对职工进行文化技术教育。包括对职工进行科学、文化、技术教育,会同行政组织职工开展业余文化、技术学习和职工培训,提高职工的科学、文化、技术和业务素质;第三,工会做好职工的群众文化工作。包括组织职工开展文娱、体育活动,促使职工身心健康地成长,提高职工的精神文明水平。

4. 协助企业办好职工集体福利事业的义务

职工集体福利事业,是指由企业兴办的职工食堂、浴室、托儿所、医务室、宿舍以及生活供应等各项集体事业。企业管理市场化后,国家不再硬性要求单位办福利事业,这成为单位吸引人才、稳定职工队伍、参与市场竞争的自我选择。从职工的需要看,办好这些职工集体福利事业,解除职工的后顾之忧,有利于保证职工身体健康,进一步调动职工群众的生产积极性,更好地发展生产。因此,工会应当协助企业兴办集体福利事业,改善各项集体福利设施。

第3节 中国工会活动的法律保障

工会依据《工会法》开展活动,是法律赋予工会的权利。对于工会依据《工会法》开展的各项活动,任何组织和个人都不得阻挠、制止和干涉。《工会法》对工会活动的保护,在工会组织、工会干部、工会资产等方面都规定了具体保障措施。这些措施是工会依法顺利开展活动的有力保证,是确保工会组织和工会工作者不因从事工会活动而受到侵害的法律保障。

一、国家保护工会合法权益不受侵犯

《工会法》规定:"国家保护工会的合法权益不受侵犯。"工会是工人阶级的群众组织,有自己的活动原则与活动范围。只要工会组织的活动没有违反法律的有关规定,就理应受到国家法律的保护。

1. 国家保护工会独立开展工作的权利

工会的合法权益中最主要的就是开展工作的权利。这表现为工会组织的维权活动、宣传教育活动、文化体育活动等。成立工会组织的目的之一,就是组织职工开展各种活动,依法维护职工的合法权益。只有这样,工会才能吸引广大职工群众,把职工群众团结在自己的周围,扩大工会组织的影响,发挥工会组织的作用。因此,只要工会的各项活动是在以宪法为准则的情况下依法开展的,国家就有义务保护工会活动不受侵犯。

根据《工会法》的规定,中华全国总工会、地方总工会、产业工会具有社会团体法人资格,基层工会组织具备民法通则规定的法人条件的,依法取得社会团体法人资格。因此,中华全国总工会、地方总工会、产业工会具有当然的法人资格。基层工会依照中华全国总工会《基层工会法人资格登记办法》规定,经过核准登记、领取证书后,即取得工会法人资格,依法独立享受民事权利和承担民事义务。

2. 国家保护工会组织不被随意撤销

《工会法》明确规定,任何组织和个人不得随意撤销、合并工会组织,基层工会所在的企业终止或者所在的事业单位、机关被撤销,该工会组织相应撤销,并报告上一级工会。上述规定明确表明,任何组织或者个人,都无权撤销或者合并工会组织。这里的任何组织,既包括企业、事业单位、机关,也包括党的组织和政府部门;这里的个人既包括企业、事业单位、机关的经营者或领导人,也包括这些单位的党组织负责人。

企业的关闭、合并或者破产及其他形式的企业终止,以及机关、事业单位被撤销,使基层工会组织失去了存在的基础,基层工会组织也就随之撤销。但是基层工会组织撤销时,应当报告上一级工会。

3. 国家保护工会的经费和财产权益不受侵犯

工会经费是工会组织开展活动的物质基础。工会财产是指工会依法所有和占有并使用的房屋、设备、设施等。工会的经费和财产依法受到国家法律的保护。《工会法》加强了对工会经费和财产的法律保护,除规定所有的企业、事业单位均应按职工工资总额的2%向工会拨缴经费外,还规定了对拖延或者拒不拨缴工会经费行为的强制措施。《工会法》还明确规定,工会的财产、经费和国家拨给工会使用的不动产,任何组织和个人不得侵占、挪用和任意调拨。

4. 单位应当为基层工会活动提供物质条件

《工会法》规定,企业、事业单位、机关应当为工会办公和开展活动,提供必要的设施和活动场所等物质条件。这一规定,对解决基层工会开展工作和活动的物质基础,为基层工会,特别是非公有制企业的工会办公和组织职工顺利开展活动,提供了有力的法律保障。有利于密切工会与企业、事业单位、机关行政方面的相互关系,使双方为发展生产、提高工作效率、提高经济效益的大目标而同心协力,互相配合、互相支持,共同为企业、事业单位、机关的发展而努力。

5. 政府从政策上支持工会所属的企业、事业单位

工会兴办为职工服务的企业、事业单位,是新中国成立后工会的一贯做法。新中国成立以来,特别是改革开放以来,各级工会组织兴办了一大批企业、事业单位。这些企业、

事业单位本着为职工群众服务的宗旨,面向职工,面向群众,以方便职工生活为原则,在经济效益和社会效益方面都取得了可喜的成果。同时,在吸引和团结职工、丰富职工的业余文化生活、增进职工的身心健康、促进生产建设等方面也都发挥了积极的作用。工会所属的企业、事业,各级政府应从政策上给予大力支持。《工会法》规定:"工会所属的为职工服务的企业、事业单位,其隶属关系不得随意改变。"这就从法律上保护了工会所属的企业、事业单位的合法权益。

二、工会工作者的活动保障

工会的一切工作离不开工会工作者。工会的大量工作正是通过工会工作者的辛勤劳动来完成的。在这些工会工作者中,有工会主席、副主席,有工会专职委员、专职工作人员,也有兼职委员和兼职工作人员。《工会法》规定了对工会工作人员开展活动的保障措施。

1. 工会工作者从事工会活动的时间保障

工会工作者从事工会活动,必然会占用一定的时间。基层的兼职工会工作者,许多工作是利用业余时间进行的,他们把本属于自己的休息时间用于工会工作,为工会工作和维护职工权益劳心劳力。但是,并不是所有的工作都可以在业余时间完成,有一些工作需要在生产时间内进行。为了处理好占用业余时间和占用生产时间的关系,兼职工会工作者在生产时间内从事工会活动的时间,应限定在一定范围之内。这是因为,生产时间是法定的从事生产或工作的时间,作为兼职的工会工作者,不像专职工会干部那样,可以将全部生产时间用于工会活动,而是应把主要精力放在生产上,其从事工会活动大部分是利用业余时间。但是,在某些场合下,兼职的工会工作者从事工会活动必须占用生产时间时,企业、事业单位也应为之提供必要的支持,以利于工会活动的开展。《工会法》规定:"基层工会的非专职委员占用生产或者工作时间参加会议或者从事工会工作,每月不超过三个工作日,其工资照发,其他待遇不受影响。"这样的规定较好地解决了兼职工会工作者占用生产时间从事工会活动的问题。

2. 工会工作人员劳动权益的保障

《工会法》对工会工作人员的劳动权益保护作出两方面的规定,一是关于工会特定工作人员任职期间劳动合同期间的延长问题,二是因参加工会活动或者履行《工会法》规定的职责而被解除劳动合同问题。

(1)劳动合同期间的延长

1)对于工会专职主席、副主席或者委员。《工会法》第十八条规定:"基层工会专职主席、副主席或者委员自任职之日起,其劳动合同期限自动延长,延长期限相当于其任职期间；非专职主席、副主席或者委员自任职之日起，其尚未履行的劳动合同期限短于任期的，劳动合同期限自动延长至任期期满。但是，任职期间个人严重过失或者达到法定退休年龄的除外。"第一，根据此规定，基层专职工会干部从任职之日起劳动合同期限自动延长，工会干部任职的期间即为追加的劳动合同期限，待任职届满后再继续履行工会干部任职前尚未履行完的劳动合同期限。根据《工会法》的规定，基层工会委员会每届任期三年或者五年。因此，延长的劳动合同期限一般为三年或者五年，如果连选连任，劳动合同延长的期限也连续累加，直至任期届满。

需要特别强调的是，劳动合同期限延长，是在原劳动合同总的期限基础上的延长，而不是以已履行的劳动合同期为基础上的延长，也不是以已履行的劳动合同期加任职期为基础上的延长，更不是任期期满就视为延长期满。《最高人民法院关于在民事审判工作中适用〈中华人民共和国工会法〉若干问题的解释》（以下简称《解释》）第二条规定："根据《工会法》第十八条规定，人民法院审理劳动争议案件，涉及确定基层工会专职主席、副主席或者委员延长的劳动合同期限的，应当自上述人员工会职务任职期限届满之日起计算，延长的期限等于其工会职务任职的期间。"

《工会法》第十八条是从两层含义来表述的：一是工会干部任职期限届满后，劳动合同继续履行；二是工会干部任职期视为追加的劳动合同期限。如某用人单位的职工原劳动合同期限是五年，已履行三年后当选为专职工会主席，任期五年。那么，担任工会职务的这五年是追加的劳动合同期，劳动合同总的期限自动延长为十年，任期届满时其劳动合同实际已履行了八年，任职前尚未履行完的两年劳动合同再接续履行。特别需要指出的是，《解释》的这一规定，绝对不应理解为工会专职干部任职期满后，再将劳动合同延长与任职期相等的期限。这样理解会出现三种情形，以职工的劳动合同十年期为例，当其在满三年时被选为专职工会主席后，任职三年届满，若仅延长一个任期期，其劳动合同实际变为了九年；若其在满五年时被选为专职工会主席，任职五年届满，此时延长一个任职期，其劳动合同实际为十五年；若其在满八年时被选为工会主席，任职期五年届满，延长一个任职期，其劳动合同则变为十八年。显然这样理解是不正确的。

2）对于非专职主席、副主席或者委员。与专职主席、副主席或者委员有所区别的是，非专职主席、副主席或者委员自任职之日起，其尚未履行的劳动合同期限短于任期的，其劳动合同期限自动延长至任期期满，这是考虑非专职主席、副主席或者委员的劳动合同是与其所担负的工作相联系的。同样的道理，如果非专职主席、副主席或者委员能够继续当选，则其劳动合同仍然可以延长到新任期期满。

（2）不能以履行职责为由解除劳动合同。工会工作是通过工会干部来完成的。特别是基层工会干部为维护职工权益，需要与单位行政方进行交涉。这就使基层工会干部常常处在矛盾的焦点上，因此而受到不公正对待的情况时有发生。在实践中，有的工会干部因履行职责而被调离、撤职，有的被扣发工资，甚至被解除劳动合同。为了更好地保障工会干部履行好维权的职能，有必要通过法律规定保护工会干部，使他们能够大胆工作，解除后顾之忧。为此，《工会法》第十八条专门就兼职工会工作人员的劳动合同履行期限作出保护性规定。对违反此条规定解除工会工作人员劳动合同的，要依法承担相应的法律责任。当然，工会干部首先是用人单位的劳动者，因此，如果其行为违背法律规定和企业的规章制度，用人单位可以解除劳动合同。

3. 工会主席、副主席任职的保障

《工会法》规定："罢免工会主席、副主席必须召开会员大会或者会员代表大会讨论，非经会员大会全体会员或者会员代表大会全体代表过半数通过，不得罢免。"这是罢免工会主席、副主席的法定程序。如果违反上述规定，应当承担相应的法律责任。《工会法》还规定："工会主席、副主席任期未满时，不得随意调动其工作。因工作需要调动时，应当征得本级工会委员会和上一级工会的同意。"这一规定强调不得随意调动工会主席、副主席的工作，确因工作需要调动的，也要征得本级工会组织和其上级工会组织的同意，这就从法律上为工会主席、副主席完成任内的工作任务提供了有力的法律保障。

4. 工会专职人员工资福利待遇的保障

《工会法》规定："企业、事业单位、机关工会委员会的专职工作人员的工资、奖励、补贴，由所在单位支付。社会保险和其他福利待遇等，享受本单位职工同等待遇。"这一规定明确了工会基层专职工作人员工资的支付主体。同时，对工会专职工作人员的社会保险和其他福利待遇等也明确了相应的开支渠道和支付标准。也就是说，基层工会专职工作人员所在的企业、事业单位、机关中，其他职工社会保险费用的缴纳和支取、生活福利待遇的发放和标准是怎样的，工会专职工作人员也和他们执行相同的渠道和标准。这样规定，可以避免企业工会专职工作人员的相关待遇等与其他职工不一样的情况，有利于基层工会专职工作人员更密切地联系广大职工群众，为职工群众说话、办事，赢得职工的信任。

第4节 违反《工会法》的法律责任

一、阻碍工会组建的法律责任

《工会法》第五十条规定："违反本法第三条、第十一条规定，阻挠职工依法参加和组织工会或者阻挠上级工会帮助、指导职工筹建工会的,由劳动行政部门责令其改正;拒不改正的,由劳动行政部门提请县级以上人民政府处理;以暴力、威胁等手段阻挠造成严重后果,构成犯罪的,依法追究刑事责任。"这一规定表明,非法阻挠组建工会,可能引起三种法律后果:一是由劳动行政部门责令改正;二是在拒不改正的情况下,由劳动行政部门提请县级以上人民政府处理;三是追究刑事责任。

二、对工会工作人员打击报复的法律责任

《工会法》第五十一条规定:"对依法履行职责的工会工作人员无正当理由调动工作岗位,进行打击报复的,由劳动行政部门责令改正、恢复原工作;造成损失的,给予赔偿。对依法履行职责的工会工作人员进行侮辱、诽谤或者进行人身伤害,构成犯罪的,依法追究刑事责任;尚未构成犯罪的,由公安机关依照治安管理处罚条例的规定处罚。"本条针对无正当理由调动工会干部工作岗位的情况,规定了由劳动行政部门责令改正、恢复原工作。造成损失的,给予赔偿。这两种处罚方式可以同时运用。针对侮辱、诽谤或者人身伤害工会工作人员的情况,规定了根据情节轻重分别追究刑事责任或是依照《治安管理处罚法》的规定处罚。

三、侵犯工会财产权的法律责任

工会的财产权是指工会组织对工会的财产、经费、工会所属企业、事业单位和各级人民政府、企业、事业单位、机关拨给工会使用的不动产的占有、使用、收益及处分的权利。《工会法》明确规定,国家负有保护工会合法权益不受侵犯的义务,工会的财产、经费和国家拨给工会使用的不动产,任何组织和个人不得侵占、挪用和任意调拨。工会所属的为职工服务的企业、事业单位,其隶属关系不得随意改变。

1. 拖欠工会经费

建立工会组织的企业、事业单位、机关依法向工会组织拨缴的经费是工会组织经费的重要来源之一。根据《工会法》第四十三条的规定,应拨缴工会经费的单位无正当理由拖延或者拒不拨缴工会经费时,工会组织可以依法向人民法院申请支付令。支付令程序是民事诉讼法规定的一种特别程序,又称为督促程序,是在债务人不履行支付金钱、有价证券等债务,债权人向法院提起的追债程序。工会经费是金钱债务,单位应当拨缴的工会经费有明确的计算标准,与工会组织之间一般不存在其他纠纷,所以一般都符合《民事诉讼法》规定的申请支付令的条件。《最高人民法院关于在民事审判工作中适用〈中华人民共和国工会法〉若干问题的解释》对拨缴工会经费的支付令案件作出三个方面的规定。一是支付令案件的管辖问题,规定工会向法院申请支付令,由拖欠工会经费的单位所在地的基

层人民法院受理。二是对支付令提出异议的问题，规定法院受理支付令申请后，先行征询被申请人的意见，如被申请人仅对应拨缴经费数额有异议的，法院应当就无异议部分的数额发出支付令。三是上级工会申请支付令问题，根据《工会法》第四十三条的规定，上级工会向法院申请支付令或提起诉讼，要求单位拨缴工会经费的，法院应当受理。

2. 侵占工会经费和财产

侵占工会经费和财产的行为主要包括：①一些单位行政方将工会举办的企业、事业当作单位的财产，任意调拨、挪用工会的这部分财产，甚至擅自改变其产权关系；②一些地方法院在审理经济纠纷案件中，将工会财产当作企业资产和财产进行冻结和查封、扣押；③一些部门和单位将工会举办的一些为职工服务的企事业单位占为己有，随意改变这些事业单位的隶属关系。造成这些后果的原因是没有认识到工会财产的独立性。工会作为社团法人，具备独立成立企事业单位的资格，有自己独立的财产，可以独立自主地处分自己的财产权益，承担相应的义务和责任。因此，《工会法》第四十六条明确规定："工会的财产、经费和国家拨给工会使用的不动产，任何组织和个人不得侵占、挪用和任意调拨。"第四十七条规定："工会所属的为职工服务的企业、事业单位，其隶属关系不得随意改变。"对违反这些规定、侵占工会经费和财产、拒不返还的，明确了财产损害赔偿的民事法律责任。

四、工会工作人员违反《工会法》的法律责任

工会工作人员违反《工会法》规定，作出损害职工或者工会权益的违法行为，要承担相应的法律责任。此类违法行为主要包括以下几个方面：

1. 工会工作人员不履行法律规定的职责，不代表和维护职工合法权益

主要表现是工会工作人员不尽职尽责做好本职工作，或工作不负责任，马虎草率；或是放弃职守，对自己应当负责的工作撒手不管；或无原则地按企业行政方要求行事，甚至与不法经营者串通一气，坑害职工群众，侵害他们的权益。

2. 工会工作人员因其他违法行为侵犯职工及工会合法权益

这里的"其他违法行为"主要包括与其担任工作职务有关的违法行为，包括侵吞、挪用工会经费和财产，收受贿赂，利用职务之便为他人谋取不正当利益等。对于上述工会工作人员的违法行为，《工会法》第五十五条规定："工会工作人员违反本法规定，损害职工或者工会权益的，由同级工会或者上级工会责令改正，或者予以处分；情节严重的，依照《中国工会章程》予以罢免；造成损失的，应当承担赔偿责任；构成犯罪的，依法追究刑事责任。"明确了工会工作人员违法的，根据不同情形分别须承担行政、民事和刑事三种法律责任。

第5节 职工代表大会

一、企业民主管理概述

1. 企业民主管理的概念、性质及任务

（1）企业民主管理的概念。在企业实行民主管理，是我国企业管理的一项重要原则。企业民主管理是指企业职工依照有关法律、法规和政策规定，参与企业决策、管理和监督，企业的经营管理者尊重、支持和保证职工行使知情权、参与权、表达权、监督权等民主权利的有组织的制度性、规范性活动。企业民主管理的主体是企业职工，涵盖企业经营管理人员、技术人员和一线工人。企业民主管理旨在通过建立一定的制度并设置相应的职权，来保证职工参与企业的决策、管理和监督的有效实现；与此同时，还必须建立健全与制度相配套的、切实可行的运行程序，以充分反映和切实表达职工的真实意见和建议。企业民主管理的关键是职工参与企业经营管理、维护职工合法权益，使企业科学管理或专业管理获得广泛的群众基础，而非直接实施管理或代替专业管理。

（2）企业民主管理的性质

1）企业民主管理是企业管理的有机组成部分。市场经济条件下，企业管理既有自然属性，也有社会属性。企业管理的自然属性主要是指企业的产供销，即对企业生产资料、产品、盈亏等问题的管理，讲求效率和权威。企业没有效率，没有真正的权威，就没有办法进行社会化大生产。同时，企业管理也具有社会属性，即企业应担负的社会责任和对参与生产经营的人的管理。因此，要更多地考虑企业中参与生产经营管理的人的经济权益和民主权利。企业民主管理的主体是所有参与生产经营和管理的人，因此，无论什么性质的企业，无论其组织形式如何，民主管理都是企业管理的一个有机组成部分。

2）企业民主管理是基层民主政治建设的重要组成部分。企业职工的民主政治权利、劳动经济利益和精神文化权益受到国家法律的保护。职工在基层经济组织中享有的民主是我国基层民主政治建设的重要内容。同时，在企业通过实行民主管理和民主监督，对经营管理者廉洁自律情况实行民主监督，让职工充分行使民主选举、民主决策、民主管理和民主监督权利，是保障职工群众当家作主最有效、最广泛的途径，体现了我国基层民主政治建设中党的领导、人民当家作主和依法治国的有机统一，是发展社会主义基层民主的一项制度性安排。

(3) 企业民主管理的任务

1) 推动企业民主决策、科学管理。企业要想在激烈的市场竞争中长久健康发展，离不开科学的管理和决策。企业民主管理的一个重要任务就是使企业经营管理者在对生产发展或管理作出决策前，及时听取职工群众的意见和建议，积极采纳有益于企业发展的建议，从而保证企业决策更加民主、科学、全面。

2) 维护职工合法权益，促进劳动关系和谐稳定。作为劳动关系一方的职工的利益诉求，需要通过一定的民主程序和相应的载体得到充分表达和有效维护。此外，劳资矛盾的解决需要沟通协调机制，企业民主管理的任务之一就是建立劳资双方的沟通协调机制和平台，寻找劳资双方关系的平衡点和劳资利益的共同点，推动建立规范有序、公正合理、和谐稳定、互利共赢的劳动关系。

3) 调动职工群众的积极性和创造性。资本和劳动力是企业的两大支柱，企业民主管理的任务就是尊重和落实职工的权益，让职工享有知情权、建议权、决定权、监督权，激发广大职工群众的责任感和使命感，调动广大职工的工作积极性和创造性，促进企业的健康快速发展。同时，也让职工能够从企业发展中获得更多利益，实现劳资双赢。

2. 我国企业民主管理的历史沿革

(1) 新中国成立之前的企业民主管理。在新中国成立前的"苏区"、根据地、解放区，企业民主管理形式经历了从"三人团"和工人大会，到初步创立工厂管理委员会和职工代表会议制度的发展过程。我们党在创建革命根据地以后，开始有了自己的工厂，这些工厂实行与国民党统治区的工厂不同的管理办法和制度，形成了早期的民主管理制度。比较有代表性的就是"三人团"和工人大会制度。1934年发布的《苏维埃国家工厂管理条例》《苏维埃国家工厂支部工作条例》确立了早期的工厂民主管理的制度。"三人团"由厂长、党支部书记和工会委员长组成，工厂生产中发生的问题必须经"三人团"会议研究决定。工会参加"三人团"，反映工人的意见并参与企业管理，通过召开工人大会，讨论生产计划，收集工人的意见和建议。抗日战争后期，企业的民主管理制度有了一些变化，曾经用厂务会议代替"三人团"，但党中央和陕甘宁边区政府强调，厂长的管理不能取消工厂的民主管理。这一时期，苏区的私营工厂也通过私营企业的工厂委员会和店铺委员会组织职工进行民主监督。

抗日战争胜利后，解放区扩大到一些大中城市。1946年5月，中共中央在《关于工矿企业政策的指示》中，正式推广工厂委员会制度。工厂委员会由厂长、工程师、其他生产负责人和工会主席组成，讨论并解决有关企业管理和生产中的各种问题。1949年5月，华北解放区召开职工代表大会，正式强调所有工厂要建立工厂管理委员会和职工代表会议制度。同年8月，华北人民政府作出了《关于在国营工业企业中建立工厂管理委员会和职工代表会议制度的决定》，对工厂管理委员会和职工代表会议的性质、任务、组织和职权作出规定。从而正式确立了职工代表会议制度。而私营企业则通过"工人生产维持委员会""增产节约委员会""劳资协商会议"等形式实行民主管理。

（2）新中国成立后到改革开放前的企业民主管理。这个时期企业民主管理的特点是，职工代表大会制度正式形成，企业民主管理工作经历了曲折发展的过程。1950年2月，政务院财政经济委员会发出《关于国营、公营工厂建立工厂管理委员会的指示》，标志着华北解放区将建立工厂管理委员会和职工代表会议制度推动为全国性统一执行的政策。中央要求"所有的公营工厂，应一律组织工厂委员会和职工代表会议制度"。此后全国工厂委员会和职工代表会议制度建设得到了巨大推动。

（3）改革开放以来的企业民主管理。1981年，中共中央、国务院颁发了《国营工业企业职工代表大会暂行条例》，明确我国企业的领导制度是党委领导下的厂长负责制和党委领导下的职工代表大会制度。1984年以后，随着经济体制改革的深入发展，我国企业开始实行厂长负责制。1986年9月，中共中央、国务院正式颁发包括《全民所有制工业企业职工代表大会条例》在内的企业领导制度的"三个条例"，全民所有制企业普遍实行厂长负责制，同时建立职工代表大会制度。1988年4月，《企业法》颁布实施，第一次通过国家立法形式，对职工代表大会为基本形式的企业民主管理的性质、内容、职权作出明确规定，从而使我国的企业民主管理走上了法制化和规范化轨道。此后几年，以职工代表大会为基本形式的企业民主管理迅速得到恢复和发展。

随着社会主义市场经济体制的逐步确立，许多国有企业开始进行改革改制，建立现代企业制度；与此同时，非公有制经济迅速发展，企业民主管理遇到了新的挑战和发展契机。随后制定和修改的《劳动法》《工会法》《公司法》《劳动合同法》等法律法规，都对企业建立职工代表大会和实行民主管理作出了相关规定。与此同时，实践中形成了诸如厂务公开，职工董事、职工监事等新的民主管理制度，企业民主管理工作进入全面发展的新时期。当前，不同所有制企业的职工代表大会、厂务公开制度和公司制企业职工董事、职工监事制度的建制工作，特别是非公有制企业建制工作取得了新的进展，社会对企业民主管理的认识不断深化，实行民主管理的企业数量不断增加，而且民主管理制度的法制化、规范化建设也取得了新的成效。

3. 企业民主管理的法律依据与形式

（1）企业民主管理的法律依据。我国《宪法》《劳动法》《工会法》《公司法》《劳动合同法》等法律法规均明确提出，企业要通过职工代表大会或其他形式实行民主管理。如《宪法》第十六条规定："国有企业依照法律规定，通过职工代表大会和其他形式，实行民主管理。"第十七条规定："集体经济组织实行民主管理，依照法律规定选举和罢免管理人员、决定经营管理的重大问题。"《劳动法》第八条规定："劳动者依照法律规定，通过职工大会、职工代表大会或者其他形式，参与民主管理或者就保护劳动者合法权益与用人单位进行平等协商。"《工会法》第六条规定："工会依照法律规定通过职工代表大会或者其他形式，组织职工参与本单位的民主决策、民主管理和民主监督。"《公司法》第十八条规定："公司依照宪法和有关法律的规定，通过职工代表大会或者其他形式，实行民主管理。"《劳动合同法》第四条规定："用人单位在制定、修改或者决定有关劳动报酬、工作时间、休息休假、劳动安全卫生、保险福利、职工培训、劳动纪律以及劳动定额管理等直接涉及劳动者切身利益的规章制度或者重大事项时，应当经职工代表大会或者全体职工讨论，提出方案和意见，与工会或者职工代表平等协商确定。"此外，2012年2月，中央纪委、中央组织部、国务院国资委、监察部、全国总工会、全国工商联联合下发的《企业民主管理规定》为规范推进企业民主管理工作提供了规范性依据。以上海来说，2010年12月23日上海市人大常委会审议通过的《上海市职工代表大会条例》要求企业依法建立健全职工代表大会制度，以保障职工民主权利，促进职工和企业的共同发展。

（2）企业民主管理的形式。职工代表大会（或职工大会）是企业实行民主管理的基本形式。职工代表大会是职工行使民主管理权力的机构，起着核心的统领作用。此外，厂务公开、职工董事和职工监事制度，以及职工民主管理委员会、民主议事会、劳资恳谈会、民主协商会等也是企业民主管理的重要补充形式。其他民主管理形式作为基本形式的补充，可以完善和充实职工代表大会制度，特别是可以解决在职工代表大会闭会期间以及职工代表大会形成决议后具体实施落实方面的问题，填补微观层面的民主管理过程中可能出现的空白和不足，与职工代表大会制度相辅相成，共同促进企业完善管理。

二、职工代表大会的性质与建立

1. 职工代表大会制度概述

职工代表大会制度是一项具有中国特色的企业民主管理制度，它以尊重职工的民主权利为基础，以职工的广泛参与为特征，以规范的民主程序为保障，以协调劳动关系为重点，以实现企业与职工的共同发展为目标，充分体现了我国基层民主政治建设的深刻内涵和独特作用。2011年5月1日实施的《上海市职工代表大会条例》是上海规范职工代表大会制度的地方性法规。2012年3月上海市总工会制定的《上海市职工代表大会工作规范》是推动全市企业规范运行职工代表大会制度的规范性文件。

2. 职工代表大会的性质

职工代表大会（或者职工大会）是企业实行民主管理的基本形式，是协调劳动关系的重要制度，是职工行使民主管理权力的机构。企业是职工代表大会制度的建制主体，并为职工代表大会制度的建立和规范运作提供必要的支持和保障。企业工会是职工代表大会的工作机构,并组织职工代表开展日常民主管理活动,不断提升职工代表大会的运行质量。

3. 职工代表大会制度的建立

(1) 职工代表的资格与名额。与企业建立劳动关系和聘用关系的职工、劳务派遣人员、上级委派或由董事会聘任的经营管理人员可以当选为职工代表。劳务派遣人员可以参加用工单位的职工代表大会,也可以参加劳务派遣单位的职工代表大会。

职工人数在 100~3 000 人的,职工代表名额以 30 名为基数,职工人数每增加 100 人,职工代表名额增加不得少于 5 名;职工人数在 3 000 人以上的,职工代表名额不得少于 175 名;职工人数不足 100 人的,实行职工代表大会制度的,职工代表名额不得少于 30 名。

(2) 职工代表的构成。职工代表应当以一线职工为主体,且不低于 50%。一线职工一般指企业中直接从事生产服务、专业技术、基础管理等工作的人员。职工代表中,中高层管理人员不超过 20%。中高层管理人员一般指含企业职能部门和分公司、分院(校)的正、副职在内的中层以上领导人员,跨地区、跨行业的大型集团型企业的比例可以适当提高,但不得超过 40%。女职工代表比例一般与本单位女职工人数所占比例相适应。

职代会可以设一定比例的列席代表。列席代表比例一般不超过正式代表总数的 10%。

(3) 职工代表的产生。职工代表由职工民主选举产生,实行常任制,可以连选连任,任期与职工代表大会届期相同。选举职工代表一般以分公司、分院(校)部门、班组、科室等为选区。选举应当由选区全体职工 2/3 以上的人参加,候选人获得选区全体职工半数以上赞成票方可当选。选举结果应当公布。

上级单位职工代表大会的职工代表由下级单位的职工代表大会选举产生。

职工代表大会应当成立职工代表资格审查小组,对职工代表资格等进行审查。职工代表资格审查结束后,应当形成职工代表资格审查报告,向职工代表大会报告。

职工代表出现缺额时,应当由原选区依照规定的民主程序及时进行补选,并向下次职工代表大会报告。补选产生的职工代表应当公布。

(4) 工作流程。①制定选举方案。企业工会根据本单位组织管理结构和职工队伍实际状况,与企业协商制定选举职工代表的选举方案,合理划分选区,确定代表总数及名额分配;②广泛宣传发动。选举前,企业工会通过多种形式,广泛宣传职工代表大会的性质、意义、职权、任务以及职工代表的权利、义务,教育职工以高度负责的态度选职工代表;③酝酿职工代表候选人。企业工会组织职工以选区为单位,可以采取推荐、自荐和竞选的方式,在充分发扬民主的基础上,酝酿确定正式的职工代表候选人;④选举职工代表。各选区按照分配的代表名额,采用无记名投票方式直接选举产生职工代表。企业领导应分到有关选区,以普通职工的身份参加选举;⑤职工代表资格审查。职工代表资格审查委员会(小组)对各选区选出的职工代表进行资格审查。职工代表资格审查委员会或小组由企业工会、人力资源等相关部门组成,其主要任务是审查职工代表是否享有法定的政治权利,是否符合代表的条件,以及选举程序是否符合规定等。对不符合规定的,应取消其资格或重新选举;⑥报告和公布。审查结果要向职工代表大会报告。选举结果则通过厂务公开栏等形式向全体职工公布。

三、职工代表大会的基本规则

1. 职工代表大会制度分为职工代表大会和职工大会两种形式

职工人数在 100 人以上的企业应当召开职工代表大会,由职工民主选举产生的职工代表参加。职工人数不足 100 人的企业一般召开职工大会,由全体职工参加,但因工作地点分散、实行特殊工时制等难以召开职工大会的,可以召开职工代表大会。职工大会依照职工代表大会的职权、相关组织制度和议事规则等行事。

2. 职工代表大会每年至少召开一次会议

企业、工会或者 1/3 以上职工代表提议,可以召开职工代表大会。企业与工会应当对提议的事项进行审核,对确属职工代表大会职权范围内的事项,依照有关程序组织筹备召开职工代表大会。职工代表大会须有全体职工代表 2/3 以上出席,方可召开。

3. 提交职工代表大会审议和审议表决的书面材料,应当在职工代表大会召开的 7 日前送交职工代表

职工代表大会审议通过事项,应当采取无记名投票方式,并须获得全体职工代表半数以上赞成票方可通过。

四、职工代表大会的会议流程

1. 会议筹备

(1) 企业和工会协商确定会议议题和议程。

(2) 企业和工会协调相关职能部门起草提交职工代表大会审议和审议表决的相关材料。

(3) 工会组织职工代表的选举、撤换、补选。

(4) 做好大会的其他相关准备事项。

2. 职工代表团(组)讨论

职工代表团(组)应当组织职工代表讨论,由工会及时汇总整理职工代表团(组)

的意见和建议。职工代表对涉及职工切身利益的重要事项意见分歧较大的,由企业和工会根据职工代表意见进行协商修改后,提交职工代表大会再次审议。

3. 预备会议

职工代表大会召开前,企业应当召开预备会议。预备会议由企业工会组织召集,工会主席主持,全体正式职工代表参加。预备会议的主要议程为:

(1) 审议职工代表大会筹备工作情况报告。

(2) 审议职工代表资格审查情况报告。

(3) 审议通过职工代表大会表决办法。

(4) 审议通过职工代表大会主席团成员名单。

(5) 审议通过职工代表大会议题和议程。

(6) 审议或审议通过其他有关事项。

4. 正式会议

职工代表大会正式会议由主席团推选的主持人主持。工作人员清点出席本次会议的职工代表人数,并向大会主持人报告。职工代表大会的一般议程为:

(1) 会议主持人报告本次职工代表大会代表出席情况,确认职工代表大会召开有效,宣布大会开始。

(2) 听取需要提交职工代表大会审议或审议通过的有关工作报告,以及涉及职工切身利益事项方案或草案的情况说明和上次职代会决议、提案和集体合同履行、处理、落实情况的报告。

(3) 听取需要接受职工代表大会民主评议人员的述职、述廉报告。

(4) 审议讨论有关报告、方案或草案。职工代表表达意愿和诉求,提出意见和建议。

(5) 审议通过有关方案或草案。

(6) 对有关人员进行民主选举。

(7) 对有关人员进行民主测评。

(8) 形成决议,大会总结。

5. 会后工作

企业应当在职工代表大会闭会后 7 日内,向全体职工公布职工代表大会审议通过的事项和决议。企业工会应当在职工代表大会闭会后,及时汇总整理相关材料,形成职工代表大会文书档案。职工代表及时向选区职工传达会议精神,报告本人履职情况。企业与工会共同组织职工代表检查职工代表大会决议、提案和集体合同履行、处理、落实情况,及时将意见反馈给责任部门,并督促整改。

五、职工代表大会职权

根据《上海市职工代表大会条例》,职工代表大会的职权主要有以下几项:

1. 审议建议权

该项职权是以知情、参与为主要目的,对报告或方案提出修改、完善的意见和建议。其主要内容为:

(1) 企事业单位的发展规划,年度经营管理情况和重要决策。

(2) 企事业单位制定、修改、决定直接涉及职工切身利益的规章制度或者重大事项。

(3) 工会与企业就职工工资调整、经济性裁员、群体性劳动纠纷和生产过程中发现的重大事故隐患或者职业危害等事项进行集体协商的情况。

(4) 职工代表大会工作机构的工作情况、联席会议协商处理的事项。

(5) 国有、集体及其控股企业财务预决算,重组改制方案和重大改革措施,申请破产或者解散等重要事项。

(6) 事业单位的财务预决算、重大改革改制方案等重要事项。

(7) 法律法规规定或者企事业单位与工会协商确定应当向职工代表大会报告的其他事项。

2. 审议通过权

该项职权是在组织职工代表对方案或草案进行审议的基础上进行表决,形成同意或不同意的意见。其主要内容为:

(1) 涉及劳动报酬、工作时间、休息休假、保险福利等事项的集体合同草案。

(2) 工资调整机制、女职工权益保护、劳动安全卫生等专项集体合同草案。

(3) 国有、集体及其控股企业的薪酬制度、福利制度、劳动用工管理制度、职工教育培训制度、改革改制中涉及的职工安置方案,以及其他涉及职工切身利益的重要事项。

(4) 事业单位的职工聘任、考核奖惩办法,收益分配的原则和办法,职工生活福利制度、改革改制中涉及的职工安置方案,以及其他涉及职工切身利益的重要事项。

(5) 法律法规规定或者企事业单位与工会协商确定应当提交职工代表大会审议通过的其他事项。

3. 审查监督权

该项职权以知情、监督为目的,对有关事项的落实情况进行监督和质询。其主要内容为:

(1) 职工代表大会提案办理情况。

(2) 职工代表大会审议通过的重要事项落实情况。

（3）集体合同和专项集体合同履行情况。
（4）劳动安全卫生标准执行、社会保险费交缴、职工教育培训经费提取使用等情况。
（5）法律法规规定或者企事业单位与工会协商确定应当向职工代表大会报告并接受审查监督的其他事项。

4. 民主选举权

该项职权以履行程序为必要条件，有关人员的产生必须履行职工代表大会民主选举程序。其主要对象为：
（1）民主管理专门小组（委员会）成员。
（2）董事会和监事会中的职工代表。
（3）法律法规规定或者企事业单位与工会协商确定应当由职工代表大会民主选举产生的其他人员。

5. 民主评议权

该项职权以评议、监督为目的，职工代表大会对领导干部和相关人员的民主评议结果应当纳入领导干部和相关人员管理考核体系。其主要对象为：
（1）董事会和监事会中的职工代表。
（2）国有、集体及其控股企业的党组织正副书记、正副董事长、内设监事会的正副监事长、正副经理、财务总监、三总师等；事业单位的党政领导班子成员，企事业单位下属的分支机构负责人。
（3）法律法规规定或者企事业单位与工会协商确定应当接受职工代表大会民主评议的其他人员。

六、企业违反职工代表大会制度的法律责任

企业实行以职工代表大会为基本形式的民主管理，是法律法规所规定的企业必须承担的法定责任。对于职工代表大会的法律效力，《上海市职工代表大会条例》第三十二条规定，法律法规规定应当提交职工代表大会审议通过的事项，未按照法定程序提交审议通过的，企事业单位就该事项作出的决定对本单位职工不具有约束力。第三十三条进一步明确规定，职工代表大会在其职权范围内审议通过的事项对本单位以及全体职工具有约束力，未经职工代表大会重新审议通过不得变更。

对于企事业单位违反职工代表大会制度的法律责任，《上海市职工代表大会条例》第四十五条规定，企事业单位违反下列行为之一的，由市和区、县人民政府以及相关部门责令改正，对企事业单位法定代表人和有关责任人给予批评教育；拒不改正的，依法处理：①阻挠建立职工代表大会制度的；②妨碍职工代表大会依法行使职权的；③应当提交职工

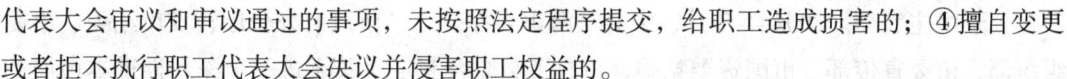

代表大会审议和审议通过的事项,未按照法定程序提交,给职工造成损害的;④擅自变更或者拒不执行职工代表大会决议并侵害职工权益的。

《上海市职工代表大会条例》赋予工会对企事业单位实行职工代表大会制度情况进行监督和纠正的权力,如第三十二条规定,法律法规规定应当提交职工代表大会审议通过的事项,未按照法定程序提交的,企事业单位的工会有权要求纠正,企事业单位应当根据工会的要求予以纠正。第四十三条规定,市和区、县总工会应当将企事业单位实行职工代表大会制度的情况纳入工会劳动法律法规监督检查的内容。对企事业单位违反本条例规定的行为,可以发出工会劳动法律监督整改意见书,要求企事业单位予以改正。对逾期不改正的,可以根据需要向同级国有资产、教育、卫生等主管部门和人力资源社会保障等行政管理部门提出工会劳动法律监督处理建议书,国有资产、教育、卫生等主管部门和人力资源社会保障等行政管理部门应当依法进行调查处理。

第6节　厂务公开制度

厂务公开制度是指企业依照有关法律法规的规定和相关政策要求,将与本单位改革发展稳定和职工切身利益密切相关的重大问题和重要事项,通过职工代表大会和其他适当形式向广大职工群众公布、告知,接受职工群众监督的有关活动的总称。企业是实行厂务公开的主体,企业经营管理方是企业开展厂务公开工作的主要责任者。企业党组织是企业开展厂务公开工作的直接领导者,企业工会是企业开展厂务公开工作的具体工作者。广大职工是厂务公开的参与者、监督者和评价者。

一、厂务公开的依据与原则

1. 厂务公开的依据

2002年6月,中共中央办公厅、国务院办公厅下发《关于在国有企业、集体企业及其控股企业深入实行厂务公开制度的通知》,对厂务公开的重要意义、指导原则、总体要求、主要内容、实现形式、组织领导等作出具体规定,明确要求国有企业、集体企业及其控股企业实行厂务公开,其他企业可依照法律规定采取与本单位相适应的形式实行厂务公开,推进民主管理工作。2012年2月,中央纪委、中央组织部、国务院国资委、监察部、全国总工会、全国工商联共同下发《企业民主管理规定》,对企业实行厂务公开作出详细规定,并且打破了企业所有制界限,明确要求包括非公有制企业在内的所有企业都应实行厂务公开民主管理。2004年7月，中共上海市委办公厅、市政府办公厅转发市纪委、市委组织部、市委宣传部、市国资委党委、市总工会联合制定《关于进一步深入推进本市厂务公开工作的实施意见》。2006年2月，上海市纪委、市委组织部、市委宣传部、市国资委党委、市总工会联合下发《关于建立健全本市厂务公开工作责任制的若干意见》和《上海市厂务公开工作责任追究办法（试行）》。这些政策性文件是企业推行厂务公开工作的依据。

2. 厂务公开的原则

《企业民主管理规定》第三十三条规定："企业实行厂务公开应当遵循合法、及时、真实、有利于职工权益维护和企业发展的原则。实行厂务公开应当保守企业商业秘密以及与知识产权相关的保密事项。"这说明企业在实行厂务公开时应遵循依法公开的原则、及时公开的原则、真实公开的原则、科学公开的原则。另外，涉及企业商业秘密以及与知识产权相关的保密事项则不但不公开，而且知情的职工还应当保守秘密。

二、厂务公开的主要内容

根据上述相关规定，企业实行厂务公开的内容主要涉及企业经营管理的重大事项、重点是涉及职工切身利益的规章制度和经营管理人员廉洁从业相关情况。

1. 企业重大决策和企业生产经营管理的重大事项

事项主要包括投资和生产经营管理重大决策方案，企业改革、改制方案，兼并、破产方案，重大技术改造方案，职工裁员、分流、安置方案；企业中长期发展规划；年度生产经营目标及完成情况，企业担保、大额资金使用、大额资产处置情况，工程建设项目的招投标，大宗物资采购供应，产品销售和盈亏情况，承包租赁合同履行情况，企业内部经济责任制落实情况，重要规章制度制定等重大事项。

2. 企业涉及职工切身利益方面的事项

事项主要包括招用职工及签订劳动合同情况，劳动规章制度内容，奖励处罚职工、单方解除劳动合同情况以及裁员方案和结果，评选劳动模范和优秀职工的条件、名额和结果，劳动安全卫生标准、安全事故发生情况及处理结果，社会保险以及企业年金缴费情况，职工教育经费提取、使用和职工培训计划及执行情况，劳动争议及处理情况。

除此以外，公有制企业的公开内容中涉及职工切身利益方面的事项还包括职工提薪晋级、工资奖金收入分配情况和专业技术职称的评聘等情况。

3. 与企业领导班子建设、党风建设和廉洁从业密切相关的事项

事项主要包括中层领导人员、重要岗位人员的选聘和任用情况，企业领导人员薪酬、职务消费和兼职情况，以及出国出境费用支出等廉洁自律规定执行情况，职工代表大会民主评议企业领导人员的结果；依照国家有关规定应当公开的其他事项。这主要针对公有制企业、事业单位的要求。非公有制企业也可以公开上述事项，但是不作强制性要求。

三、厂务公开的形式和程序

1. 厂务公开的形式

（1）基本形式。职工代表大会是企业实行厂务公开的主要实现形式。实行厂务公开后，企业经营管理的许多重大事项和问题需要通过职工代表大会这一制度平台加以解决，职工代表大会审议通过各种决定或者事项，本身就是对职工知情权的制度化、规范化的保障。因此，职工代表大会是厂务公开的主要实现形式。

（2）专用形式。专用形式包括专门用于公开厂务的厂务公开栏、厂情发布会、厂务公开网络，以及为公开某些事项而召开的会议等。这些形式的特点是直接面向广大职工群众，及时、直观，方便职工随时了解相关情况。其缺点是单向性，本身不具备反馈机制。因此，应当注意通过意见箱、监督电话等及时收集和了解职工的反映。

（3）特有形式。特殊形式包括职工董事、职工监事参加董事会、监事会制度，工会参加党委会和经理办公会制度，以及党政工联席会议制度等，这既是职工参与企业管理的重要制度，也是职工间接了解企业经营管理情况的有效渠道。这类公开形式的特点是公开的范围小、层次高，对公开事项可以深入讨论研究。对一些还处于酝酿阶段、需要听取各方面意见的事项，特别是在一段时间内需要保密的事项，比较适合。职工董事、职工监事和工会主席在代表职工参加相关会议前，应广泛听取职工意见，会后要在遵守有关规定的前提下，采取适当形式向职工传达。

公司制企业除职工董事、职工监事制度之外，还有信息披露制度的公开形式，主要是指物资采购供应和基建项目的招投标，人才公开招聘、选任，上市公司依照有关规定公开披露财务报表等。这种形式比较规范，公开的范围广，适用于需要向社会广泛公告的事项，这也是广大职工知情的一条渠道。采取这种形式应事先向职工公开有关的政策和制度，方便职工监督，事后要注意听取职工意见，解决工作中存在的问题。

（4）媒体形式。媒体形式包括企业的广播、电视、厂报、墙报等。经职工代表大会审议通过的，或经过其他形式公开以后需要在更大范围宣传的厂务公开事项，都可以通过媒体形式进一步公开。

企业要根据厂务公开的内容和要求，依照制度规定选择不同的形式。在厂务公开后，应注意通过意见箱、接待日、职工座谈会、举报电话等民主形式，及时了解职工的反映，将厂务公开的监督结果也进行公开，使厂务公开贯穿于企业经营管理活动的全过程。

2. 厂务公开的程序

（1）提出公开事项。根据企业实际情况，经与企业主要责任人协商一致，或职代会提出的要求，由厂务公开领导小组或厂务公开办公室责成有关方面、部门公开有关内容，承办方面及时提供公开方案。

（2）实行责任审查。凡是向职工公开的内容，厂务公开领导小组（或厂务公开办公室、部门主管领导）应对承办方面准备的情况和具体公开的方案进行审查，做到资料齐全、数据准确、内容真实。

（3）明确公开方式。根据公开内容的重要程度和工作要求，由厂务公开领导小组或厂务公开办公室，提出公开的时限、范围和公开的实施方式。

（4）广泛听取意见。厂务公开领导小组要采取多种形式，广泛听取职工的意见。凡遇到职工对一些公开内容反映强烈或争议较大的，要采取审慎态度，多做调查研究和统筹协调工作。

（5）认真进行整改。行政领导和责任部门要认真采纳职工的合理建议和意见，提出整改办法，落实整改措施，认真实施整改。

（6）及时反馈情况。对职工意见的处理结果以及整改的情况，要及时向职工群众反馈。

（7）适时监督检查。厂务公开领导小组对厂务公开全过程要适时实施监督检查，确保厂务公开的内容适时、如实、全面，形式和程序要恰当。对查出的问题要及时处理。

第7节 职工董事、职工监事制度

职工董事、职工监事制度是指公司制企业通过职工代表大会选举产生公司董事会、监事会中的职工代表，作为董事会、监事会正式成员依法参与公司董事会决策和监事会行使监督权利的一系列工作程序、权利义务规定和履行职责要求等规则的总称。

一、建立职工董事、职工监事制度的依据

《公司法》第四十五条、第六十八条和第一百零九条规定，国有投资主体投资设立的有限责任公司、国有独资公司的董事会成员中必须有职工董事，其他有限责任公司、股份有限公司董事会成员中可以有职工董事。《公司法》第五十二条、第七十一条和第一百一

十八条规定，有限责任公司、国有独资公司和股份有限公司设立监事会的，必须设立职工监事，其中职工监事的比例不得低于监事会成员的三分之一，具体比例由公司章程规定。1999年，党的十五届四中全会通过的《中共中央关于国有企业改革和发展若干重大问题的决定》明确指出："国有独资和国有控股公司董事会和监事会都要有职工代表参加。"2006年，国务院国有资产监督管理委员会印发了《国有独资公司董事会试点企业职工董事管理办法（试行）》。全国总工会2006年下发了《关于进一步推行职工董事、职工监事制度的意见》。2012年，中央纪委等六部委联合下发的《企业民主管理规定》明确要求："公司制企业应当依法建立职工董事和职工监事制度。"

2010年1月，上海市总工会与市国资委党委、市国资委联合印发了《关于本市国有企业深入推行职工董事、职工监事制度的通知》，2016年1月，上海市总工会与市委组织部、市国资委党委、市国资委、市经信工作党委、市金融工作党委联合下发了《关于完善本市公司制企业法人治理结构　加强职工董事、职工监事制度建设的若干指导意见》，这些是上海企业建立健全职工董事、职工监事制度的重要文件依据。

二、职工董事、职工监事制度的建立

1. 职工董事、职工监事的产生

（1）职工董事、职工监事的任职资格。职工董事、职工监事必须依法由职工代表大会选举产生。公司制企业应当依法在公司章程中明确职工董事、职工监事在董事会、监事会中的具体比例和人数，并明确工会主席、副主席作为职工董事、职工监事候选人人选。职工董事、职工监事的候选人应当由公司制企业工会在充分听取职工意见的基础上提名。

职工董事、职工监事人选应当具备以下几个条件：

1）具有较高的政治素质和较好的群众基础，有一定的权威性和影响力，能够代表和反映职工群众的意见和要求。

2）具有一定的经营管理知识，掌握相关的法律政策、专业知识和工作经验，对本公司的生产经营管理的各个环节比较熟悉，有较强的参与决策和实施监督的能力，有一定的协调沟通能力。

3）公道正派，坚持原则，敢于为职工群众说话办事，能够抵制违纪行为和不正之风，在职工意见与企业管理层意见不一致时，能够从企业发展和职工利益双赢的角度出发，坚持正确的意见和主张。

4）为本企业的职工。

为防止担任职工董事、职工监事人员与其所代表的利益群体发生角色冲突，《中华全国总工会关于进一步推行职工董事、职工监事制度的意见》规定，未担（兼）任工会主席的公司高级管理人员，《公司法》中规定的不能担任或兼任董事、监事的人员，不得担任职工董事和职工监事。《企业民主管理规定》要求："公司高级管理人员和监事不得兼任职工董事；公司高级管理人员和董事不得兼任职工监事。"《国有独资公司董事会试点企业职工董事管理办法（试行）》规定，公司党委（党组）书记和未兼任工会主席的党委副书记、纪委书记（纪检组组长）以及公司总经理、副总经理、总会计师不得担任公司职工董事。

（2）职工董事、职工监事的提名与产生。职工董事、职工监事应当从公司同级工会负责人和本公司其他职工代表中产生。职工董事、职工监事候选人的产生，应当在广泛听取职工群众意见的基础上，由公司工会提名，公司党委（党组）审核并报告上级工会，没有党组织的公司可由上一级工会组织审核。

职工董事、职工监事应当由本公司职工代表大会以无记名投票方式民主选举产生。公司尚未建立职工代表大会制度的，应在上级工会的指导下，先行建立职工代表大会制度。职工董事、职工监事选举产生后，应报上级工会、有关部门和机构备案，并与其他内部董事、监事一同履行有关手续。

职工董事、职工监事的选举一般可参照以下程序进行：

1）由公司工会根据公司章程中关于职工董事、职工监事的规定比例和任职条件制定选举、产生方案。

2）由本公司的职工自荐或者推荐参选职工董事、职工监事人选，公司工会根据自荐、推荐的情况组织职工进行讨论，可以采取投票测评方式，在广泛征求职工意见的基础上，由公司工会委员会提出候选人名单，并经公司党委（党组）审核，报有关部门。

3）召开职工代表大会，采取无记名投票的方式进行选举。

4）候选人必须获得全体职工或职工代表过半数通过方可当选。

5）职工董事、职工监事选举产生后，应予以公示，后报上级工会、有关部门和机构备案。

2. 职工董事与职工监事的任期、罢免与补选

（1）职工董事、职工监事的任期。职工董事、职工监事的任期与公司其他董事、监事的任期相同。任期届满，可连选连任。工会主席、副主席作为职工董事、职工监事的，若任期长于其工会主席、副主席的任职期限的，职工董事、职工监事的任期可以任满，也可以根据公司工会换届选举的结果，按照法定程序进行替换。职工董事、职工监事与公司终止、解除劳动合同的，其任职资格自行终止。

（2）职工董事、职工监事的罢免。《企业民主管理规定》第四十一条规定："职工董事、职工监事不履行职责或者有严重过错的，经三分之一以上的职工代表联名提议，职工

代表大会全体代表的过半数通过可以罢免。"罢免职工董事、职工监事必须有充分的罢免理由。罢免只能由选举职工董事、职工监事的机构，即职工代表大会召开会议进行审议。职工董事、职工监事有权在会前或会上提出申辩或者书面提出申辩意见。职工代表大会必须采用无记名投票的表决方式表决。罢免决议经公司党组织审核，按罢免董事、监事程序履行有关手续，并报上级国资管理部门或有关部门和工会备案。

（3）职工董事、职工监事的补选。职工董事、职工监事出现空缺时，及时进行补选。应当由公司工会依照选举职工董事、职工监事的规定条件和程序提出替补人选，提请职工代表大会民主选举产生。职工董事、职工监事空缺时间一般不得超过三个月。

3. 职工董事、职工监事的履职及其保障

（1）职工董事、职工监事的履职。职工董事、职工监事应围绕公司董事会、监事会会议议题，在参与决策前，充分听取广大职工和工会的意见和建议。在董事会、监事会上全面、真实、准确地反映职工群众的意见和建议，代表和维护职工的合法权益，参与决策和监督。

职工董事、职工监事要定期向职工代表大会报告董事会、监事会的重大决策情况，同时向工会委员会通报相关情况。职工董事、职工监事还要就公司经营管理的规章制度、绩效情况等经常向职工代表大会报告。职工董事、职工监事每年至少应当向职工代表大会进行一次述职报告，就参与董事会、监事会决策过程中的观点主张等情况，接受职工代表的监督、质询和考核。职工代表大会要每年组织职工代表以无记名投票方式对职工董事、职工监事履职情况进行民主评议。

（2）职工董事、职工监事的履职保障。公司制企业应当保障职工董事、职工监事依照法律法规和公司章程开展工作，为职工董事、职工监事履行职责提供必要的工作条件。包括提供必要的工作场所、企业经营管理的信息资料，及时通知职工董事、职工监事参加相关会议并保证其发言和表决权利。职工董事、职工监事在任职期间，除因法定情形外，公司不得与其解除劳动合同。公司工会要协助职工董事、职工监事开展调研、巡视等活动；要通过成立职工董事、职工监事"智囊团""参谋队"，建立职工董事、职工监事各项工作制度、聘请有关专家等方式，为职工董事、职工监事履职提供专业意见和服务。

案例学习

【案例1】 工会的建立
背景资料：
某外商独资企业开业两年多未建立工会，上级工会根据公司员工的反映前往企业进行协调沟通，外方总经理认为未建立工会有两大理由：其一，该公司总部在国外，公司对建立工会事宜曾多次请示总部但未予答复，所以不好办；其二，公司认为建立工会是企业的自主权，上级工会无权前往干预。上级工会在进行员工访谈中，发现70%的职工有组建工会的愿望。

试题要求：

根据《工会法》的相关规定，该企业在组建工会方面存在哪些问题？该如何正确处理？

【案例2】 工会干部的劳动合同终止

背景资料：

小王与小张从工会学院毕业后被一家大型企业录取。合同期限三年，从2012年9月1日至2015年8月31日。2013年9月，小王与小张同时当选为企业工会成员。其中，小王担任工会兼职副主席，小张担任工会专职委员。任期三年，从2013年9月1日至2016年8月31日。

试题要求：

1. 2015年8月31日两人劳动合同期满，企业可以终止他们的劳动合同吗？为什么？

2. 企业何时可以依法终止小王与小张的劳动合同？为什么？

【案例3】 工会干部的保护

背景资料：

某私营企业为加强劳动管理，对岗位竞聘、合同期限等作出一系列新规定，职工对重新签订的合同期限有异议，反映到工会。工会兼职主席王刚向企业管理方提出了意见和建议。事后3个月，企业突然通知王刚，以其未能很好地配合企业劳动合同管理且任期将满为由（工会任期还有3个月，劳动合同期限还有2年），提出供其选择的两个方案。

1. 如果选择解除合同，企业将予以1年补偿一个月经济补偿金。

2. 如果不选择解除合同，将面临调整岗位（劳动合同约定的中级技术人员岗位工资待遇为3 500元，将调至一般操作工人岗位工资2 200元）。

试题要求：

你认为企业的做法对吗？为什么？

【案例4】 职工代表大会召开的代表比例及数量认定

背景资料：

企业共有职工170人。在一次就职代会审议有关职工工资、奖金分配方案草案时，遭到了职工代表的反对。职工代表提出，企业的职工代表人数太少，只有22位代表，而且11位代表还是本单位的总经理、副总经理和科长、主任等，代表比例也不对，这样讨论审议涉及职工切身利益的方案，对普通的一线职工显然不公正，因此，他们要求按规范的代表比例结构重新选举职工代表。

试题要求：

1. 职工代表提出的这些意见是否正确？
2. 请阐述理由。

【案例 5】 职工代表大会决议的有效程序

背景资料：

某国有企业于 1 月 20 日下午召开职代会，审议本单位的职工教育培训制度方案草案。当天，50 名职工代表只来了 26 名，另有 24 名代表因一些主客观原因未能到会。会议正式召开之前，会务组下发了该方案草案，企业领导在会上简单地介绍了这份草案起草的经过，便将该方案草案提交职代会审议表决，结果共有 20 名职工代表举手同意了该方案草案。会议主持人宣布，该方案草案获得了参会代表的过半数赞成票，方案通过，可以实施。

试题要求：

该企业违反了哪几项职代会的基本规则？

【案例 6】 职工代表大会决议的效力认定

背景资料：

某国有企业于 2011 年 6 月进行了三年一届的职代会换届工作。此后该企业职代会并未进行过换届。2015 年 10 月，当该企业就职工的岗位薪酬制度改革方案草案提交职代会审议表决时，却遭到大部分职工的反对。职工认为企业职代会已经逾期，不合法。并就此意见多次集访到市有关部门，要求企业上级部门同意他们的意见，进行职代会换届改选。

试题要求：

1. 职工的意见是否正确？
2. 职代会改选操作程序应当如何进行？

【案例 7】 职工董事的产生程序

背景资料：

一家国有企业拟在 7 月中旬召开董事会，由于原职工董事已于 3 月底退休，公司董事长决定由一名公司副总经理以职工董事的身份参加董事会并行使相应的职权。公司工会在知晓这一情况后认为，由公司副总经理兼任职工董事的做法不合法，应重新选举职工董事。

试题要求：

1. 工会提出的意见是否正确？
2. 请阐述理由。

第 7 章

企业劳动规章制度

第 1 节　企业规章制度的制定　　　　　　　　/148
第 2 节　企业劳动规章制度的实施与完善　/159

学习目标

➢ 了解企业规章制度的作用、规章制度的完善。

➢ 熟悉规章制度的内容、制定规章制度的注重方面及常见问题、规章制度的实施。

➢ 掌握规章制度的概念特征及效力、规章制度的法定要件和制定程序、规章制度的违法后果。

➢ 能够帮助企业制定合法有效具备可操作性的规章制度。

第1节 企业规章制度的制定

《劳动合同法》的出台对企业劳动用工产生了广泛深远的影响,建立健全适合企业特点的规章制度成为企业经营管理的一个重要方面。《劳动合同法》对企业规章制度的建立、作用和法律地位作出了规定,使规章制度与法规政策、劳动合同、集体合同共同组成了劳动用工管理的体系。企业通过建立和完善规章制度,有助于企业劳动用工管理实现制度化和规范化。

一、《劳动合同法》与企业规章制度

1. 成为企业规章制度的法律依据

《劳动合同法》第四条第一款规定,用人单位应当依法建立和完善劳动规章制度,保障劳动者享有劳动权利,履行劳动义务。这一规定既明确了建立、健全规章制度是用人单位的义务,也成为用人单位建立规章制度的依据。

2. 明确了企业规章制度的法律地位

《劳动合同法》对用人单位的用工过程设定了许多法定义务,但同时也赋予了权利。比如劳动者严重违反用人单位规章制度、造成用人单位重大损失可以解除劳动合同;劳动者患病超过规定的医疗期、不能胜任工作也可以解除合同。但按什么标准或如何界定这些行为,都必须在用人单位制定的规章制度中加以明确和细化才能产生真正的法律效果。

3. 规制了企业规章制度的制定程序

《劳动合同法》第四条第二款规定,用人单位在制定、修改或者决定有关劳动报酬、工作时间、休息休假、劳动安全卫生、保险福利、职工培训、劳动纪律以及劳动定额管理等直接涉及劳动者切身利益的规章制度或重大事项时，应当经职工代表大会或者全体职工讨论，提出方案和意见，与工会或者职工代表平等协商确定。由此可见，用人单位不能单方面制定规章制度，而是需要与工会或职工代表共同、平等地协商。《劳动合同法》第四条第四款规定，用人单位应当将直接涉及劳动者切身利益的规章制度和重大事项决定公示，或者告知劳动者。上述规定构成了用人单位制定规章制度的法定程序。

4. 明确了企业制定规章制度的法律责任

（1）对企业规章制度的监督。一是内部监督。《劳动合同法》第四条第三款规定，在规章制度和重大事项决定实施过程中，工会或者职工认为不适当的，有权向用人单位提出，通过协商予以修改完善。二是外部监督。《劳动合同法》第七十四条规定，县级以上地方人民政府劳动行政部门依法对用人单位制定直接涉及劳动者切身利益的规章制度及其执行的情况进行监督检查。发现不合法的，可以责令用人单位改正。

（2）对规章制度违法的处置。《劳动合同法》第三十八条规定，用人单位的规章制度违反法律、法规的，损害劳动者权益的，劳动者可以解除劳动合同。第四十六条规定，劳动者依照本法第三十八条规定解除劳动合同的，用人单位应当向劳动者支付经济补偿；第八十条规定，用人单位直接涉及劳动者切身利益的规章制度违反法律、法规规定的，由劳动行政部门责令改正，给予警告；给劳动者造成损害的，应当承担赔偿责任。

二、企业规章制度的概念、特征与效力

1. 企业规章制度的概念

企业规章制度包含内容非常广泛，广义的规章制度包括企业的经营管理制度，也包括企业的劳动规章制度；狭义的规章制度仅指企业劳动规章制度。本章所说的企业规章制度仅指劳动规章制度，是企业根据国家法律、法规以及企业自身特点制定的，在本单位实行的有关组织和进行劳动管理的规则总称。

企业规章制度通常由管理制度、操作规程、劳动纪律和奖惩办法等部分组成。具体内容包括劳动合同管理、薪酬管理、社会保险、福利待遇、工时休假、劳动安全卫生、职工奖惩以及其他劳动管理方面内容。一套比较完善的规章制度对企业生产经营的正常开展具有非常重要的意义。其不仅可以帮助用人单位的劳动管理行为规范化，降低用工风险，从而防止任意发号施令，乱施处罚的行为发生，保障劳动者的合法权利；同时也可以减少劳动争议的发生，即使发生劳动争议也可以在事后作为诉讼活动中的证据。另外，站在职工的角度，规章制度是企业内部规范员工行为的准则，员工可以根据规章制度了解自己可以享有哪些权利和应该履行哪些义务，必须做哪些事、可以做哪些事、不得做哪些事，从而自觉遵守。

此外，完善的企业规章制度也是企业文化的重要载体，是倡导和维护企业文化的重要手段。

2. 企业规章制度的特征

企业规章制度具有合法性、权威性、严肃性、强制性和普适性等特征。

（1）合法性。合法性指企业规章制度的内容和制定程序都必须符合法律法规的规定。无论在内容上还是在制定程序上违反法律法规的相关规定，都将导致规章制度的无效。

（2）权威性。权威性指有效的规章制度是企业内部对劳动人事管理的最高标准和准则，合法的企业规章制度的效力受到法律法规的保护。企业和员工都必须严格遵守，违反规章制度的行为都要承担相应的责任。

（3）严肃性。严肃性指合法的企业规章制度一经成立，不受外部因素的影响，不得随意改变。企业拥有对规章制度的解释权。只有政府有关行政机关、劳动争议仲裁和司法机关才具有对企业规章制度合法情况和执行情况的判断权。

（4）强制性。强制性指企业规章制度是法律法规在企业的延伸和具体化，企业依据生效的规章制度形式对职工的指挥管理具有强制性特征，职工无要求企业选择性执行规章制度的权利。对企业执行规章制度的行为不服，只能通过劳动争议处理程序解决，否则必须执行。

（5）普适性。普适性指企业规章制度一旦生效，即对企业及全体员工具有相同的约束力，无论员工从事何种工作，也不论职位高低或权限大小，均普遍适用。针对个别情况适用的内容一般不作为企业规章制度的内容，而通常在劳动合同或专项协议中加以约定。当然，企业对具备相同适用条件的部分人员也可以作出专门规定，但是适用标准必须一致。

3. 企业规章制度的效力

（1）效力来源。企业规章制度的效力来源于宪法和相关法律法规。我国《宪法》第五十三条规定，中华人民共和国公民必须遵守宪法和法律，遵守劳动纪律。这里的劳动纪律是规章制度的重要组成部分。《劳动法》第三条规定，劳动者应当遵守劳动纪律和职业道德。《劳动法》第四条规定，用人单位应当依法建立和完善规章制度，保障劳动者享有劳动权利和履行劳动义务。《劳动合同法》第四条规定，用人单位应当依法建立和完善劳动规章制度，保障劳动者享有劳动权利，履行劳动义务。

（2）效力等级

1）企业规章制度与法律法规和政策。企业规章制度是依据国家法律法规和政策制定的，任何与国家法律法规政策相违背的内容均属无效。同时，企业规章制度是国家法律法规和政策的延伸和补充，在法律法规和政策没有规定时，规章制度可以作出具体化或补充

的规定。由此可见，国家法律法规和政策的效力高于企业规章制度。

2）企业规章制度与集体合同、劳动合同。首先，三者规定的不同事项具有同等的法律效力。相关法律赋予企业规章制度和集体合同、劳动合同均具有法律效力，三者对不同的事项作出不同规定的，各自在其范围内适用。其次，如果三者对同一事项作出规定且规定的内容不一致的，《最高人民法院关于审理劳动争议案件适用若干问题的解释（2）》第十六条规定："用人单位制定的内部规章制度与集体合同或劳动合同约定的内容不一致，劳动者请求优先适用合同约定的，人民法院应予支持。"即在此情况下，劳动者享有适用依据的选择权。如果企业规章制度对劳动者比较有利，劳动者可以要求按照规章制度的规定执行。最高人民法院对于该款规定给出的理由是，确定劳动者的优先选择权，主要目的是保证劳动者行使个人与单位达成的劳动合同约定的权利。

3）效力范围。企业规章制度的内容具有普适性，其对象是全体员工及企业本身，效力范围覆盖整个企业。与之相比，劳动合同的效力范围仅及于企业及签订合同的员工，对其他劳动者不发生法律效力，具有特定性；集体合同的效力范围一般也覆盖整个企业，但针对特定的群体订立的集体合同，其对象仅及于特定的群体，如关于未成年工、女职工权益保护等的专项集体合同，就仅适用于相关的主体。

法律效力范围一般包括对人的效力、空间效力和时间效力。企业规章制度的效力可以分为这几类：

①对人的效力。企业规章制度一般用于企业内部的管理，所以对全体职工及企业均有约束力。

②空间效力。一般而言，企业规章制度在企业生产经营的场所内有效。但是，不能简单地将工作场所理解为一片厂区或一幢单位的大楼内，工作场所是随工作的形态变化而变化的。例如，员工出差，虽然离开了通常的集中工作地点，但仍然必须遵守相关的规章制度。又如，无论在工作场所内外，员工都有遵守公司保密制度的义务。

③时间效力。指规章制度的效力随成立而发生，随废止而消失。一般而言，员工在公司任职期间企业规章制度都是有效的，除非企业废除该规章制度。按一般法理，企业规章制度的效力不能溯及既往，除非企业和劳动者另行特殊约定承认后来实施的企业规章对以往的人或事发生法律效力。

三、企业规章制度的作用

企业建立规章制度的目的是有效控制生产经营过程，规范员工在工作过程中的行为，明确和调整企业与员工、员工与员工之间的关系，从而为企业劳动用工管理提供依据。

1. 保障企业经营秩序，确保正常运行

一个企业员工的年龄、性别、学历、经历、技能、素养各不相同。要使不同的人在用人单位统一的要求下，步调一致地协同工作，必须遵循一定的行为规范。随着现代企业生产经营的不断发展，技术程度和产品质量要求的不断提高，组织生产经营的要求也不断提高，不同性质的企业对员工的要求也不同。企业规章制度就是企业内部规范员工行为的准则，是企业内部的法律。有了规章制度，员工就能知道自己应该如何在企业内行事，知道违反了规章制度将受到何种处置，防止错误或不良行为的发生，从而保障企业合法经营。

2. 减少企业经营风险，降低运行成本

由于企业经营利润最大化和劳动者获得最优报酬和工作条件的利益相对性，劳动争议和纠纷难以避免。解决可能发生的劳动争议和纠纷，企业和劳动者都将付出额外的成本，这是企业经营中的风险之一。明确的规章制度可以在很大程度上防止和消弭争议和纠纷，减少因过失而发生的错误行为。一旦发生争议或纠纷，明确的规章制度还可以作为处理争议的有力依据，从而支持企业的有序运营，降低企业经营的成本和风险。

3. 促进企业内部协调，实现制度化管理

员工在企业内工作需要接受上级管理者的指挥和调动，但上级管理者的指挥往往带有主观性和随意性，规章制度除了规范员工的行为，还起到了规制管理者的管理行为的作用。企业的正常经营除了需要理顺上下级之间的关系外，还需要协调好各个部门之间的关系。这些都需要通过明确、稳定的规章制度加以实现。有了规章制度，企业就能避免管理行为的随意性，增强部门之间的协调性。通过规章制度将各个层面的管理人员和操作人员、各个不同部门凝聚在统一的意志下，步调一致地开展工作。通过制度化管理，提高经营效能。

4. 保障员工合法权益，实现规范用工

规章制度保障了企业的正常生产经营，但合法的规章制度也同时保障员工的合法权益。劳动保障法律法规旨在保护劳动者的合法权益，按照法律法规规定制定的规章制度本身就含有保护职工的意义。在对职工的行为作出规制的同时，也对企业依照规章制度管理职工提出了要求。对于职工的过错行为，企业必须依法依据规章制度的规定处置，包括职工的行为是否违反了规章制度的明文规定，也包括对违反规定的行为应当实施何种处分。如果员工认为企业的处置行为违反规章制度，有权申请劳动争议仲裁乃至上诉至人民法院，如果仲裁机关或人民法院认定企业行为无规章制度依据或适用规章制度不当，将裁判企业行为无效，以此达到保护职工合法权益的目的。

四、企业规章制度的内容

我国《劳动合同法》第四条规定："用人单位在制定、修改或者决定有关劳动报酬、工作时间、休息休假、劳动安全卫生、保险福利、职工培训、劳动纪律以及劳动定额管理等直接涉及劳动者切身利益的规章制度或者重大事项时,应当经职工代表大会或者全体职工讨论,提出方案和意见,与工会或者职工代表平等协商确定。"

这条规定明确了企业劳动规章制度的制定程序,对企业劳动规章制度的内容也作出列举式的规定。企业不直接涉及劳动者切身利益的规定,如董事会、总经理会议制度等,就不属于劳动法律规范的事项。企业劳动规章制度的内容一般有以下几个方面:

1. 有关劳动报酬

也可以称为薪酬制度。一般包含薪酬分类、岗位薪酬标准、薪酬水平、薪酬发放办法、薪酬调整办法、各类假期薪酬办法等。

2. 有关工作时间

也可以称为工时制度。一般包括企业实行何种工作时间制度,分别为标准工时制度、综合计算工时制度、不定时工时制度,以及每日、每周的具体工作时数、加班加点办法等。

3. 有关休息休假

也可以称为休假制度。一般包含周末休息天数、法定节假日休息、企业带薪年休假办法、患病医疗期休息规则、女职工专门假期休息办法等。

4. 有关劳动安全卫生

也可以称为安全生产制度。一般包括安全生产规程、安全防护设施、劳动防护用品、特种设备操作规程、消防制度、文明生产要求等。

5. 有关保险福利

也可以称为福利制度。一般包括参加基本社会保险、企业年金、补充商业保险、集体福利设施、各类福利待遇规定等。

6. 有关职工培训

也可以称为培训制度。一般包括新入职员工的岗前培训、上岗培训、职工职业技能培训、专门技术培训等。

7. 有关劳动纪律

也可以称为员工守则。一般包括各项工作纪律、上下班时间、病事假等各类假期的请假制度、针对工作纪律的奖惩制度等。

除了上述列举的内容,企业可以根据自己的特点和需要,制定其他相关劳动规章制度，如定员定额管理制度、绩效考核制度、出差制度、保密制度、员工投诉沟通制度等。

五、企业规章制度制定的法定要件

《劳动合同法》规定了规章制度的制定与颁布应遵循的法定程序。违反法律规定的规章制度无效，在发生劳动争议时，无效规章制度不能作为企业主张的证据，甚至将导致企业败诉。根据我国现行法律法规的规定，合法有效的企业规章制度应当符合下列条件：

1. 制定主体合法

《劳动法》第四条和《劳动合同法》第四条均规定，用人单位应当依法建立和完善规章制度。因此，企业规章制度制定的主体应当是用人单位。根据《公司法》的规定，公司的权力机构或董事会有权制定公司的基本管理制度。通常有权代表企业制定规章制度的，应当是单位行政系统中的最高层次和企业有权实施全面和统一管理的机构，这样才能保证制定的规章制度在本单位具有统一性和权威性。

企业可以授权或委托人力资源部门或其他行政部门制定规章制度，但是发布时一定要以企业的名义，否则将面临主体不适格的法律风险。一般来说，除人事或行政管理部门以外，其他业务部门，如车间、工段、科室等不具有制定规章制度的职能。

2. 内容合法合理

（1）内容合法。《劳动法》规定，用人单位应当依法建立和完善规章制度。《最高人民法院关于审理劳动争议案件适用法律若干问题的解释》规定，用人单位制定的规章制度可以作为审理劳动争议案件依据的条件之一，但是不得违反国家法律、行政法规及政策规定。因此，用人单位的规章制度必须在现行法律之内制定。这里的"合法"应作广义的理解，指所有的法律、法规和规章，包括法律、行政法规、地方法规、政府规章和部门规章。同时，企业规章制度也不能违反党和政府的相关政策。规章制度中违反国家规定的基本标准的条文，如规定员工在劳动合同期间不能结婚生育、符合探亲条件的员工不得休探亲假、规定将员工正常工资的一部分作为加班工资的基数等，都是无效的。

（2）内容合理。除合法性外，企业规章制度还有一个合理性的问题。合理性就是在法律没有具体规定的方面，规章制度的规定应当符合常理，符合正常人的一般性评判标准，为大多数人所认同、所能接受。制度规定太松，起不到严肃纪律的作用；规定太严，则员工难以接受。因此，讲合理性就是在制定规章制度时要把握合适的度。如在规定劳动者严重违反用人单位规章制度、给用人单位的利益造成重大损失，可以解除劳动合同这一点

上，对"严重违反"和"重大损失"的具体量化，就必须注意合理性，例如，有的企业规定凡员工有一次迟到行为即解除劳动合同的规定，就因违背常理而难以为员工接受，因为解除劳动合同对员工来说是最严厉的惩罚，而迟到一次，对员工来说受诸多因素影响是难免的。而过于严厉的规章制度，在与职工方沟通时，往往通不过；或者执行中容易引发劳动争议，因此把握合理性最重要的标准就是大多数人可以接受。

3. 不违反公序良俗

不违反公序良俗是民事主体行为的基本原则之一，劳动关系具备了民事关系的基本特征。"公序良俗"是公共秩序和善良风俗的简称。公序，指的是社会一般利益，包括国家利益、社会经济秩序和社会公共利益；良俗，指的是一般道德观念，包括社会公德、商业道德和良好的风尚。企业规章制度虽然是"围墙内的法律"，但由于企业的社会属性，不可避免地要与国家、社会、公众相联系，因此，在规范员工的行为时，同样要遵循社会认可的公序良俗，承担社会责任。

4. 注重与劳动合同和集体合同相平衡

一般来说，规章制度的内容与劳动合同、集体合同的内容不同，应该是"各司其职"。但在某种情形下，也可能出现规章制度规定的内容与劳动合同、集体合同相重叠。比如对于竞业限制在规章制度中作出一般性规定，而与劳动者在劳动合同中又有个别的约定。当规章制度的规定与劳动合同、集体合同规定相互不矛盾时，可以各行其是；当就同一问题的规定发生矛盾时，劳动者可以优先选择对其有利的规定。因此，企业制定规章制度时，应当注意与劳动合同、集体合同相关规定进行平衡。

六、企业规章制度的制定程序

《劳动合同法》规定，用人单位在制定直接涉及劳动者切身利益的规章制度或者重大事项时，应当经职工代表大会或者全体职工讨论，提出方案和意见，与工会或者职工代表平等协商确定。用人单位应当对以上制定的内容进行公示，或者告知劳动者。规章制度的制定主体是企业，规章制度的制定权是企业经营管理权的一种体现。但是，为了防止企业侵犯劳动者合法权益，确保劳动者能够更好地行使民主权利，也为了使规章制度在执行中切实可行，法律对企业规章制度的制定程序从讨论提出方案、平等协商确定、内容公示告知等环节作出了特别的规定。

1. 讨论提出方案

企业形成规章制度的草案后，应当提交职工代表大会讨论；没有建立职工代表大会制度的，应当提请全体职工讨论。《上海市职工代表大会条例》对此也作出相应规定：企事业单位制定、修改、决定直接涉及职工切身利益的规章制度或者重大事项，应当向职工代表大会报告，接受职工代表大会审议，听取职工代表的建议；没有职工代表大会制度的，应当交由全体职工讨论。这个程序体现了民主程序的精神。职工代表大会或全体职工包括企业一线职工和经营管理者，通过共同讨论，汇总各方面的意见，形成规章制度的总体方案。

2. 平等协商确定

企业规章制度经由职工代表大会或全体职工讨论后并形成了总体方案，但可能仍然在一些方面存在不同观点，意见并不完全一致。其中既可能是企业管理方与职工之间的不一致，也可能是不同层次员工之间的不一致。法律在企业最终确定规章制度之前，又加入一项程序：与工会或者职工代表平等协商。应当注意的是，这项程序因为是"平等协商"，因而不同于职代会的"共同决定"，也不同于为签订集体合同而进行的集体协商。因为集体协商达不成一致便不能签订集体合同，而即便平等协商不成，企业还是可以最终确定规章制度的内容。但从常理上说，对于工会或职工代表的合理建议，企业方应当汲取，否则"带病"的规章制度即便强行确立，执行中也会争议不断，对企业的正常经营并无益处。

3. 内容公示告知

公示或告知，是指企业在新制定规章制度或修订规章制度后，必须对全体职工进行公示或告知。对于规章制度建立以后进入企业的职工，要让其知晓规章制度的内容。企业制定规章制度的目的是让员工遵守，既然要员工遵守，就要让员工知晓，这是从实用角度讲的。规章制度只对知晓的员工发生效力，这是从法律文件生效条件角度讲。制定再完备的规章制度如果只锁在抽屉里是没有任何作用的。未经公示的规章制度，对职工不具有约束力。《最高人民法院关于审理劳动争议案件适用法律若干问题的解释》第十九条明确规定了规章制度向劳动者公示才能作为审判案件的依据。企业可以采用各种合适有效的方式向职工公示或告知规章制度，如在告示栏等醒目之处张贴、印制员工手册向员工发放、就规章制度的实施对员工进行专题培训、挂在企业内部网上等，也可以几种方式同时运用。企业不论采用何种方式公示或告知规章制度，都应当注意固定证据材料，比如张贴的，应当拍照或摄像；发放员工手册的，应当要求员工签收；开展专题培训的，要保存培训材料等，以备将来发生针对是否知晓规章制度的争议时，作为证据使用。

七、制定企业规章制度时应当注重的方面

1. 应当注重对员工的激励

企业规章制度的目的是规范企业的用工管理，激励员工为实现企业的目标而努力工作，而不是为了惩罚员工或剥夺员工的权利。因此，企业规章制度的制定应当注重激发员

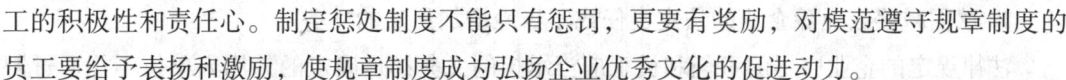

工的积极性和责任心。制定惩处制度不能只有惩罚，更要有奖励，对模范遵守规章制度的员工要给予表扬和激励，使规章制度成为弘扬企业优秀文化的促进动力。

2. 应当注重可操作性

法律法规的规定往往是原则的、普适的，仅仅以法律法规的规定来管理企业和员工是不够的。规章制度就是结合企业的不同特点和需要对法律法规的具体化，因此制定规章制度要注重可操作性。比如，员工旷工会对企业生产经营产生严重后果，可以作为《劳动合同法》规定的"劳动者严重违反规章制度"的情形。但是具体到旷工的次数与处分的关系，什么程度给予警告，什么程度解除劳动合同，就要求用人单位在规章制度中作出明确的规定。又如，劳动者不能胜任工作，可以调整其工作岗位或给予培训，甚至可以解除劳动合同，但对于不能胜任的程度，以及对应的处理方法，仍然需要用人单位在规章制度中作出量化的规定。一旦发生这种情况就能照章办事，发生争议也有据可依。

3. 应当注重责任的设置

法律对管理相对人设置了义务，规定了其行为的准则，同时必须设置不承担义务或违反规定的责任，没有责任的义务是不能保证履行的义务。规章制度是企业内部的法律，是规定员工行为的准则，如果只规定了员工应当做什么、不可以做什么，不对违反这种规定应当承担什么责任作规定，那么这样的规章制度是不能确保实施的。因此，凡是前面作出行为规范，后面一定要有相应的责任。责任可以有大小，处罚可以分轻重，要与义务的性质相匹配，但没有责任的制度是难以落实的制度。

4. 应当注重规章制度的独特性

规章制度是依据法律法规制定的，但又不同于法律法规，是法律法规的具体化和个性化。因此，应当注重规章制度的特点，不能过多地照抄照搬法律法规原文。另外，规章制度又与劳动合同密切相关，规章制度的内容依靠劳动合同落实到每个员工，劳动合同又依靠规章制度来规范员工的具体行为。但是规章制度毕竟与劳动合同有区别，既不能相互替代，也不宜过多地针对同一事项重复规定，而应该各司其职。因此，制定规章制度应当注重其普遍适用性质，尽量避免对个性问题介入太多，这类问题只能留给劳动合同去解决。

八、企业规章制度中的常见问题

企业制定劳动规章制度时，可能产生一种误解，即只要规章制度总体上不违反法律法规的规定，或者不违反法律法规大的原则，在个别具体问题上，可以通过规章制度的规定，实现有利于企业的目的。但由于对法律法规可能产生的误读和误解，往往造成规章制度存在这样或那样的问题，为日后的争议发生埋下了隐患。这种情形大致有：

1. 试图减轻或免除企业的法定责任或不当地增加员工的义务

法律规定的企业应尽的责任和员工应当承担的义务都是确定的，用人单位不能通过制定规章制度来减轻或免除自己的法定责任，也不能不当地增加员工的义务。

（1）解除和终止劳动合同。在规章制度中规定员工提出解除劳动合同需要说明理由，没有正当理由的，即使提前一个月通知，单位也不得解除劳动合同；要求一般员工提前解除劳动合同支付违约金；规定员工违反规章制度尚未达到解除劳动合同程度的可以终止劳动合同，规定员工离职不按企业要求办理手续的不予办理退工退档手续等。

（2）薪酬制度。在规章制度中违反规定降低员工加班加点、各类有薪假期工资计算基数；对因违规造成企业损失须赔偿的员工，规定超过法律规定数额的扣减工资额等。

（3）考核制度。在规章制度中规定采用"末位淘汰"作为考核制度，考核排名倒数第某位的人员予以淘汰、解除劳动合同。

（4）试用期制度。在规章制度中规定超过法定底限的试用期期限，对续签劳动合同或调整岗位的劳动者再次设定试用期等，均属于不正当地增加员工义务。

2. 用规章制度替代劳动合同或专项协议

建立规章制度虽然须经过民主程序，但是其性质是企业单方面制定的。对于法律明确规定应当通过企业与劳动者个人协商一致才能成立的事项，就不应当纳入规章制度的内容。

（1）服务期。《劳动合同法》规定，用人单位为劳动者提供专项培训费用，对其进行专业技术培训的，可以与该劳动者订立协议，约定服务期。服务期是针对接受用人单位专项培训的个别劳动者设定的，因培训的对象、内容、支出的费用不同，服务期长短也不相同。而且员工会在接受培训和承担服务期的得失之间做出权衡，决定是否同意接受培训。因此，需要通过个体协商、签订专项协议来实现。

（2）保密义务。用人单位与劳动者可以在劳动合同中约定保守用人单位的商业秘密和与知识产权相关的保密事项。同时可以规定从事涉及用人单位商业秘密岗位的员工，提出辞职的提前通知期长于一个月。因此，同样需要与具体的员工通过协商一致，签订专项协议来实现。

（3）竞业限制。《劳动合同法》规定了用人单位与负有保密义务的劳动者约定竞业限制的义务，约定在解除或者终止劳动合同后，劳动者不得从事与本单位有竞争关系的业务。同时给予劳动者特别的经济补偿。因为这项义务限制了劳动者的再就业权，因此也需要与具体的员工通过协商一致，签订专项协议来实现。

九、企业规章制度违法的后果

企业规章制度违法主要包括实体内容违法和制定程序违法。一旦违法成立，将产生以下法律后果：

1. 不发生效力

《劳动合同法》第八十条规定，用人单位制定的劳动规章制度违反法律、法规规定的无效。这就是说，企业规章制度被判定无效的，对员工无约束力，而且自始无效。根据最高人民法院的相关司法解释，用人单位的规章制度经民主程序制定，不违反国家法律、行政法规及政策规定，并已向劳动者公示的，才可以在劳动仲裁和司法审判程序中作为审理劳动争议案件的依据，否则将无法律效力。

2. 行政责任

《劳动合同法》第八十条规定，用人单位制定的劳动规章制度违反法律、法规规定的，由劳动行政部门责令改正，给予警告。《劳动监察保障条例》规定，劳动保障行政部门有权对用人单位制定规章制度的情况实施劳动监察，并可以依法对违反法律、法规的具体行为，作出责令改正等行政处罚。这就是说企业制定规章制度违法，将承担行政责任。

3. 民事责任

《劳动合同法》第八十条规定，用人单位直接涉及劳动者切身利益的规章制度违反法律、法规规定，给劳动者造成损害的，应当承担赔偿责任。这就是说，企业制定规章制度违法，并对劳动者造成损害的，应当承担民事赔偿责任。

4. 推定解雇

《劳动合同法》第三十八条规定，用人单位的规章制度违反法律、行政法规的规定，损害劳动者权益的，劳动者可以随时通知用人单位解除劳动合同。同时还规定，劳动者在这种情形下解除劳动合同，用人单位应当支付经济补偿金。这就是说，此种情形下的解除合同相当于用人单位在劳动者无过错情况下单方面解除劳动合同。

第2节　企业劳动规章制度的实施与完善

企业劳动规章制度的实施是企业制定规章制度的目的所在，是企业进行管理、确保正常运转的手段。如何实施是劳动规章制度管理的关键。劳动规章制度的实施过程就是进行企业管理的过程。

企业劳动规章制度的法律效力一般不溯及既往，即企业劳动规章制度只对其发布实施之后的人或事产生效力，而不追溯过去发生的事情。因此，劳动规章制度仅是针对目前的企业管理活动产生效力，如需变更，则须按照法定程序对规章制度进行修订。

一、企业规章制度的实施

1. 企业规章制度的实施原则

（1）平等原则。"法律面前人人平等"是法律实施的基本原则。规章制度是企业的"内部法"，其实施同样要做到对企业所有员工平等对待，不能因为员工职位高低、作用大小、与领导亲疏关系甚至以往贡献大小而差别对待。尤其是管理层员工更应该注重自己的言行，做遵守企业劳动规章制度的榜样，积极维护企业"内部法"的权威性。

（2）刚性原则。企业规章制度的执行是刚性的。凡是规章制度有规定的，都必须不折不扣严格执行，不能以领导的个人好恶而随意改变执行规章制度的尺度。执行过严，会因违反规定而引发纠纷；执行过松，又起不到规制的作用，随意改变执行尺度将严重影响规章制度的严肃性，甚至使制度成为一纸空文。对规章制度有意见的，也必须先执行，执行后再提出意见或申请仲裁，不执行将承担相应的后果。

（3）一贯性原则。企业规章制度一经实施，必须一以贯之执行。企业经营管理是一项延续性很强的工作，规章制度作为企业的管理规范，任何时间、任何情况下都必须严格执行。通过始终如一的贯彻执行，使员工时时处处将规章制度作为行为的准则。

2. 对违纪员工的处理

对违反规章制度的员工进行处理，是规章制度管理工作的重要方面。合规合理地处理员工违规违纪行为，既起到规范和警示作用，又避免和减少劳动争议的发生，是人力资源管理人员需要掌握的重要技巧。做好这项工作需要把握以下几个方面：

（1）以事实为依据，以制度为准绳。依照规章制度处分违纪员工时，首先要把握的就是"以事实为依据，以制度为准绳"。违纪事实不成立或未查清的，不能处分；虽然事实成立，但没有制度依据的，也不能处分。因此，处理违纪员工时，用人单位必须对员工的违纪事实通过书面形式进行固定，同时规章制度中要有针对违纪情形的处罚措施方能进行处理，切忌处理无依据。

（2）实事求是，公平、公正、公开。处理违纪员工时，需要根据情况区别对待，比如要区分是故意还是过失，处理的程度应有所不同。如果不加区分，处理结果也难以获得员工的认同。公平、公正、公开地处罚违纪员工同样十分重要，公平是指对同样的违纪行为同样处理，不差别对待；公正是指在处理违纪行为上不偏不倚；公开是指处理过程只要不涉及商业秘密就全程公开，使被处分员工心服、口服。

（3）教育为主，处罚为辅。规章制度需要得到严格执行，但在具体处理中仍然要贯彻"教育为主，处罚为辅"的原则。尤其是对于过失犯错和初次犯错的员工，通过规章制度的宣传教育，使其既知晓犯错的后果，又给予改过的机会，可使制度的实施更人性化、更有效。如果一味滥施处罚，虽然处理了一个违纪员工，但并不能真正达到教育大多数的目的。

3. 处分违纪员工时应注意的问题

（1）及时处理。对必须处理的员工违纪事件应当及时处理，不能拖延。处理违纪事件有一定的时效性要求，相隔太久远，意味着对其行为的放弃处理。此外，对违纪事实的认定必须有证据，而时过境迁，许多证据会灭失，如果涉及劳动仲裁或诉讼，将直接影响企业的举证能力，如果企业无法承担应当承担的举证责任或举证不力，都将导致处分决定被撤销。

（2）证据充分。《最高人民法院关于审理劳动争议案件使用法律若干问题的解释》第十三条规定："因用人单位作出的开除、除名、辞退、解除劳动合同、减少劳动报酬、计算劳动者工作年限等决定而发生的劳动争议，用人单位负举证责任。"这就意味着对员工进行上述处理的依据，需由用人单位举证，因此，收集和保全证据对用人单位取得胜诉至关重要。

需要收集和保全的证据主要有两类：一是员工的违纪事实方面的证据，二是员工所违反的规章制度的具体条款及惩罚依据。可以证明员工违纪事实的证据主要有：①违纪员工的违纪陈述；②违纪员工本人签字的处理记录；③各类旁证；④有关人证物证；⑤政府有关部门的书面处理材料等。其中违纪员工签字的书面材料，是劳动争议处理中最有力的证据。

（3）程序合法。企业对违纪员工处理的程序主要有：违纪事实的认定及证据的搜集、对照规章制度进行评估、作出处罚决定、送达处罚决定。这些程序必须履行到位，缺一不可。同时，处理违纪员工时，要允许本人进行申辩。如果涉及解除劳动合同，要依法事先通知工会，工会有意见的，应将研究结果书面答复工会。作出处罚决定后，应当及时将处罚决定送达被处罚员工，否则，对员工不产生任何法律效力。

4. 提高执行力

规章制度的关键在于执行。因此，规章制度建立后，应将企业协调劳动关系工作纳入正常有序的制度管理范畴。

（1）强化管理层的制度意识。企业管理层负有规章制度的实施并依据规章制度对员工进行管理的责任，如果管理层不重视运用制度来管理员工，那么制度就会形同虚设。管理层要充分认识规章制度在协调劳动关系、规范用工中的重要地位和作用，要加强对员工的培训和教育，加大对企业规章制度的宣传力度，增强员工的规则意识，提高他们遵守规章制度的自觉性。

(2) 强化规章制度的体系建设。要确保规章制度得到全面有效实施，必须对规章制度实行分类管理，对不同的职能部门要有不同的管理和实施重点。如果企业总体规章制度比较原则，还必须制定相应的细则和办法，形成完整的制度体系，使企业规章制度成为看得见、摸得着、能衡量、可操作的管理工具。

(3) 强化各方的监督机制。企业应建立和强化落实规章制度的监督机制。建立行政部门、工会和职代会、员工相结合的三位一体的监督体系。除各级行政部门和管理人员应当按照权限和分工，对规章制度的实施行使好监督责任外，还应当注重发挥工会和职工代表大会对规章制度执行的监督作用。此外，员工既是规章制度的执行者，也是规章制度实施的监督者，员工认为规章制度不合理的，有权向企业反映，提出自己的意见和建议，企业应当积极研究采纳。

(4) 强化实施情况的总结。企业规章制度制定以后，在实施过程中会暴露出一些问题，另外，随着企业生产经营状况的发展变化，规章制度的一些具体条文也会显得不能适应，这些都决定了规章制度一经制定并不是一成不变的，而是需要不时作出调整。这就需要不断对实施情况进行总结。包括对规章制度实施总体效果进行专门的评估，听取各方的意见和建议，对作出的处理决定进行汇总分析等。总结经验教训，不断完善。

5. 工会在规章制度执行中的作用

规章制度是企业组织生产、管理员工的重要手段，运用得好，将促进企业发展。企业工会组织的主要职能有两个，一是依法保护劳动者的权益，二是动员职工促进企业的发展。工会组织在企业规章制度的实施中可以从支持和监督两方面发挥作用。

(1) 推动作用。《中国工会章程》规定，工会在企事业单位中，按照促进企事业发展，维护职工权益的原则，支持行政依法行使管理权力。因此，对企业合法实施规章制度管理，工会可以起到支持和促进的作用，包括开展宣传教育，组织培训学习，弘扬企业文化，提高职工的道德素养和遵纪意识。

(2) 监督作用。在规章制度中，对违纪员工将实施不同程度的处分，直至解除劳动合同。如果对员工的处分错误或把握不当，都将对劳动者造成严重侵害。尤其是因劳动者严重违纪而解除劳动合同，对劳动者来说意味着失去工作和主要生活来源，因此《劳动合同法》除了对用人单位解除劳动合同的实体条件作出严格规定外，对程序也作出特别的规定，最重要的一条就是，用人单位单方面解除劳动合同，须事先将理由通知企业工会，工会认为企业违法解除的，有权要求企业纠正。企业单方面解除劳动合同的事由中，因员工违反规章制度占有很大比重，而在企业败诉的劳动争议案件中，因违纪解除不当又占有一定比重。这说明，企业执行规章制度需要有一定的监督机制，而工会的监督尤为直接和有效。

二、规章制度的完善

规章制度需要保持基本的稳定性，一经正式发布就不能朝令夕改，随意变动。但当环境发生变化或发现存在问题、影响规章制度的执行时，就必须及时加以完善，而不能墨守成规、一成不变。

1. 完善规章制度的原因

（1）法律法规政策的变化。国家的法律法规体系会随社会经济的发展而发生变化，包括出台新规定和修改原规定。规章制度所依据的劳动保障法律法规和政策，涉及大量的劳动标准，这些劳动标准不断调整，要求规章制度的相关规定也必须及时作出调整，以确保规章制度的合法性。

（2）企业自身发展的变化。企业的发展会受经济大环境和市场的变化而变化，包括经营范围的变化、产品种类的变化、管理模式的变化等。尤其在我国当前经济转型和产业结构调整力度加大的时期，企业变动更加频繁。规章制度是根据企业经营管理实际而制定的，当然也必须根据企业发展的变化而变化，以确保规章制度的适用性。

（3）制度本身存在问题。无论规章制度制定时工作多么周密细致，总会存在这样或那样的问题，只有经过实践的检验，问题才会暴露出来。工会、职工和政府相关部门都可对规章制度提出意见和修改建议。一旦存在的问题被证实，就应及时进行修改和完善，不能让规章制度"带病运行"，以确保规章制度的有效性。

2. 完善规章制度的方式

修改完善规章制度的方式主要有两种：

（1）重新修订。重新修订是指对原规章制度进行大范围修订，修订以后重新发布，同时废止原来执行的规章制度。这种方式适用于企业生产经营发生重大变动，如发生合并分立、兼并重组等情形。

（2）部分修订。部分修订是指仅对规章制度中部分需要修改的条文进行修改，或增加条文，而不动基本框架。修订以后只需对修改过的内容进行公布，未修改部分继续有效。这种方式适用于法律法规的改变或改正实施中发现的问题。

3. 完善规章制度的程序

修改完善规章制度的程序与制定规章制度的程序相同。同样需要经过起草修正案、提交职工代表大会或全体员工讨论、形成方案、与工会或职工代表协商、确定修正案、公示或告知员工等步骤和程序。

案例学习

【案例1】 规章制度的制定

背景资料：

某公司具有几十年的历史，在公司鼎盛时期制定了病假制度。如果本公司工龄超过10年，病假期间工资照发。由于该公司老职工较多，所以请病假的员工越来越多，直至开始影响工作。在生产管理部门的强烈要求下，公司行政办公会议做出了一项病假补充规定，修改为：员工所持病假条必须经过部门领导的同意方可被承认，否则按事假处理，情节严重按旷工处理，直至除名。

试题要求：

1. 公司原有病假制度的规定是否合法、有效？为什么？
2. 公司行政办公会议的决定是否具有法律效力？为什么？
3. 如果公司需要修改规章制度，应当如何操作？

【案例2】 企业规章制度的制定程序及其效力

背景资料：

张小姐是一家广告公司的设计人员，常利用办公电脑偷偷玩游戏，被部门经理多次指出，要求改正。一天，张小姐又偷偷玩起电脑游戏，被总经理发现，于是被书面警告了一次。一个月后，张小姐在完成几个设计图案后闲得发慌又玩起了游戏，这次她被身边的同事告发。公司依据员工手册中"上班时间不得利用办公电脑玩游戏；违者第一次给书面警告；第二次再犯，则立即解除劳动合同"的规定，以张小姐严重违纪为由，做出了解除其劳动合同的决定。张小姐接到解除劳动合同的通知后，马上找到了人事部，首先检讨了自己的错误，但又表示了对解除合同决定的不服，她认为，公司无权用单位内部的规定来解除员工劳动合同。公司最终仍决定与张小姐解除劳动合同。张小姐无奈之下提起了劳动仲裁申请。

试题要求：

1. 公司是否有权使用内部的规定来解除员工劳动合同？为什么？
2. 公司编制员工手册时，应当遵守哪些规定？

【案例3】 企业流程与企业规章制度

背景资料：

制造部马经理气冲冲地找到人事部经理，说道，员工小李多次违反标准操作流程，虽说都没有造成大的后果，但屡教不改、性质严重，要求人事部按违反操作流程解除其合同。人事部认真阅读了马经理递交的材料后认为，小李犯错误是事实，但所述5种情况中

没有一种与公司的劳动纪律规定中的解除条件相符，因此告知马经理不能对小李做解除处理。马经理对人事部的解释非常不满，认为违反标准流程是非常严重的错误，如果不能据此作出处理决定，那么以后就没有办法要求员工，认为人事部太软弱，并投诉至总经理处。

试题要求：

1. 人事部的回答是否有道理？请说明理由。
2. 总经理该如何处理？请说明理由。

第 8 章

劳动争议处理

第 1 节　劳动争议概述　　　　　/168
第 2 节　劳动争议与民事争议　　/172
第 3 节　我国劳动争议处理制度　/173
第 4 节　员工申诉　　　　　　　/176
第 5 节　劳动争议调解　　　　　/178
第 6 节　劳动争议仲裁　　　　　/181
第 7 节　劳动争议诉讼程序　　　/190
第 8 节　劳动争议处理证据规则　/194

 **学习目标**

> 了解劳动争议的相关概念和基本特征。
> 熟悉劳动争议处理的相关制度和基本程序。
> 掌握劳动争议调解、仲裁和诉讼的相关规则。
> 能够参与劳动争议调解、仲裁、诉讼的处理。
> 能够熟练处理用人单位内部的各类劳动争议。

第1节 劳动争议概述

一、劳动争议的概念和特征

1. 劳动争议的概念

劳动争议是指劳动关系当事人在执行劳动法律、法规或履行劳动合同过程中,就劳动权利和劳动义务的认定与实现所发生的争议。劳动争议是劳动关系当事人之间利益冲突与失衡的具体表现。

2. 劳动争议的特征

(1) 劳动争议主体的特征。劳动争议主体是指具有权利能力、行为能力、责任能力,能在劳动争议处理中享有权利并承担义务的当事人。

劳动争议主体根据争议类别分为一般劳动争议主体和履行集体合同争议主体,《劳动合同法》第五十六条规定,因履行集体合同发生争议,经协商解决不成的,工会可以依法申请仲裁、提起诉讼。除工会作为履行集体合同争议主体外,一般劳动争议主体具有以下几个特征:

1) 劳动争议主体之间存在劳动关系。

2) 劳动争议主体具备法定的主体资格。劳动者符合劳动法及劳动合同法规定的劳动者条件,用人单位是劳动法及劳动合同法适用范围内的组织。

3) 劳动争议主体的权利能力和行为能力统一不可分。

(2) 劳动争议内容的特征。劳动争议内容是指劳动关系当事人争执的具体劳动权利义务。劳动争议内容具有以下特征:

1）由法律、法规、规章、政策所规定的劳动权利义务，具有明显的强制性。

2）由规章制度、劳动合同、单项协议依法约定的劳动权利义务，得到法律的确认和保护。

3）劳动权利义务相互联系，相互制约。

二、劳动争议当事人

劳动争议当事人是指因劳动权利义务发生争议，以自己的名义参加劳动争议处理活动，并受劳动争议处理部门裁判约束的直接利害关系人。

1. 双方当事人

劳动争议双方当事人一般是指建立劳动法律关系的劳动者和用人单位。

（1）劳动者。我国法律规定的劳动者，是指达到法定就业年龄，具有劳动能力，能够依法签订劳动合同，在用人单位管理下独立给付劳动并获取劳动报酬的自然人。劳动者包括中国人、外国人、无国籍人。

（2）用人单位。我国法律规定的用人单位，是指依法招用和管理劳动者，与劳动者签订劳动（聘用）合同，并按照法律规定或劳动（聘用）合同的约定向劳动者提供劳动条件、支付劳动报酬的劳动组织。用人单位主要包括企业、个体经济、民办非企业单位、国家机关、事业单位、社会团体、会计师事务所、律师事务所和基金会等组织。此外，还包括《劳动合同法》规定的用人单位依法设立并取得营业执照或者登记证的分支机构。

2. 共同当事人

劳动争议共同当事人是指发生劳动争议的一方当事人（劳动者或用人单位）数量在两个以上，具有共同的争议标的，由同一个劳动争议处理机构处理的当事人。

（1）用人单位共同当事人。根据《调解仲裁法》的规定，劳务派遣单位或者用工单位与劳动者发生劳动争议的，劳务派遣单位和用工单位为共同当事人。

根据《最高人民法院关于审理劳动争议案件适用法律若干问题的解释》的规定，未办理营业执照、营业执照被吊销或者营业期限届满仍继续经营的用人单位，以挂靠等方式借用他人营业执照经营的，应当将用人单位和营业执照出借方列为共同当事人；用人单位分立为若干单位后，对承受劳动权利义务的单位不明确的，分立后的单位均为当事人；原用人单位以新的用人单位和劳动者共同侵权为由向人民法院起诉的，新的用人单位和劳动者列为共同被告；劳动者在用人单位与其他平等主体之间的承包经营期间，与发包方和承包方双方或者一方发生劳动争议，依法向人民法院起诉的，应当将承包方和发包方作为共同当事人。

根据《劳动人事争议仲裁办案规则》的规定，发生争议的用人单位被吊销营业执照、责令关闭、撤销以及用人单位决定提前解散、歇业,不能承担相关责任的,依法将其出资人、开办单位或主管部门作为共同当事人;劳动者与个人承包经营者发生争议,应当将发包的组织和个人承包经营者作为共同当事人。

(2) 劳动者共同当事人。《调解仲裁法》规定,发生争议的劳动者一方在10人以上,并有共同请求的,劳动者可以推举3~5名代表人参加仲裁活动。《劳动人事争议仲裁办案规则》规定,劳动者一方在十人以上的争议,或者因履行集体合同发生的劳动争议,仲裁委员会可优先立案,优先审理。根据上述规定,发生集体劳动争议的劳动者和因履行集体合同发生劳动争议的劳动者,为劳动者共同当事人。

3. 劳动争议代表人

根据《民事诉讼法》的规定,当事人一方人数众多的共同诉讼,可以由当事人推选代表人进行诉讼。根据《调解仲裁法》的规定,发生争议的劳动者一方在10人以上,并有共同请求的,劳动者可以推举3~5名代表人参加仲裁活动。根据《劳动合同法》的规定,因履行集体合同发生争议,经协商解决不成的,工会可以依法申请仲裁、提起诉讼。

集体劳动争议处理中,劳动者当事人被其他当事人推举作为代表参加仲裁、诉讼活动的,是集体劳动争议的代表人。履行集体合同争议中,由工会组织代表劳动者参与争议处理,或者尚未建立工会组织,由上级工会指导劳动者推举的代表参加仲裁、诉讼活动的,是履行集体合同争议的代表人。

4. 劳动争议第三人

劳动争议第三人是指与劳动争议处理结果有利害关系的当事人。根据《民事诉讼法》的规定,劳动争议第三人有两类,一类是"对当事人双方的诉讼标的,第三人认为有独立请求权的,有权提起诉讼";另一类是"对当事人双方的诉讼标的,第三人虽然没有独立请求权,但案件处理结果同他有法律上的利害关系的,可以申请参加诉讼,或者由人民法院通知他参加诉讼"。根据《调解仲裁法》的规定,与劳动争议案件的处理结果有利害关系的第三人,可以申请参加仲裁活动或者由劳动争议仲裁委员会通知其参加仲裁活动。根据《最高人民法院关于审理劳动争议案件适用法律若干问题的解释》的规定,用人单位招用尚未解除劳动合同的劳动者,原用人单位与劳动者发生的劳动争议,可以列新的用人单位为第三人;原用人单位以新的用人单位侵权为由向人民法院起诉的,可以列劳动者为第三人。

根据上述规定,劳动争议第三人只能申请参加劳动争议处理或者经劳动争议处理机构通知其参加劳动争议处理,为无独立请求权的第三人,即第三人对当事人之间的争议标的无独立主张请求的权利。

三、劳动权利义务

1. 劳动权利义务的概念

权利和义务是法律调整的特有机制,也是法律和法律关系的核心内容。在法律调整下,权利是受法律保障的利益,表现为意志和行为的自由;义务则是依法对意志和行为的限制,以及利益的付出。

劳动权利义务是受劳动法调整的特有机制,也是劳动法和劳动关系的核心内容。首先,劳动权利和义务一般都来源于劳动法律、法规、规章、规范性文件的明文规定,或者由当事人依法协议约定。其次,有法定权利的可以依法作或不作一定行为,可以依法要求他人作或不作一定行为;有法定义务的必须依法作出一定行为,或者应当承受某种约束或负担。最后,法定权利和义务都有明确的界限,无论是行使权利,还是履行义务,都应当在法定界限内进行。

2. 劳动权利义务的分类

劳动权利义务可以分为法定权利义务和约定权利义务。

(1) 法定权利义务。是通过劳动法律、法规、规章、规范性文件等确定的。具体有平等就业、选择职业、劳动报酬、劳动保护、休息休假、社会保险、福利待遇、职业技能培训、完成劳动任务、劳动纪律、职业道德等。

(2) 约定权利义务。是通过规章制度、集体合同、劳动合同、聘用合同、单项协议等确定的。具体有劳动报酬、工作内容、劳动条件、劳动保护、福利待遇、劳动纪律、合同条件等。

四、劳动争议分类

1. 按劳动者人数分类

(1) 个人争议。是指劳动者当事人人数为十人以内的劳动争议。个人劳动争议的处理适用普通程序。

(2) 集体争议。是指劳动者当事人人数为十人以上的劳动争议。集体劳动争议的处理适用特别程序。

2. 按性质分类

(1) 权利争议。权利争议是指劳动关系当事人对现行法律、法规、集体合同、劳动合同所规定的权利义务在实施或理解上发生的争议。权利争议是一种以既定的权利义务为标的的争议,主要包括法定权利义务内容与约定权利义务内容的争议。权利争议的发生与解决均有明确的法律依据,解决方式主要是通过法定程序,要求当事人按法律规定或协议约定履行既定的权利义务。

(2) 利益争议。利益争议是指劳动关系当事人在确定新的权利义务或者修改现有权利义务过程中发生的争议。一般发生在集体协商双方订立、续订或变更集体合同条款的谈判过程中。利益争议是一种以设定新的权利义务为标的的争议,主要包括改变原权利义务与确定新权利义务的争议。利益争议的解决方式主要是通过行政协调处理程序,要求当事人协商确定新的权利义务。

第2节 劳动争议与民事争议

一、民事争议的概念及特征

1. 民事争议的概念

民事争议是指平等主体之间的公民与公民、公民与法人、法人与法人因财产或人身权利义务发生的争议。

2. 民事争议的特征

(1) 平等主体。民事争议主体的法律地位平等,相互独立,互不隶属。同时,由于主体地位平等,决定了民事权利义务一般也是对等的,一方在享受权利的同时,也要承担相应的义务。

(2) 内容主要是财产关系和人身关系。财产关系是民事主体之间因财产的归属和流转而形成的、具有直接物质利益内容的民事法律关系,如财产所有权关系、租赁关系、借贷关系、买卖关系等。人身关系是民事主体之间因人格和身份而形成的民事法律关系。如因人的姓名、名称、荣誉、名誉而发生的关系,因发明、发现以及创作出科学、文学、艺术作品而发生的、具有身份性质的关系等。

(3) 民事责任具有补偿性和财产性。民事责任以财产补偿为主要内容,惩罚性和非财产性责任不是主要的民事责任形式。在人身法律关系受到破坏时,如果给权利人造成了物质利益损害,也可对加害人适用财产性质的损害赔偿责任。

二、劳动争议与民事争议区别

1. 主体资格不同

(1) 民事争议主体的权利能力与行为能力可以分离。民事争议的主体包括自然人、法人及其他非法人组织。当事人的民事行为能力与民事权利能力可以分离。自然人没有民事行为能力或民事行为能力受限制，却享有民事权利能力。法人作为民事关系的主体，同一般自然人相比较，其民事权利能力受到一定的限制，但当事人行为能力不受限制。诉讼中，法人当事人行为能力只有"有无"的问题，而非是否应受限制的问题。

（2）劳动争议主体的权利能力与行为能力不可分离。劳动争议的主体包括劳动者和用人单位。劳动者的权利能力和劳动行为能力不能分离。劳动者的权利能力和劳动行为能力是统一不可分的。劳动权利能力和劳动行为能力必须由本人实现。劳动争议主体在劳动关系存续期间具有隶属性、管理性和相互制约性。

2. 争议内容不同

（1）民法争议内容主要是有关人身关系和财产关系的争议。具体有人格权、物权、财产权、债权、继承权等争议。

（2）劳动争议内容主要是有关劳动过程中的法定权利义务以及当事人约定权利义务的争议。具体有劳动合同、社会保险、劳动报酬、劳动保护、休息休假、福利待遇、职业技能、劳动纪律等争议。

3. 适用法律不同

（1）民事争议适用民事性法律法规。发生民事争议，处理依据主要有《民法通则》和《物权法》《婚姻法》《继承法》《合同法》《侵权责任法》《民事诉讼法》等各项民事法律法规。

（2）劳动争议适用劳动法及各项劳动法规政策。发生劳动争议，处理依据主要有《劳动法》《劳动合同法》和《工资支付暂行规定》《企业带薪年休假条例》《工伤保险条例》《女职工劳动保护特别规定》《劳动争议调解仲裁法》《劳动争议仲裁办案规则》等各项劳动法律法规。

第3节 我国劳动争议处理制度

劳动争议处理是指按照法律规定，依据一定的程序，对劳动争议以协商、调解、仲裁以及诉讼等一系列制度予以解决的过程。

劳动争议处理基本制度是指劳动争议处理规则的总和。劳动争议处理基本制度反映一个国家的法制状况和调整劳动关系的方式，是国家维持社会秩序的手段之一。

一、劳动争议处理的立法沿革

1. 新中国成立初期的劳动争议处理制度

1949—1956 年,是新中国成立后对资本主义进行改造的阶段,这一时期,劳动者翻身做主的期望与私营企业的经营现状产生冲突,劳资矛盾复杂,劳动争议不断出现。为了妥善解决劳动争议,中央与地方出台了一系列劳动争议处理规则。中华全国总工会于 1949 年 11 月 22 日发布《关于劳资关系暂行处理办法》。劳动部于 1950 年 11 月 26 日颁发《关于劳动争议解决程序的规定》。上海市发布的有关劳动争议处理的规定有上海市军管会的《关于私营企业劳资争议调处程序暂行办法》《关于复业复工纠纷处理暂行办法》《上海市劳资争议仲裁委员会组织规则》等。上述规定的有效实施,为正确、及时地处理大量劳动争议创造了条件,对各种劳动关系的调整,特别是使劳资冲突双方顺利纳入国家政策法律的处理轨道起到了积极作用。

2. 计划经济时期的劳动争议处理制度

1956—1986 年是我国实行计划经济时期,随着国家对私营企业的资本主义改造基本完成,具有劳资冲突性质的劳动争议已不再存在。1956 年起,国家不再执行劳动争议处理制度,相继撤销劳动争议处理机构。劳动争议纳入信访处理途径,按照分级负责、归口处理的信访工作方针原则,由信访部门承担起劳动纠纷的处理工作。劳动纠纷处理的依据散见于中共中央组织部及办公厅文件、国务院各部委的行政规章、地方政府各部门的政策性文件、会议精神、领导讲话批示等文件中。

3. 经济体制改革初期的劳动争议处理制度

1978 年以后,我国进入经济体制改革时期,社会主义市场经济制度逐步确立。随着企业改革和劳动制度改革的不断深入,企业在用工制度、工资分配、职工调动与辞退等许多方面拥有了更广泛的自主权,劳动争议随之大量涌现,信访制度已难以应对这种新局面。1986 年 7 月,国务院提出建立劳动争议仲裁机构。1987 年 2 月,上海市劳动争议仲裁委员会成立,恢复了中断三十年的劳动争议仲裁工作。1987 年 7 月,国务院发布《国营企业劳动争议处理暂行规定》,将国有企业内发生的履行劳动合同争议和因开除、除名、辞退违纪职工发生的争议纳入处理范围。1993 年 8 月,国务院发布了《中华人民共和国企业劳动争议处理条例》,劳动部同时颁布了《劳动争议仲裁委员会组织规则》《劳动争议仲裁委员会办案规则》《企业劳动争议调解委员会组织及工作规则》等规章。1997 年,人事部颁布了《人事争议处理暂行规定》,明确规定了人事争议处理的组织机构、办案形式及程序、当事人的权利义务、法律救济办法等。1995 年,《劳动法》颁布实施,一裁二审制的劳动争议处理体系基本成型。

4. 劳动法制建设完善时期的劳动争议处理制度

2002年7月,国务院办公厅转发人事部《关于在事业单位试行人员聘用制度的意见》,规定了受聘人员与聘用单位在公开招聘、聘用程序、聘用合同期限、定期或者聘期考核、解聘辞聘、未聘安置等问题上发生争议的,纳入人事争议仲裁委员会的受理范围。2007年10月,中组部、人事部、解放军总政治部联合印发了《人事争议处理规定》,规定实施公务员法的机关与聘任制公务员之间、参照《公务员法》管理的机关(单位)与聘任工作人员之间因履行聘任合同发生的争议,事业单位、社团组织与工作人员之间因解除人事关系、履行聘用合同发生的争议,军队聘用单位与文职人员之间因履行聘用合同发生的争议等纳入仲裁范围。2008年5月1日,《劳动争议调解仲裁法》实施,劳动争议协商、调解、仲裁、诉讼等处理制度得到进一步强化。2014年7月1日,《事业单位人事管理条例》实施,规定事业单位工作人员与所在单位发生人事争议的,依照《劳动争议调解仲裁法》等有关规定处理,将人事争议的处理与劳动争议处理纳入同一处理程序。

二、劳动争议处理方式的发展

1. 新中国成立初期的劳动争议处理方式

新中国成立初期的一系列处理规定,从制度上确定了劳动争议的处理程序基本为协商、调解、仲裁、法院审判等,处理方式有以下几种:

(1) 通过双方协商解决。

(2) 交由争议双方的上级工会组织和上级企业主管机关协调解决。

(3) 私营企业申请该产业工会组织和同业公会协助解决。

(4) 向当地劳动行政机关申请行政调解。

(5) 向劳动争议仲裁委员会申请仲裁。

(6) 对裁决不服的可向人民法院提出控诉,请求判决。

(7) 对裁决不执行不控诉的,由劳动行政机关转送法院处理等。

2. 计划经济时期的劳动争议处理方式

计划经济下的劳动争议处理制度带有浓厚的行政协调色彩,其维护、调节劳动关系的方式与行政管理方式相匹配,劳动争议处理成为社会管理的一个重要部分,处理方式也呈多样性特征。常见的有协调、协商、指令、批转、批示、专题会议等各种方式。由于劳动争议处理机构不明确,劳动者因劳动争议到处上访、层层上访,不仅浪费了大量人力、财力,而且产生了许多争议长期得不到解决的问题。

3. 经济体制改革初期的劳动争议处理方式

《劳动法》规定的劳动争议处理程序主要有协商解决、申请调解、申请仲裁、提起诉讼等。《劳动法》规定的劳动争议处理机构，主要有本单位劳动争议调解委员会、当地劳动争议仲裁委员会、当地人民法院等。《劳动法》规定，因签订集体合同发生争议，当事人协商解决不成的，当地劳动行政部门可以组织有关各方协调处理；因履行集体合同发生争议，当事人协商解决不成的，可以向劳动争议仲裁委员会申请仲裁，对仲裁裁决不服的，可以向人民法院提起诉讼。上述法定程序和规则，使通过法律程序调整劳动关系和维护劳动关系当事人合法权益的法制原则得到确立。

4. 劳动法制建设完善时期的劳动争议处理方式

《劳动争议调解仲裁法》确定的劳动争议处理方式具有规范的程序和规则。

（1）劳动争议当事人协商程序。是指劳动关系当事人发生劳动争议，劳动者可以与用人单位协商，也可以请工会或者第三方共同与用人单位协商，通过协商达成和解协议解决争议的规则。

（2）劳动争议调解程序。是指劳动关系当事人发生劳动争议，以书面或口头申请的方式，通过法定的专门调解组织，通过调解达成协议解决争议的规则。

（3）劳动争议仲裁程序。是指劳动争议当事人通过按三方原则设置的仲裁机构和按法定程序解决劳动争议的规则。

（4）劳动争议诉讼程序。是指劳动争议当事人不服仲裁处理，在规定的期限内向人民法院起诉，由人民法院依据《民事诉讼法》规定通过司法程序解决劳动争议案件的规则。劳动争议诉讼程序主要由一审程序、二审程序、审判监督程序等构成。

第4节 员工申诉

一、员工申诉概述

员工申诉是指员工在单位内将工作中的冤屈、争议和纠纷通过用人单位内部纵向性的争议处理制度公开表达寻求解决的行为。

1. 员工申诉的种类

（1）员工对于劳动报酬、工作时间、休息休假、劳动安全卫生、保险福利、职工培训、劳动纪律以及劳动定额管理等规章制度的异议。

（2）员工对于劳动合同订立、履行、变更、解除、终止等事项的异议。

（3）员工对于因劳动报酬、工伤医疗费、经济补偿或者赔偿金等事项的异议。

（4）员工对于用人单位民主管理的异议。

（5）员工对于劳动合同解除、终止、纪律处分、经济处罚等方面的异议。

（6）员工对于其他受到不公正待遇的异议。

2. 员工申诉的方式

员工以下列方式向用人单位表达诉求的，属于员工申诉：

（1）以行为方式表达。

（2）以书面方式表达。

（3）以电话方式表达。

（4）以电子邮件方式表达。

（5）以其他规定渠道、方式表达。

3. 员工申诉的排除

员工表达下列要求不属于员工申诉范围：

（1）要求加薪及升迁。

（2）政治性问题。

（3）涉及他人生活隐私。

（4）其他无凭无据的批评及怨言。

4. 解决员工申诉的目的

妥善解决员工申诉，消弭员工在工作中的抱怨、争议和纠纷，目的在于维护用人单位和员工的合法权益，发展良好的劳动关系，营造良好、和谐的工作氛围，健全和完善用人单位的管理体系，促进用人单位的健康发展。

二、员工申诉处理

1. 员工申诉受理

用人单位应当根据员工申诉事项的性质、内容、程度，根据内部机构职能，由专门部门负责受理，其他相关职能部门进行协查与配合处理。

2. 员工申诉处理程序

（1）审核员工申诉的事项、理由和材料。

（2）根据申诉事由了解事实经过，核实员工申诉内容的真实性。

（3）根据申诉内容，向相关被申诉人以及被申诉部门了解、核实情况。

（4）依据法律法规、规章制度对调查核实的事实情况进行分析。

（5）会同相关职能部门形成处理方案，对员工申诉作出处理决定。

（6）及时将处理决定反馈给员工，并征询员工对处理结果的意见。

(7) 监督与跟踪处理决定的落实情况。

(8) 对员工申诉事项做好记录，进行原因分析、总结，规范管理制度。

三、劳动争议协商处理

劳动争议协商是指劳动关系双方或多方当事人就劳动争议事项进行协商解决的法定程序。

1. 劳动争议协商方式

发生劳动争议，劳动者可以要求所在企业工会参与或者协助其与企业进行协商。工会也可以主动参与劳动争议的协商处理。劳动者也可以委托其他组织或者个人作为其代表进行协商。

2. 劳动争议协商解决

劳动者与用人单位经协商达成一致，应当签订书面和解协议。和解协议对双方当事人具有约束力，当事人应当履行。

3. 劳动争议协商不成

根据人力资源和社会保障部《企业劳动争议协商调解规定》的规定，有下列情形之一的，视作协商不成：

（1）一方当事人提出协商要求后，另一方当事人不同意协商或者在5日内不做出回应的。

（2）在约定的协商期限内，一方或者双方当事人不同意继续协商的。

（3）在约定的协商期限内未达成一致的。

（4）达成和解协议后，一方或者双方当事人在约定的期限内不履行和解协议的。

当事人协商不成，可以依法向企事业单位调解委员会或者街道、乡镇依法设立的调解组织申请调解，也可以依法向劳动人事争议仲裁委员会申请仲裁。

第5节 劳动争议调解

一、劳动争议调解概述

劳动争议调解是指依法设立的调解组织对当事人的劳动争议予以协调解决的活动。

1. 劳动争议调解组织

下列调解组织是依法设立并具有劳动争议调解职能的组织：

（1）企业设立的劳动争议调解委员会。

（2）依法设立的基层人民调解组织。

（3）在街道、乡镇设立的具有劳动争议调解职能的组织。

（4）事业单位及其上级部门设立的人事争议调解委员会。

2. 劳动争议调解员

根据《劳动争议调解仲裁法》的规定，劳动争议调解组织的调解员应当由公道正派、联系群众、热心调解工作，并具有一定法律知识、政策水平和文化水平的成年公民担任。

3. 劳动争议调解原则

劳动争议调解组织在调解劳动争议中，应贯彻以下几个原则：

（1）自愿调解原则。劳动争议自愿调解原则包括以下三个方面含义：

1）当事人申请调解必须是自愿行为，调解组织不得强行调解。

2）达成调解协议必须出自双方当事人的自愿，调解组织不能强迫达成协议。

3）履行调解协议必须是双方当事人的自愿行为，调解组织不能强制当事人履行调解协议。

（2）及时调解原则。劳动争议及时调解原则包括以下三个方面含义：

1）调解组织应当及时受理劳动争议当事人的调解申请，避免争议扩大。

2）调解组织在受理调解申请后应当及时组织当事人进行调解，避免争议激化。

3）调解组织应当在法定调解期限内尽快促使双方达成协议，避免争议久拖不决。

（3）依法调解原则。依法调解原则是指劳动争议调解组织在调解劳动争议过程中必须坚持以事实为依据，以法律为准绳，依法处理劳动争议案件。依法调解原则包括以下三个方面含义：

1）劳动争议调解组织及其权限必须符合法律规定，违反规定的组织或超越权限进行调解无效。

2）劳动争议调解必须依照法定程序进行，违法程序进行的劳动争议调解无效。

3）劳动争议调解当事人达成的调解协议内容，不得违背法律、行政法规的强制性规定，不能损害国家、集体和其他公共利益。

二、劳动争议调解范围

劳动和人事争议调解委员会依法调解用人单位与劳动者之间发生的下列劳动争议：

1. 企业、个体经济组织、民办非企业单位等组织与劳动者之间，以及机关、事业单位、社会团体与其建立劳动关系的劳动者之间，因确认劳动关系、订立、履行、变更、解除和终止劳动合同，工作时间、休息休假、社会保险、福利、培训以及劳动保护，劳动报酬、工伤医疗费、经济补偿或者赔偿金等发生的争议。

2. 事业单位、社会团体与工作人员之间因除名、辞退、辞职、离职等解除人事关系以及履行聘用合同发生的争议。

三、劳动争议调解程序

1. 申请调解

当事人申请调解，可以以口头或书面形式向调解委员会提出申请。口头申请的，调解组织应当当场记录申请人基本情况、调解请求、事实与理由。书面申请调解的，应当提交劳动争议调解申请书。

2. 调解受理

调解委员会接到调解申请后，对属于劳动争议受理范围且双方当事人同意调解的，应当在3个工作日内受理。对不属于劳动争议受理范围或者一方当事人不同意调解的，应当做好记录，并书面通知申请人。

3. 调解过程

调解委员会根据案件情况指定调解员或者调解小组进行调解，征得当事人同意后，也可以邀请有关单位和个人协助调解。调解委员会应了解当事人背景，了解纠纷背景，调查争议事实，听取当事人对纠纷的意见。调解员应当在全面听取双方当事人陈述的基础上采取灵活多样的方式方法，开展调解工作，帮助当事人自愿达成调解协议。

4. 调解结果

（1）调解期限。调解委员会调解劳动争议，应当自受理调解申请之日起15日内结束。但双方当事人同意延期的可以延长。

（2）调解协议书。经调解达成调解协议的，由调解委员会制作调解协议书。调解协议书应当写明双方当事人基本情况、调解请求事项、调解的结果和协议履行期限、履行方式等。调解协议书由双方当事人签名或者盖章，经调解员签名并加盖调解委员会印章后生效。生效的调解协议对双方当事人具有约束力，当事人应当履行。调解协议书一式三份，双方当事人和调解委员会各执一份。

（3）调解协议书效力

1）生效的调解协议对双方当事人具有约束力，当事人应当履行。

2）双方当事人可以自调解协议生效之日起15日内共同向仲裁委员会提出仲裁审查申请。仲裁委员会根据《劳动争议仲裁办案规则》对程序和内容合法有效的调解协议出具调解书。

3) 一方当事人在约定的期限内不履行调解协议的,另一方当事人可以依法申请仲裁。仲裁委员会审查认定调解协议合法有效且不损害公共利益或者第三人合法利益的,在没有新证据出现的情况下,可以依据调解协议作出仲裁裁决。

4) 调解协议书可以作为向人民法院申请支付令的依据。

(4) 调解不成。调解委员会对下列情况之一的,视为调解不成:

1) 一方当事人提出调解申请后,另一方当事人不同意调解的。

2) 调解委员会受理调解申请后,在规定期限内一方或者双方当事人不同意调解的。

3) 在规定的期限内未达成调解协议的。

4) 达成调解协议后,一方当事人在约定期限内不履行调解协议的。

调解委员会对调解不成的劳动争议,应出具调解不成证明书,注明调解不成的原因和日期,并以书面形式通知申请人。

第6节 劳动争议仲裁

一、劳动争议仲裁概述

劳动争议仲裁是指劳动争议仲裁机构根据当事人的申请,在查明事实、明确是非、分清责任的基础上,对劳动争议事实进行判断,对劳动权利义务做出裁断的法律制度。

1. 劳动争议仲裁的基本原则

(1) 合法性原则。是指劳动争议仲裁以法律、法规、规章、政策、合同等作为处理依据,依法维护当事人的合法权益。这里所指的"法"是一个广义的概念,既包括劳动保障实体法,也包括处理劳动争议的程序法,还包括相关行政法规和政府规章,以及特殊情形下的有关政策。

(2) 公正性原则。是指劳动争议仲裁依法保障当事人合法权益,对当事人在适用法律上一律平等,不得偏袒或歧视任何一方。公正性原则体现在仲裁机构三方组成、仲裁过程公开、仲裁结果可诉等仲裁规则中。

(3) 及时性原则。是指通过灵活简便的仲裁程序,减少诉累拖延,及时保障当事人的合法权益。及时性原则体现在受理程序、处理期限、简易程序等规则中。

(4) 重调解原则。是指运用完善的调解规则、强化的调解程序和有效的调解结果等化解矛盾机制，促使劳动争议当事人取得谅解，达成协议。重调解原则实践中体现在调解前置和继续调解两个方面。

2. 劳动争议仲裁与民商事仲裁的区别

（1）民商事仲裁概念。根据《仲裁法》的规定，民商事仲裁是对平等主体的公民、法人、和其他组织之间发生的合同纠纷和其他财产权益纠纷进行公断裁决的法律制度。民商事仲裁制度是一种区别于司法制度的社会性居中裁断争议处理制度。

（2）劳动仲裁与民商事仲裁的区别

1）受理范围不同。劳动仲裁的受理范围由法律法规明文规定，无明确规定的争议事项不属于受理范围。民商事仲裁的受理范围采用排他法确定：排除婚姻、收养、监护、抚养、继承等人身有关争议，以及行政争议、劳动争议、农村承包协议纠纷以外其他所有争议。

2）管辖方式不同。劳动仲裁实行级别管辖与地域管辖方式，仲裁机构按照行政级别和区域的划分分工负责处理劳动争议。民商事仲裁实行协议管辖方式，纠纷当事人可自主选择诉讼或者仲裁，也可以协议选择任何一个仲裁机构，而无行政级别、区域的管辖限制。

3）裁决效力不同。劳动仲裁实行一裁两审制，当事人不服仲裁裁决可以向人民法院起诉；劳动仲裁中的一裁终局制度，规定劳动者不服的仍然可以向人民法院起诉。民商事仲裁实行一裁终局制度，所有裁决一经作出，即发生法律效力。若一方当事人不服向人民法院诉讼的，法院不予受理。只有裁决被人民法院依法裁定撤销或不予执行的情况下，人民法院才可予以受理。

4）当事人选择权不同。劳动仲裁以强制性规范为基本依据，仲裁机构、仲裁庭、仲裁员、仲裁程序、处理方式等规则基本由法律法规规定和仲裁委员会指定，当事人对此选择权有限。民商事仲裁以双方当事人的自愿为前提，当事人之间的纠纷是否提交仲裁、交给哪家仲裁机构、仲裁庭如何组成、仲裁员由谁担任、仲裁审理方式如何等都由双方当事人协商确定。

二、劳动争议仲裁组织

1. 劳动争议仲裁机构

（1）劳动争议仲裁委员会的设立原则。劳动争议仲裁委员会按照统筹规划、合理布局和适应实际需要的原则设立。劳动争议仲裁委员会不按行政区划层层设立。

劳动争议仲裁委员会的设立贯彻"三方原则"，劳动争议仲裁委员会由劳动行政部门代表、工会代表和企业主管部门代表组成，仲裁委员会主任由同级劳动行政部门负责人担

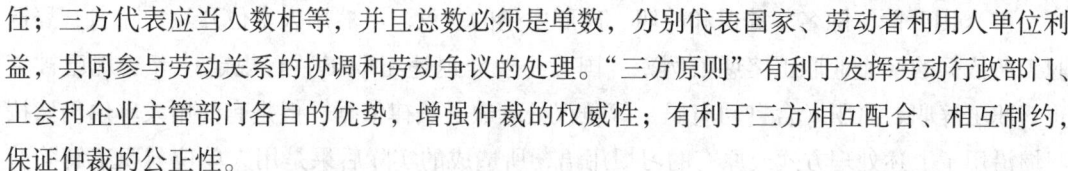

任；三方代表应当人数相等，并且总数必须是单数，分别代表国家、劳动者和用人单位利益，共同参与劳动关系的协调和劳动争议的处理。"三方原则"有利于发挥劳动行政部门、工会和企业主管部门各自的优势，增强仲裁的权威性；有利于三方相互配合、相互制约，保证仲裁的公正性。

（2）仲裁委员会的办事机构。仲裁委员会下设办事机构，负责办理日常工作。目前各地设立的劳动人事争议仲裁院作为仲裁委员会的办事机构，具体负责处理劳动争议案件及承担仲裁委员会的办事职能。

2. 仲裁员和仲裁庭

劳动争议仲裁委员会处理劳动争议实行仲裁员、仲裁庭制度。

（1）仲裁员任职资格条件。《劳动争议调解仲裁法》规定，仲裁员应当公道正派并符合下列条件之一：

1）曾任审判员的。
2）从事法律研究、教学工作并具有中级以上职称的。
3）具有法律知识、从事人力资源管理或者工会等专业工作满五年的。
4）律师执业满三年的。

（2）仲裁庭组成。劳动争议仲裁委员会裁决劳动争议案件实行仲裁庭制度，仲裁庭由三名仲裁员组成，设首席仲裁员。简单劳动争议案件可以由一名仲裁员独任仲裁。劳动争议仲裁委员会应当在受理仲裁申请之日起五日内将仲裁庭的组成情况书面通知当事人。仲裁委员会处理因履行集体合同发生的劳动争议，应当按照三方原则组成仲裁庭处理。

三、劳动争议仲裁程序

1. 劳动争议仲裁受理范围

劳动争议仲裁委员会受理用人单位与劳动者发生的下列劳动争议：

（1）因确认劳动关系发生的争议。劳动者与用人单位就双方之间是否存在劳动关系而发生争议，属于确认劳动关系争议。

（2）因订立、履行、解除和终止劳动合同发生的争议。劳动关系当事人因未订立劳动合同，或劳动合同涉嫌无效，或在劳动合同订立过程中发生争议，属于劳动合同订立争议；劳动合同当事人因履行劳动合同约定权利义务，或因变更劳动合同约定权利义务发生争议，属于劳动合同履行争议；劳动合同履行中，劳动合同当事人因法定事由提前消灭劳动关系发生争议，属于劳动合同解除争议；劳动合同双方当事人履行了全部义务，实现了全部权利，或在履行过程中出现了法定的终止条件，劳动合同当事人依法结束双方劳动关系发生争议，属于劳动合同终止争议。

（3）因开除、除名、辞退和辞职、离职发生的争议。虽然用人单位开除、除名、辞退职工所依据的《企业职工奖惩条例》《国营企业辞退违纪职工暂行规定》等法规已被废止，职工辞职、离职（含自动离职）等争议处理缺乏法律依据，但是有些用人单位仍然按习惯沿用了上述处理方式或原有的习惯用语，所造成的实际后果是用人单位与职工解除劳动合同（或劳动关系），因此，开除、除名、辞退和辞职、离职发生的争议，实质上是一种解除争议。

（4）因工作时间、休息休假、社会保险、福利、培训以及劳动保护发生的争议。劳动合同当事人因用人单位执行的工作时间是否符合国家法定标准或依法订立的集体合同、规章制度、劳动合同约定标准而发生争议，属于工作时间争议；因用人单位是否依法执行休息休假法律规定而发生争议，属于休息休假争议；因执行社会保险法发生争议，属于社会保险争议；因履行集体合同、劳动合同和规章制度中规定的有关福利待遇等规定、约定而发生争议，属于福利待遇争议；因履行集体合同、劳动合同、培训协议、服务期协议和规章制度中规定的有关培训事项等规定、约定而发生争议，属于培训争议；因用人单位是否为劳动者提供符合有关法律、法规、规章及集体合同、规章制度规定的劳动安全卫生条件、劳动保护措施等而发生争议，属于劳动保护争议。

（5）因劳动报酬、工伤医疗费、经济补偿或者赔偿金等发生的争议。劳动合同当事人因未执行有关工资支付规定或者未履行有关工资支付的约定而发生争议，属于劳动报酬争议；因工伤或职业病的医疗费支付发生争议，属于工伤医疗费争议；因经济补偿金的标准和支付发生争议，属于经济补偿金争议；因法律法规规定的赔偿金的标准和支付发生争议，属于赔偿金争议。

（6）实施公务员法的机关与聘任制公务员之间、参照公务员法管理的机关（单位）与聘任工作人员之间因履行聘任合同发生的争议。由于聘任制公务员的聘任合同是双方协商的，双方的权利、义务和工资福利待遇等均在合同中予以约定，因此，发生人事争议，可以由仲裁委员会进行仲裁。

（7）事业单位、社会团体与工作人员之间因除名、辞退、辞职、离职等解除人事关系以及履行聘用合同发生的争议。事业单位、社团组织与工作人员之间因除名、辞退、辞职、离职等发生的争议，是一种解除人事关系发生的争议。聘用合同当事人因履行聘用合同约定义务，或享有聘用合同约定权利发生争议，属于履行聘用合同争议。

（8）军队文职人员聘用单位与文职人员之间因履行聘用合同发生的争议。军队文职人员是指按照规定的编制聘用到军队工作，履行现役军官（文职干部）同类岗位相应职责的非现役人员。军队文职人员聘用合同当事人因履行聘用合同约定义务，或享有聘用合同约定权利发生争议，属于履行聘用合同争议。

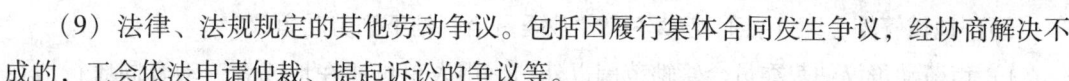

劳动争议处理

（9）法律、法规规定的其他劳动争议。包括因履行集体合同发生争议，经协商解决不成的，工会依法申请仲裁、提起诉讼的争议等。

上述争议范围以外，法律法规另有规定的属于劳动争议性质的其他纠纷也属于劳动争议受理范围。

2. 劳动争议仲裁管辖

劳动争议仲裁管辖是指劳动争议仲裁委员会立案受理劳动争议案件的分工负责权限和范围。

（1）一般管辖。劳动争议由劳动（聘用）合同履行地或者用人单位所在地的劳动争议仲裁委员会管辖。劳动（聘用）合同履行地为劳动者实际工作场所地，用人单位所在地为用人单位注册、登记地，用人单位未经注册、登记的，其出资人、开办单位或主管部门所在地为用人单位所在地。案件受理后，劳动合同履行地和用人单位所在地发生变化的，不改变劳动争议仲裁的管辖。

（2）优先管辖。劳动争议当事人分别向劳动（聘用）合同履行地和用人单位所在地的劳动争议仲裁委员会申请仲裁的，由劳动（聘用）合同履行地的劳动争议仲裁委员会优先管辖。多个仲裁委员会都有管辖权的，由先受理的仲裁委员会管辖。

（3）移送管辖。仲裁委员会发现已受理案件不属于其管辖范围的，应当移送至有管辖权的仲裁委员会，并书面通知当事人。

（4）指定管辖。受移送的仲裁委员会认为受移送的案件依照规定不属于本仲裁委员会管辖，或仲裁委员会之间因管辖争议协商不成的，应当报请共同的上一级仲裁委员会作出指定管辖。

（5）级别管辖。上海市劳动争议仲裁委员会管辖下列劳动争议：

1）在本市注册设立的注册资金在壹仟万美元以上或者相当于壹仟万美元以上的外资企业和劳动者发生的劳动争议。

2）在本市注册设立的注册资金在壹仟万美元以上或者相当于壹仟万美元以上的全部资本为其所有的香港、澳门、台湾地区的公司、企业和其他经济组织或者个人或在国外居住的中国公民在大陆设立的企业和劳动者发生的劳动争议。

3）经市人民政府及其有关主管部门批准成立的事业单位和中央、外省市在本市的事业单位发生的人事争议和劳动争议。

4）驻沪军级以上军队聘用单位与文职人员发生的人事争议。

5）取得合法就业资格的外籍人员、台港澳人员和定居国外人员与所在单位发生的劳动争议。

6）本市范围内有重大影响的劳动争议案件。

(6) 地域管辖。区（县）劳动争议仲裁委员会管辖下列劳动争议：

1) 市劳动争议仲裁委员会管辖范围以外的，用人单位所在地或者劳动合同履行地在本行政区域内的劳动争议。

2) 经区（县）人民政府及其有关主管部门批准成立的事业单位发生的人事争议和劳动争议。

3) 驻沪师级以下军队聘用单位与文职人员发生的人事争议。

3. 仲裁时效

仲裁时效是指劳动争议当事人向仲裁委员会提出仲裁申请的有效期限。

（1）一般时效。劳动争议申请仲裁的时效期间为一年。仲裁时效期间从当事人知道或者应当知道其权利被侵害之日起计算。

（2）时效中断。在申请仲裁的时效期间内，有下列情形之一的，仲裁时效中断，从中断时起，仲裁时效期间重新计算：

1) 一方当事人通过协商、申请调解等方式向对方当事人主张权利的。

2) 一方当事人通过向有关部门投诉，向仲裁委员会申请仲裁，向人民法院起诉或者申请支付令等方式请求权利救济的。

3) 对方当事人同意履行义务的。

（3）时效中止。因不可抗力，或者有无民事行为能力或者限制民事行为能力劳动者的法定代理人未确定等其他正当理由，当事人不能在规定的仲裁时效期间申请仲裁的，仲裁时效中止。从中止时效的原因消除之日起，仲裁时效期间继续计算。

（4）特殊时效。劳动关系解除终止的，劳动关系存续期间因拖欠劳动报酬发生争议的，劳动者申请仲裁时效，时效自劳动关系解除终止之日起算一年。

4. 申请程序

（1）书面申请。申请人申请仲裁应当提交书面仲裁申请，并按照被申请人人数提交副本。仲裁申请书应当载明下列事项：

1) 劳动者的姓名、性别、年龄、职业、工作单位和住所，用人单位的名称、住所和法定代表人或者主要负责人的姓名、职务。

2) 仲裁请求和所根据的事实、理由。

3) 证据和证据来源、证人姓名和住所。

（2）口头申请。当事人书写仲裁申请确有困难的，可以口头申请，由劳动争议仲裁委员会记入笔录，并告知对方当事人。

5. 受理程序

劳动争议仲裁委员会收到仲裁申请之日起五日内，认为符合受理条件的，应当受理，并通知申请人;认为不符合受理条件的,应当书面通知申请人不予受理,并说明理由。对劳动争议仲裁委员会不予受理或者逾期未作出决定的,申请人可以就该劳动争议事项向人民法院提起诉讼。

6. 答辩程序

劳动争议仲裁委员会受理仲裁申请后,应当在五日内将仲裁申请书副本送达被申请人。被申请人收到仲裁申请书副本后,应当在十日内向劳动争议仲裁委员会提交答辩书。劳动争议仲裁委员会收到答辩书后,应当在五日内将答辩书副本送达申请人。被申请人未提交答辩书的,不影响进行仲裁程序。

7. 开庭审理

劳动争议仲裁委员会应当在受理仲裁申请之日起五日内将仲裁庭的组成情况书面通知当事人。

(1) 回避。仲裁员有下列情形之一,应当回避,当事人有权以口头或者书面方式提出回避申请:

1) 是本案当事人或者当事人、代理人的近亲属的。

2) 与本案有利害关系的。

3) 与本案当事人、代理人有其他关系,可能影响公正裁决的。

4) 私自会见当事人、代理人,或者接受当事人、代理人的请客送礼的。

劳动争议仲裁委员会对回避申请应当及时作出决定,并以口头或者书面方式通知当事人。

(2) 开庭通知。仲裁庭应当在开庭五日前将开庭日期、地点书面通知双方当事人。当事人有正当理由的,可以在开庭三日前请求延期开庭。是否延期,由劳动争议仲裁委员会决定。申请人收到书面通知,无正当理由拒不到庭或者未经仲裁庭同意中途退庭的,可以视为撤回仲裁申请。被申请人收到书面通知,无正当理由拒不到庭或者未经仲裁庭同意中途退庭的,可以缺席裁决。

(3) 开庭审理。仲裁委员会处理劳动争议应当开庭审理。简单劳动争议案件,经当事人同意,可以采取书面或其他方式进行审理。

1) 仲裁庭审理劳动争议案件一般应当公开进行,但当事人协议不公开进行的除外。劳动争议案件涉及国家秘密、商业秘密和个人隐私的,仲裁庭可以决定不公开审理。

2) 开庭审理时,仲裁员应当听取申请人的陈述和被申请人的答辩,主持庭审调查、质证和辩论、征询当事人最后意见,并进行调解。仲裁员进行仲裁调解期间,可以进行法律释明,了解双方的调解意愿,提出调解建议。

3) 仲裁庭应当将开庭情况进行笔录。当事人和其他仲裁参与人对自己陈述的记录认为有遗漏或者差错的，有权申请补正。当事人在庭审笔录上拒绝签名或者盖章，由仲裁庭做相应记录，不影响庭审笔录的效力。

8. 争议处理

（1）处理期限。仲裁庭裁决劳动争议案件，应当自仲裁委员会受理仲裁申请之日起四十五日内结束。案情复杂需要延期的，经仲裁委员会主任批准，可以延期。延期审理的案件应当书面通知当事人，延长期限不得超过十五日。仲裁庭逾期未作出仲裁裁决，当事人可以就该劳动争议事项向人民法院提起诉讼，当事人未提起诉讼的，仲裁庭应当继续处理并裁决。

（2）中止审理。对于需请示待批、先作工伤认定、鉴定、申请回避审查、公告送达以及其他需要中止仲裁审理的客观情况发生，仲裁庭征得申请人同意后，可以中止案件审理，导致中止审理的客观情况消除后，仲裁庭应当恢复审理。仲裁庭作出中止审理决定时应当书面通知当事人。中止审理期间不计入仲裁审理期限内。

（3）先行调解。仲裁庭在作出裁决前，应当先行调解。调解达成协议的，仲裁庭应当制作调解书。调解书经双方当事人签收后，发生法律效力。调解不成或者调解书送达前，一方当事人反悔的，仲裁庭应当及时作出裁决。

（4）部分裁决。仲裁庭裁决劳动争议案件时，其中一部分事实已经清楚，可以就该部分先行裁决。

（5）先予执行。仲裁庭对追索劳动报酬、工伤医疗费、经济补偿或者赔偿金的案件，在符合当事人之间权利义务关系明确、不先予执行将严重影响申请人生活的条件下，根据当事人的申请，可以裁决先予执行，移送人民法院执行。劳动者申请先予执行的，可以不提供担保。

（6）终局裁决。下列劳动争议的仲裁裁决为终局裁决，裁决书自作出之日起发生法律效力：

1）追索劳动报酬、工伤医疗费、经济补偿或者赔偿金，不超过当地月最低工资标准十二个月金额的争议。

2）因执行国家的劳动标准在工作时间、休息休假、社会保险等方面发生的争议。

劳动者对终局裁决不服的，可以自收到仲裁裁决书之日起十五日内向人民法院提起诉讼。用人单位对终局裁决不服的不能向法院起诉，用人单位有证据证明仲裁终局裁决有下列情形之一，可以自收到仲裁裁决书之日起三十日内向仲裁委员会所在地的中级人民法院申请撤销裁决：

1）适用法律、法规确有错误的。

2）仲裁委员会无管辖权的。

3）违反法定程序的。

4）裁决所根据的证据是伪造的。

5）对方当事人隐瞒了足以影响公正裁决的证据的。

6）仲裁员在仲裁该案时有索贿受贿、徇私舞弊、枉法裁决行为的。

仲裁裁决被人民法院裁定撤销的，当事人可以自收到裁定书之日起十五日内就该劳动争议事项向人民法院提起诉讼。

（7）仲裁裁决。调解不成的劳动争议案件，仲裁委员会应当及时作出裁决，裁决应当按照多数仲裁员的意见作出，少数仲裁员的不同意见应当记入笔录。仲裁庭不能形成多数意见时，裁决应当按照首席仲裁员的意见作出。对于事实清楚、证据充分、适用法律法规明确的劳动争议案件，仲裁庭应当当庭裁决，并在五日内将裁决书送达当事人。其他争议案件，仲裁庭可以择日裁决，并及时发送裁决书。

（8）文书种类。仲裁文书一般有以下几种：

1）决定。仲裁委员会对程序事项作出的决定。

2）通知。仲裁委员会对审理事项进行的通知。

3）撤诉。仲裁委员会应当事人的申请或因当事人无正当理由拒不出庭及中途退庭作出的撤销案件处理的决定。

4）调解。由仲裁庭主持并经双方当事人协商确定的解决争议事项的协议。

5）裁决。仲裁委员会对当事人争议事项进行裁断的决定。

（9）仲裁期间。仲裁期间包括法定期间和仲裁委员会指定的期间。期间开始之日计算在期间内。期间届满的最后一日是法定节假日的，以节假日后的第一天为期间届满的日期。期间不包括在途时间。

（10）送达。送达是指将仲裁文书送交当事人。送达方式有以下几种：

1）直接送达。直接送交受送达人。

2）邮寄送达。本人不在的交其同住成年亲属签收；指定代收人的，代收人签收；受送达人方是企业或单位，又没有向仲裁委员会指定代收人的，可以交其负责收件人签收。

3）留置送达。受送达人拒绝接受仲裁文书的，送达人应邀请有关组织的代表或其他人到场，由送达人、见证人签名或盖章后把仲裁文书留在受送达人的住所即视为送达。

4）委托送达。委托当事人所在地的仲裁委员会代为送达。

5）公告送达。受送达人下落不明或者用其他方式无法送达仲裁文书的可公告送达，自发出公告之日起，经过三十日，即视为送达。

第7节 劳动争议诉讼程序

一、劳动争议诉讼概述

劳动争议诉讼是指人民法院依据法定程序对劳动争议进行审判的司法活动。劳动争议诉讼遵循以下几个原则:

1. 民事诉讼原则

人民法院处理劳动争议,审理程序上适用《民事诉讼法》,处理实体权利义务上适用《劳动法》《劳动合同法》《公务员法》并参照劳动法规、人事法规、司法解释、地方法院贯彻司法解释的意见、行政规章、企事业单位规章制度等。

2. 仲裁前置原则

劳动争议实行仲裁前置原则,劳动争议未经劳动争议仲裁委员会书面裁决、决定或者通知,人民法院不予受理。仲裁前置原则有以下两种例外情形:

(1) 当事人在劳动争议调解委员会主持下仅就劳动报酬争议达成调解协议,用人单位不履行调解协议确定的给付义务,劳动者直接向人民法院起诉的,人民法院可以按照普通民事纠纷受理。

(2) 劳动者以用人单位的工资欠条为证据直接向人民法院起诉,而该诉讼请求不涉及劳动关系其他争议的,人民法院按照普通民事纠纷受理。

3. 重新审理原则

劳动争议诉讼贯彻重新审理原则,劳动争议仲裁委员会作出仲裁裁决后,当事人对裁决中的部分事项不服,依法向人民法院起诉的,劳动争议仲裁裁决不发生法律效力,人民法院应当就全部争议重新审理。但对具有一裁终局效力的仲裁裁决,用人单位可以依法向人民法院申请撤销裁决。

二、劳动争议裁审衔接

1. 劳动争议仲裁和诉讼的衔接

(1) 劳动争议仲裁委员会以当事人申请仲裁的事项不属于劳动争议为由,或以当事人的仲裁申请超过仲裁时效为由,作出不予受理的书面裁决、决定或者通知,当事人不服依法向人民法院起诉的,人民法院应当受理。

（2）劳动争议仲裁委员会以申请仲裁的主体不适格为由作出不予受理的书面裁决、决定或者通知，当事人不服依法向人民法院起诉的，经审查确属主体不适格的，人民法院裁定不予受理或者驳回起诉。

（3）劳动争议仲裁委员会为纠正原仲裁裁决错误重新作出裁决，当事人不服依法向人民法院起诉的，人民法院应当受理。

（4）当事人在仲裁后起诉中增加诉讼请求的，如该诉讼请求与讼争的劳动争议具有不可分性，人民法院应当合并审理；如属独立的劳动争议，应当告知当事人向劳动争议仲裁委员会申请仲裁。

（5）劳动争议仲裁委员会仲裁的事项不属于人民法院受理案件的范围，当事人不服依法向人民法院起诉的，人民法院裁定不予受理或者驳回起诉。

2. 劳动争议裁审当事人的衔接

（1）原告和被告。劳动争议当事人不服劳动争议仲裁委员会作出的同一仲裁裁决均向同一人民法院起诉的，先起诉的一方当事人为原告，但对双方的诉讼请求，人民法院应当一并作出裁决。

（2）第三人。用人单位招用尚未解除劳动合同的劳动者，原用人单位与劳动者发生的劳动争议，新的用人单位列为第三人；原用人单位以新的用人单位侵权为由向人民法院起诉的，可以将劳动者列为第三人。

（3）共同当事人。劳务派遣单位或者用工单位与劳动者发生劳动争议的，劳务派遣单位和用人单位为共同当事人。原用人单位以新的用人单位和劳动者共同侵权为由向人民法院起诉的，新的用人单位和劳动者列为共同被告。劳动者在用人单位与其他平等主体之间的承包经营期间，与发包方和承包方双方或者一方发生劳动争议，依法向人民法院起诉的，应当将承包方和发包方作为共同当事人。

三、劳动争议诉讼程序

1. 诉讼受理与管辖

（1）诉讼受理。劳动争议当事人不服劳动争议仲裁委员会作出的裁决书、决定书和通知书，在劳动争议仲裁委员会送达裁决书、决定书、通知书之日起十五日内向人民法院起诉的，人民法院应当受理。劳动争议当事人持劳动争议调解委员会出具的有关劳动报酬调解协议，因对方当事人不履行而向人民法院起诉的，人民法院可以受理。劳动争议当事人以用人单位的工资欠条为证据直接向人民法院起诉的，人民法院可以受理。

（2）诉讼管辖

1）合同履行地管辖。劳动争议案件由劳动（聘用）合同履行地的基层人民法院管辖。

2）用人单位所在地管辖。劳动（聘用）合同履行地不明确的，由用人单位所在地的基层人民法院管辖。

3）管辖异议。根据《最高人民法院关于审理劳动争议案件适用法律若干问题的解释（1）》第九条第二款的规定，当事人双方就同一仲裁裁决分别向有管辖权的人民法院起诉的，后受理的人民法院应当将案件移送给先受理的人民法院。

2. 诉讼制度

劳动争议诉讼适用民事诉讼制度，《民事诉讼法》规定："人民法院审理民事案件，依照法律规定实行合议、回避、公开审判和两审终审制度。"

（1）合议制度。合议制度是指由三名以上的审判人员组成审判集体，代表人民法院行使审判权，对案件进行审理并作出裁判的制度。

按合议制组成的审判组织称为合议庭。合议庭的组成有两种形式：一种合议庭是由审判员和人民陪审员共同组成的，陪审员在人民法院参加审判期间，与审判员有同等的权利。另一种合议庭是由审判员组成的，如二审程序、再审程序、特别程序中的合议庭由审判员组成。

合议庭的审判工作由审判长负责主持；合议庭评议，实行少数服从多数的原则；评议中的不同意见，必须如实记入评议笔录。

（2）回避制度。回避制度是指为保证案件的公正审判，要求与案件有一定利害关系的审判人员或其他有关人员，不得参与本案的审理活动或诉讼活动的审判制度。

回避适用的对象包括审判人员（包括审判员和人民陪审员）、书记员、翻译人员、鉴定人、勘验人员等。

回避适用的情形包括：审判人员或其他人员是本案当事人或当事人、诉讼代理人的近亲属，审判人员或其他人员与本案有利害关系，审判人员或其他人员与本案当事人有其他关系可能影响对案件的公正审理。

回避的提出：可以是当事人提出申请，也可以是审判人员或其他人员主动自行提出；可以在案件开始审理时提出，也可以在法庭辩论终结前提出。提出回避申请应当说明理由，是否准许申请由法院决定，申请人对决定不服的，可以在接到决定时申请复议一次。

（3）公开审判制度。公开审判制度是指人民法院审理民事案件，除法律规定的情况外，审判过程及结果应当向群众公开，向社会公开。向群众公开是指允许群众旁听案件审判过程（主要是庭审过程和宣判过程）；向社会公开是指允许新闻记者对庭审过程作采访，允许其对案件审理过程作报道，将案件向社会披露。根据法律的规定，下列案件不公开审判：

1）涉及国家秘密的案件，包括党的秘密、政府的秘密和军队的秘密。

2）涉及个人隐私的案件。

3）离婚案件、涉及商业秘密的案件，当事人申请不公开审理的，可以不公开审理。

（4）两审终审制度。两审终审制度是指民事案件经过两级人民法院的审理和判决即告终结的制度。根据两审终审制度，一般的民事诉讼案件，当事人不服一审人民法院的判决、允许上诉的裁定，可上诉至二审人民法院，二审人民法院对案件所做的判决、裁定为生效判决、裁定，当事人不得再上诉。

3. 劳动争议诉讼裁判规则

（1）判决。人民法院审结劳动争议案件，应当制发判决书，判决书应当写明判决结果和作出该判决的理由。

（2）部分判决。人民法院审理劳动争议案件，其中一部分事实已经清楚，可以就该部分先行判决。

（3）裁定。人民法院对下列情形适用裁定：①不予受理；②对管辖权有异议的；③驳回起诉；④保全和先予执行；⑤准许或者不准许撤诉；⑥中止或者终结诉讼；⑦补正判决书中的笔误；⑧中止或者终结执行；⑨撤销或者不予执行仲裁裁决；⑩不予执行公证机关赋予强制执行效力的债权文书；⑪其他需要裁定解决的事项。对第①至③项裁定，可以上诉。

（4）法律效力。依法不准上诉或者超过上诉期没有上诉的判决、裁定，是发生法律效力的判决、裁定。

4. 劳动争议司法执行规则

（1）申请执行。对依法生效的仲裁机构的调解、裁决和发生法律效力的民事调解、判决、裁定，当事人必须履行。一方拒绝履行的，对方当事人可以向被执行人住所地或者被执行的财产所在地的人民法院申请执行。

（2）执行异议。案外人对执行标的提出书面异议的，人民法院应当自收到书面异议之日起十五日内审查，理由成立的，裁定中止对该标的的执行；理由不成立的，裁定驳回。

（3）不予执行。劳动争议案件被执行人提出证据证明仲裁裁决有下列情形之一的，经人民法院组成合议庭审查核实，裁定不予执行：

1）裁决的事项仲裁机构无权仲裁的。

2）仲裁庭的组成或者仲裁的程序违反法定程序的。

3）裁决所根据的证据是伪造的。

4）对方当事人向仲裁机构隐瞒了足以影响公正裁决的证据的。

5）仲裁员在仲裁该案时有贪污受贿、徇私舞弊、枉法裁决行为的。

6）人民法院认定执行该裁决违背社会公共利益的。

第8节 劳动争议处理证据规则

一、民事诉讼证据规则概述

证据是指在诉讼中能够证明案件真实情况的各种资料。在任何一起争议案件的裁审过程中,都需要通过证据和证据形成的证据链还原再现事件的本来面目。

根据《劳动争议仲裁办案规则》和《民事诉讼法》的规定,劳动争议处理中涉及证据形式、证据提交、证据交换、证据质证、证据认定等事项,除法律另有规定外,参照民事诉讼证据规则的有关规定执行。

1. 民事诉讼证据种类

民事诉讼证据可分为以下八个种类:

(1) 书证。书证是指以文字、符号、图表、图形等所记载的内容或表达一定的思想来证明案件事实的证据。根据书面制作方式和来源不同,可以把书证分为原本、正本、副本和记录本。

(2) 物证。物证是指以其形状、质量、规格、存在状况等来证明案件事实的物体。以物证是否为原件为标准,可以将物证分为原始的物证和复制的物证。

(3) 视听资料。视听资料是指利用图像、音响及电脑储存反映的数据和资料来证明案件真实情况的一种证据。视听资料包括录像带、录音片、传真资料、电影胶卷、微型胶卷、电话录音、雷达扫描资料和电脑储存数据和资料等。

(4) 证人证言。证人是指能够通过组织语言如实表达其亲历案件事实的自然人。下列人员不得作为证人:不能正确表达意思的人,诉讼代理人,办理本案的审判员、仲裁员、书记员、鉴定人、翻译人员和勘验人员。

(5) 当事人陈述。当事人陈述是指当事人在审理中向仲裁庭或法庭所作的关于案情的口头叙述。当事人申请具有专门知识的人在庭审中对专业问题进行说明,不被视为证人证言,相当于当事人及其诉讼代理人在仲裁庭或法庭上的陈述。

(6) 鉴定意见。鉴定意见是指有关鉴定机构和鉴定人员运用专门知识对某些专业性问题进行鉴别和判断并提出的结论性意见。

(7) 勘验笔录。勘验笔录是指办案人员为查明一定的事实,对案件有关现场、物品或物体亲自进行或指定有关人员进行查验、拍照、测量,并对查验的情况与结果制成的笔录。

（8）电子数据。电子数据是指通过电子邮件、电子数据交换、网上聊天记录、博客、微博、手机短信、电子签名、域名等形成或者存储在电子介质中的信息。存储在电子介质中的录音资料和影像资料，适用电子数据的规定。

2. 民事诉讼证据分类

民事诉讼证据分类是指将民事诉讼证据按照不同的标准划分为不同的类别，以提高运用证据查明事实真相的能力。

（1）按证据来源分类。根据证据来源，可将证据分为原始证据和传来证据两类。

1）原始证据。即直接来源案件事实的证据。如物证的原件、书证的原件，直接目击者的证人证言、被申请人或被告人陈述等。

2）传来证据。即从原始证据转述、传抄、复制而来的证据。如书证的副本、物证的复制品、物证的照片、录像等。

（2）按表现形式分类。根据证据表现形式，可将证据分为言词证据和实物证据两类。

1）言词证据。即人证，指和案件有关的人对案件事实所作的陈述（证明）。包括证人证言、当事人的陈述、专家陈述等。

2）实物证据。即物证，指广义上的物证。包括物证、书证、音像证据、电子数据、勘验笔录等。

（3）按证明方式分类。根据证据证明方式，可将证据分为直接证据和间接证据两类。

1）直接证据。即能单独、直接证明案件主要事实的证据。

2）间接证据。即与案件主要事实有间接联系的证据。只能证明案件有关的情节或片段，不能直接证明案件的主要事实。只有与其他证据结合起来，才能证明案件的主要事实。

（4）按举证责任分类。根据举证责任，可将证据分为本证和反证两类：

1）本证。即能证明负有举证责任的一方当事人所主张的事实的证据。

2）反证。即能否定负有证明责任一方当事人所主张的事实的证据。

3. 民事诉讼证据辨识

（1）原始证据与直接证据。原始证据从证据的来源角度确定，直接证据从证据与案件事实之间的内在联系确定，有的原始证据就是直接证据。例如，当场从小偷手中拿到的偷窃物品，既是原始证据，又是直接证据。有时二者又不一致。又如，从禁烟场所捡到一个烟头，经查实确系某甲所扔，它能证明某甲到过现场，而不能直接证明某甲是违纪者。

（2）专家证言与证人证言。专家证言是指具有专门知识的人就专业性问题在庭审中协助当事人质证的陈述。有专门知识的人在庭审中的说明陈述，相当于当事人及其诉讼代理人在法庭上的陈述,不被视为证人证言。

(3) 证据能力与证明力。证据能力又称"证据资格",是指某一材料能够被允许作为证据加以调查并得以采纳的能力或者资格。证据能力包括三个要素:

1) 客观性。即证据必须是客观存在的事实材料,不能为任何人的主观意志所左右。

2) 关联性。即证据必须要与待证事实之间具有内在的逻辑联系。

3) 合法性。即证据必须符合法律规定形式并按法定程序取得。

证明力又称"证据效力",是指证据对于案件事实有无证明作用及证明作用如何。根据规定,国家机关、社会团体依职权制作的公文书证证明力高于其他书证,物证优先,档案、鉴定结论、勘验笔录和经过公证、登记的书证证明力高于其他书证、视听资料和证人证言,原始证据优于传来证据,直接证据优于间接证据,有利害关系人证言证明力低于无利害关系人证言等。

二、举证责任规则

1. 举证责任

举证责任是指当事人对自己提出的主张有收集或提供证据的义务,并有运用该证据证明主张的案件事实成立,否则将承担其主张不能成立的法律责任。

(1) 行为意义举证责任

1) 行为意义举证责任规定。《民诉法司法解释》第九十条规定,当事人对自己提出的诉讼请求所依据的事实或者反驳对方诉讼请求所依据的事实,应当提供证据加以证明,但法律另有规定的除外。

2) 行为意义举证责任的转移。行为意义举证责任围绕着仲裁员、法官对案件事实的判断与确信程度不断在当事人双方之间转移,是一种动态的举证责任。行为意义举证责任转移规则:申请人、原告未尽举证责任的,行为意义举证责任不发生转移;申请人、原告已尽举证责任的,行为意义举证责任发生转移。

(2) 结果意义举证责任

1) 结果意义举证责任规定。《民诉法司法解释》第九十条规定,在作出判决前,当事人未能提供证据或者证据不足以证明其事实主张的,由负有举证证明责任的当事人承担不利的后果。结果意义举证责任是一方当事人主张的事实存在与否不能确定时应当规定由哪一方当事人承担不利后果的风险和责任。

2) 结果意义举证责任不能转移

结果意义举证责任是一种不能转移的举证责任。当案件中的待证事实真伪不明时,才能要求负有举证责任的一方当事人承担不利的后果。

2. 举证责任规则与免证规则

（1）举证责任规则。《民诉法司法解释》第九十一条规定，主张法律关系存在的当事人，应当对产生该法律关系的基本事实承担举证证明责任；主张法律关系变更、消灭或者权利受到妨害的当事人，应当对该法律关系变更、消灭或者权利受到妨害的基本事实承担举证证明责任。

（2）免证规则

1）因对方自认而免证。《民诉法司法解释》第九十二条规定，一方当事人在法庭审理中，或者在起诉状、答辩状、代理词等书面材料中，对于己不利的事实明确表示承认的，另一方当事人无须举证证明。对于涉及身份关系、国家利益、社会公共利益等应当由人民法院依职权调查的事实，不适用前款自认的规定。自认的事实与查明的事实不符的，人民法院不予确认。

2）因司法认知而免证。《民诉法司法解释》第九十三条规定，下列事实，当事人无须举证证明：

①自然规律以及定理、定律。

②众所周知的事实。

③已为人民法院发生法律效力的裁判所确认的事实。

④已为仲裁机构生效裁决所确认的事实。

⑤已为有效公证文书所证明的事实。

上述事实，当事人有相反证据足以推翻的除外。

3）因法律与事实的推定而免证。《民诉法司法解释》第九十三条规定，下列事实，当事人无须举证证明：①根据法律规定推定的事实；②根据已知的事实和日常生活经验法则推定出的另一事实。上述事实，当事人有相反证据足以反驳的除外。

3. 举证责任倒置规则与举证妨碍规则

（1）举证责任倒置规则

1）举证责任倒置是行为意义举证责任的法定例外。举证责任倒置，是指基于法律规定，将提出主张的一方当事人就某种事实不负担举证责任，而由对方当事人就某种事实存在或不存在承担举证责任，如果该方当事人不能就此举证证明，则推定原告的事实主张成立的一种举证责任分配制度。

2）举证责任倒置基于侵权法中的严格责任。举证责任倒置是基于侵权法和证据法上对危险责任以及事故责任中的受害人进行有效救济和全面保护所设置的严格责任。举证责任倒置规则通过将因果关系或过错的举证负担归于接近事故源的一方承担，能够有效地促使举证责任被倒置的一方当事人积极采取措施，预防和控制损害的发生。

3）举证责任倒置产生结果意义的举证责任。举证责任倒置对行为人证明自己没有过错的事由作出严格限定，即行为人只有在证明损害是由受害人的过错、第三人的行为或不可抗力造成时才能被免除责任。这种"倒置"事由的限制产生了结果意义的举证责任。

4）举证责任倒置基于实体法上的明确规定。举证责任倒置关系到实体权利义务的享有和实现，也是落实严格责任的基本途径，因此，举证责任倒置不完全是一个证据法上的问题，更是一个实体法上的问题。严格责任作为过错责任的例外，必须基于实体法的明确规定，由仲裁员、法官加以确认。

(2) 举证妨碍规则

1）举证妨碍规定。《民事证据规定》第七十五条规定，有证据证明一方当事人持有证据无正当理由拒不提供，如果对方当事人主张该证据的内容不利于证据持有人，可以推定该主张成立。

2）举证妨碍行为。举证妨碍行为有多种表现方式，如故意毁灭、隐匿、致证据不堪使用，或拒绝提出等情形。

3）举证妨碍认定。证明一方当事人持有证据且证据不利于证据持有人应由另一方当事人承担举证责任，"无正当理由"则通过仲裁员、法官确定。

4. 用人单位专属举证责任

劳动争议处理中，法律法规和司法解释规定了用人单位的专属举证责任。

(1) 用人单位专属举证责任原则

用人单位掌握管理证据是专属举证责任的基础。《劳动争议调解仲裁法》规定，与争议事项有关的证据属于用人单位掌握管理的，用人单位应当提供；用人单位不提供的，应当承担不利后果。该条规定确定了用人单位在相关争议中因对证据掌握管理而归属于证据持有人，并确定用人单位不提供相关证据属于举证妨碍行为。《劳动争议仲裁办案规则》规定："在法律没有具体规定，依本规则第十七条规定无法确定举证责任承担时，仲裁庭可以根据公平原则和诚实信用原则，综合当事人举证能力等因素确定举证责任的承担。"该条规定确定了"用人单位掌握管理证据"是用人单位有举证能力应分配更多举证责任的基本因素。

(2) 用人单位专属举证责任具体规则

1）加班工资争议专属举证责任。《最高人民法院关于审理劳动争议案件适用法律若干问题的解释（3）》规定："劳动者主张加班费的，应当就加班事实的存在承担举证责任。但劳动者有证据证明用人单位掌握加班事实存在的证据，用人单位不提供的，由用人单位承担不利后果。"用人单位在加班工资争议中被劳动者证明掌握证据时承担证明加班事实存在的专属举证责任。

2）特定事项专属举证责任。《最高人民法院关于审理劳动争议案件适用法律若干问题的解释（1）》规定，因用人单位作出开除、除名、辞退、解除劳动合同、减少劳动报酬、计算劳动者工作年限等决定而发生劳动争议的，由用人单位负举证责任。用人单位在开除、除名、辞退、解除劳动合同、减少劳动报酬、计算劳动者工作年限等特定事项争议中承担专属举证责任。

三、劳动争议证据的收集和保全

1. 劳动争议证据的合法收集

证据收集是指司法机关及其工作人员和当事人及其代理人为了证明特定的案件事实，按照法律规定的范围和程序，收集证据材料的法律活动。

（1）收集证据的主体必须合法。《民事诉讼法》第四十九条规定："当事人有权委托代理人，提出回避申请，收集、提供证据，进行辩论，请求调解，提起上诉，申请执行。"第六十一条规定："代理诉讼的律师和其他诉讼代理人有权调查收集证据，可以查阅本案有关材料。"第六十四条规定："当事人及其诉讼代理人因客观原因不能自行收集的证据，或者人民法院认为审理案件需要的证据，人民法院应当调查收集。"根据上述规定，证据收集和提供的合法主体是司法机关及其工作人员、当事人及其诉讼代理人。

（2）证据收集的方法必须合法。《关于民事诉讼证据的若干规定》第六十八条规定："以侵害他人合法权益或者违反法律禁止性规定的方法取得的证据，不能作为认定案件事实的依据。"民事诉讼证据只能通过合法的方法取得，法律禁止以侵害他人合法权益或者违反法律禁止性规定的方法收集证据。

2. 不同阶段的证据收集

劳动争议证据收集主要集中在两个阶段：一是仲裁、诉讼开始前，二是仲裁、诉讼进行中。仲裁、诉讼进行中的证据收集主要有以下几种方式：

（1）聘请律师调查取证。当事人可以在仲裁、诉讼中聘请律师调查取证。聘请律师调查取证的目的是凭借律师的丰富办案经验和熟练诉讼技巧取得适用证据，律师调查取证比当事人调查取证有效、方便。

（2）通过申请证据交换收集证据。当事人可以在仲裁、诉讼中申请证据交换而收集证据。《关于民事诉讼证据的若干规定》第三十七条规定，经当事人申请，人民法院可以组织当事人在开庭审理前交换证据。在交换证据中，证据资源的共享共用可以弥补己方证据的不足。

（3）申请劳动争议处理机构收集证据。当事人可以在仲裁、诉讼中申请劳动争议处理机构收集证据。《劳动争议仲裁办案规则》第二十条规定，当事人因客观原因不能自行收集的证据，仲裁委员会可以根据当事人的申请，参照《民事诉讼法》有关规定予以收集。《民事诉讼法司法解释》第九十四条规定，当事人及其诉讼代理人因客观原因不能自行收集的证据，可以在举证期限届满前书面申请人民法院调查收集。

（4）利用推定法则收集证据。当事人可以在仲裁、诉讼中利用证据规则的推定法则收集证据。《关于民事诉讼证据的若干规定》第七十五条规定，有证据证明一方当事人持有证据无正当理由拒不提供，如果对方当事人主张该证据的内容不利于证据持有人，可以推定该事实的存在。

3. 劳动争议证据的保全

民事诉讼证据的保全是指公证机关和人民法院根据当事人的申请或依照职权，对于可能灭失或将来可能难以取得的证据进行提取和管制的活动。

（1）申请公证机关进行证据保全。当事人可以申请公证机关对既有证据进行保全。《公证法》第十一条规定，根据自然人、法人或者其他组织的申请，公证机构办理证据保全。《民事诉讼法》第六十九条规定，经过法定程序公证证明的法律事实和文书，人民法院应当作为认定事实的根据，但有相反证据足以推翻公证证明的除外。

（2）申请人民法院进行证据保全。当事人在诉讼前和诉讼中可以申请人民法院对既有证据进行保全。《民事诉讼法》第八十一条规定，在证据可能灭失或者以后难以取得的情况下，当事人可以在诉讼过程中向人民法院申请保全证据，人民法院也可以主动采取保全措施。因情况紧急，在证据可能灭失或者以后难以取得的情况下，利害关系人可以在提起诉讼或者申请仲裁前向证据所在地、被申请人住所地或者对案件有管辖权的人民法院申请保全证据。

案例学习

【案例1】 集体合同争议处理

背景资料：

某企业因生产经营发生严重困难，就与工会协商：全体职工降低工资待遇，待渡过经营危机后即恢复原工资待遇。工会为此召开职工代表大会进行讨论，经充分协商后，工会与企业签订了一份全体职工在6个月内临时降低工资20%的集体协议。

集体协议实施后，劳动者王某等二十余人不服，认为工会与企业签订的协议不是劳动合同，企业低于劳动合同的约定支付工资未与本人协商，要求企业按劳动合同的约定支付工资待遇，企业以执行集体协议为由不予同意。王某等人要求工会作为他们的代表向仲裁委员会申请仲裁，工会也未予同意。于是，王某聘请律师直接向仲裁委员会申请仲裁，其余二十余人则要求一起参加仲裁活动。

试题要求：

1. 王某等二十余人可以要求工会作为他们的代表向劳动争议仲裁委员会申请仲裁吗？理由是什么？

2. 对劳动者提出的要求工会作为他们的代表申请劳动仲裁，工会可以拒绝吗？理由是什么？

3. 王某可以聘请律师直接向劳动争议仲裁委员会申请仲裁吗？理由是什么？

4. 其余二十余人可以一起参加仲裁活动吗？理由是什么？

【案例2】 劳动合同解除争议处理

背景资料：

李某于2012年7月11日应聘某集团公司下属的培训中心（培训中心未取得营业执照和登记证书）工作岗位，培训中心向李某发出了一份入职通知书，内容为："李某：我们很高兴能在此正式通知您，您已被录用为某集团公司培训中心职员。具体的职级说明如下：①入职部门：培训中心。②入职职位：中心职员。③薪酬标准：详见附件。④每周工作日：6天，工资中已包含加班费。如您对以上所述无异议，请在此一式两份的聘用信上签名。"李某对该协议无异议，即在该聘用信上签名。

工作期间，某集团公司和培训中心均未与李某签订劳动合同，均未为其缴纳社会保险费。李某的工资由培训中心支付。2013年7月12日，培训中心单方停止了李某的工作，李某不服，即申请仲裁。

试题要求：

1. 李某申请仲裁时以谁为被申请人？理由是什么？

2. 李某可以要求培训中心缴纳工作期间的社会保险吗？理由是什么？

3. 李某可以要求集团公司支付未签订劳动合同的二倍工资吗？理由是什么？

【案例3】 企业搬迁员工问题处理

背景资料：

某厂因生产经营需要从市区搬迁到远郊，为此，该厂为职工提供了上、下班的通勤车，还增加了工人的补贴。该厂绝大部分职工愿意去新厂区上班，但仍有20多名职工不愿意去新厂上班，以工厂擅自变更合同为由一起向该厂提出解除劳动合同的要求，并要求工厂给予解除合同经济补偿金。工厂则认为，自己没有主动辞退职工，是职工不愿意到新厂上班，工厂不但不应该支付经济补偿金，而且还能以职工违纪为由解除劳动合同。于是，20多名职工申请劳动仲裁，要求工厂支付经济补偿金。

试题要求：

1. 20多名职工不愿意去新厂上班，是否可以提出解除劳动合同？理由是什么？
2. 工厂是否应当支付给20多名职工经济补偿金？理由是什么？
3. 工厂可否以违纪为由对不愿意去新厂上班的职工解除劳动合同？理由是什么？
4. 如何处理20多名职工提出的劳动仲裁申请？请结合案情和当事人诉求，根据有关法律法规规章及政策，提出处理意见，并说明理由和依据。

【案例4】 延长工时争议处理

背景资料：

某企业为扩大生产，决定实行"自愿加班计划"，在原来每天8小时的生产时间基础上再增加4小时，加班费按每小时50元计算，职工可以自愿报名参加。这一计划实行后，厂里职工踊跃报名。为了慎重起见，企业在实行"自愿加班计划"三个月后又召开职工代表大会通过了"自愿加班计划"。但是，有一名劳动者认为企业加班违法，向劳动仲裁部门申请仲裁，要求对企业进行处罚并赔偿损失。

试题要求：

1. 该企业的"自愿加班计划"是否合法？理由是什么？
2. 职工代表大会通过的"自愿加班计划"是否可以执行？理由是什么？
3. 劳动仲裁部门应如何处理此事？请结合案情和当事人诉求，根据有关法律法规及政策，提出处理意见，并说明理由和依据。

【案例5】 劳动关系解除争议处理

背景资料：

2002年5月，宋某等24人到某外资公司工作。2009年5月，与公司续订无固定期限劳动合同。2013年3月，该公司以企业经营严重困难为由开始部署经济性裁员工作，并严格按照法律程序、条件进行，于2013年4月一次性裁员50人，其中包括宋某等24人。但2013年6月，公司与某劳务派遣公司签订了劳务用工派遣协议，某劳务派遣公司于2013年7月开始向该公司派遣劳务用工。宋某等24人认为，公司裁员时经营状况良好，不具备裁员的条件，行为严重违法。

宋某等24人于2013年7月向劳动人事争议仲裁委员会提出仲裁申请，请求：

（1）确认公司非法解除宋某等24名职工劳动关系，裁决支付宋某等24名职工从违法解除劳动关系之时至申请仲裁时的工资并补缴各项社会保险费。

（2）裁决支付宋某等24名职工违法解除劳动合同经济赔偿金。

（3）要求重新回单位上班。

试题要求：

1. 公司解除宋某等24名职工劳动关系是否合法？理由是什么？
2. 宋某等24名职工可否要求重新回单位上班？理由是什么？
3. 请结合案情和当事人诉求，根据有关法律法规规章及政策，提出处理意见，并说明理由和依据。